零售运营

连锁企业管理手册

龙晴/著

中国铁道出版社有限公司
CHINA RAILWAY PUBLISHING HOUSE CO., LTD.

图书在版编目（CIP）数据

零售运营：连锁企业管理手册/龙晴著.—北京：中国铁道出版社有限公司，2019.8
ISBN 978-7-113-25951-8

Ⅰ.①零… Ⅱ.①龙… Ⅲ.①零售企业－连锁企业－企业管理－手册 Ⅳ.①F713.32-62

中国版本图书馆 CIP 数据核字(2019)第 122028 号

书　　名：零售运营：连锁企业管理手册
作　　者：龙晴

责任编辑：吕　芝　　**读者热线电话**：010-63560056
责任印制：赵星辰　　**封面设计**：MXK DESIGN STUDIO

出版发行：中国铁道出版社有限公司（100054，北京市西城区右安门西街 8 号）
印　　刷：北京铭成印刷有限公司
版　　次：2019 年 8 月第 1 版　2019 年 8 月第 1 次印刷
开　　本：700mm×1 000mm　1/16　**印张**：17.75　**字数**：229 千
书　　号：ISBN 978-7-113-25951-8
定　　价：49.00 元

前　言

运营连锁门店的诀窍是什么？为什么有的企业能轻松将连锁店经营得风生水起，有的则把摊子铺得太大，导致运营困难，问题重重？这对很多连锁企业的负责人来说，都是一个十分困扰的问题。其实连锁企业不是多开几家门店就能获得快速发展的，其在管理上所包含的诸多“门道”值得每一位管理者认真学习。

为此，我结合自己多年的终端零售培训经验，写了这本《连锁企业管理手册》，希望可以帮助那些处于迷茫中的连锁企业管理人员解决管理上的问题。在书中，我使用了大量案例，这些案例中的绝大多数都是我在培训过程中所遇到的。我就是希望用这些真实的例子，给大家一些启示，帮助大家从中汲取经验教训，改善运营手段，促进企业长远发展。

本书总共分为十四章，分别从传统零售企业转型、连锁经营模式现状分析、连锁企业系统、连锁企业经营规划系统、企业目标分解、企业商品管理、人才管理等方面来进行具体阐述。

第一章　在新时期，传统零售为何要转型

随着社会的发展和人们生活水平的不断提高，传统零售模式已经逐渐不能满足人们日益增长的需求。尤其在最近几年，我国的实体零售行业进入瓶颈期，许多企业发展陷入困境，亟待转型，探索新的经营模式，而这种经营模式必然会催生出新的管理理念和方法。

第二章　连锁经营模式现状深度解析

连锁企业要做的是不断发挥连锁经营模式的优势，改善自身落后的连锁经营意识。一方面企业要将连锁经营模式与时代发展结合起来，摒弃落后的思想，不断改善企业的经营手段。另一方面，要会主动学习，不能生搬硬套，要将连锁经营模式与我国的市场环境结合起来，与企业的发展现状结合起来。

第三章 连锁企业系统有哪三级

连锁企业系统指的是连锁企业的运营体系，即连锁企业设立几个不同职能部门，分别管理企业内部不同的运营单位。连锁企业系统共分为三级，分别是总部系统、区域管理系统和终端零售系统。具体来说，连锁企业就是由总部、配送中心和门店三个部分组成。

第四章 连锁区域经营规划系统

连锁区域经营规划系统是利用当前最先进技术为区域连锁经营提供日常运营和管理的系统，区域连锁经营模式多种多样，形成了较强的市场竞争力，促进企业的快速发展。该系统为零售行业区域连锁经营提供了方便。

第五章 经过层层分解的目标，才是好目标

企业在发展过程中不仅要有目标，而且还必须要保证所制定的目标比较合理和有意义，否则很容易使企业迷失方向。当企业处于不易决断的处境时，以这个最高目标作为评判的标准，往往能使原本错综复杂的问题迎刃而解。但有时候企业在执行大目标过程中会遇到很多困难，这就需要企业将总目标进行分解。在为企业提供咨询服务时，我会帮助企业将总体目标分解为一个个小目标，再让他们逐个完成，在完成所有小目标之后，使大目标也最终得以实现。所以，企业在制定目标时要保证目标是能被分解的，只有可以进行层层分解的目标，才是好目标。

第六章 商品管理控制“8连环”

系统完善的商品管理是零售企业为实现经营目标所采取的必要手段。企业根据顾客的需求对商品组合、卖场陈列、商品定价、促销活动以及资金使用、库存商品和其他经营指标作出全面分析和计划，通过高效运营，保证商品款式符合市场潮流，且保证商品数量合理、价格合理，能赢得顾客的信赖，同时达到企业既定的销售业绩目标。商品管理是非常重要的环节，有的零售企业在商品管理上做得不到位，导致企业经营不佳，因此，我在商品管理方面为企业做了系统培训，帮助这些企业提高了经济效益。

第七章　商品管理布局

在门店中，一件商品所摆放的位置会影响到它的销量。所以企业理应对商品进行合理布局，保证每一件商品的摆放布局都不是随意的，都是有一个特定的目的和作用的，是遵循一定规律的。

第八章　掌握这些技巧，业绩提升看得见

漂亮的销售业绩是盈利的关键，也是衡量一家企业是否成功的主要标准。对一家成功的企业的来说，其最优先要做到的就是要通过不断努力来提高销售业绩，因此，提升业绩的技巧是每个企业的领导者都应该掌握的。我在为企业做培训时，发现很多企业的业绩并不突出，或出现了严重下滑，根据这些企业情况，我为它们制订了合理的业绩提升方案，改善了这些企业的现状，帮助它们提升了业绩。

第九章　终端门店促销，只需这几招

在终端门店开展促销活动能刺激顾客的购买欲，提升销量和扩大品牌知名度。企业可以通过促销活动最大限度地向销售者展现出企业的信誉、品牌的实力、商品的优势，同时，也可以以促销为手段在市场竞争中取胜。当然，企业在做促销时，也要掌握一些方法，不能仅仅把它理解为一场价格战，要知道做促销并不是牺牲利润，而是要实现量利平衡；做促销并不是消费，而是一项投资，要使促销为自己带来丰厚的回报。

第十章　区域连锁人才管理逻辑很简单

区域连锁经营模式自 1983 年被引入我国，仅用了十余年时间，就完成了业态演进过程。如今区域连锁经营模式已渗透到餐饮、服装、医药、酒店、教育培训、房产中介、家庭装饰、休闲健身、汽车维修与保养、美容与化妆品等各个行业，其所涉及的领域虽广，但是遵循的人员管理逻辑却是统一的。只要领导能把握住其中的核心要点，就一定能将连锁企业运营得更加稳健、顺畅。

第十一章 选对人，比选能人更重要

正如亚马逊CEO贝索斯所说：“制定人才聘用高标准，现在是，将来也是企业成功最关键的要素。”如今的零售行业复杂多变且充满了不确定性，以以往的能力标准来评估和选择人才显然已经不够。企业需要的是那些有发展潜力，有着较强适应能力和创新能力，且能满足企业实际需求的人才，所以，企业在选人上一定要保证选对人，而非一定要选择能人。要知道，适合自己的往往才是最好的。

第十二章 不是人不好，只是不会用

在培训时，很多企业的负责人总是跟我抱怨，他们企业所招聘来的员工整体素质不高，常常无法胜任工作。对此，我对这些企业的招聘机制和人才管理机制进行了一些了解，发现这些企业的问题不在招聘上，而是在管理上，其员工无法胜任工作的根本原因不是他们自身的素质不高，而是企业没有用好他们，没有把他们放到最合适的位置上。因此，我为这些企业制定了一整套完善的人才管理方案，取得了不错的效果。由此可见，企业提升管理的关键不是抱怨员工没能力，而在于如何使用员工，如何用好员工。

第十三章 人才是培养出来的，看看学习地图吧

人才都是培养出来的。企业要想培养出一名骨干员工，就要循序渐进，让他逐步学会胜任各种岗位，处理各种问题所需的技能，要为他绘制出一幅学习地图，为他在企业中的发展提供一个详细的指引，并时时刻刻对他进行加油充电，使他维持不断前行的动力和能量。

第十四章 留人要留心，设计好机制

人才是企业发展的重要保障。如果一个企业没了人才的支撑，那它必将在竞争中被淘汰，这也是很多企业都重视人才的重要原因，但是我发现有一些企业就是留不住人，很多员工干了一段时间后就跳槽去了别的企业，这些企业为什么会出现这种情况？其原因主要是这些企业的机制存在问题，机制的问题导致人才大量流失。因此，设计好机制是企业留人的关键。

目　录

CONTENTS

第一章　在新时期，传统零售为何要转型

1.1　大数据的加入，提升供应链反应速度　2

1.2　规模化连锁管理取代没落的管理思维　3

1.3　打破商业边界，让天下没有难做的生意　5

1.4　零售企业在新时期转型的总体趋势　6

1.5　商场类：商场人流量为什么越来越少　8

1.6　电商类：线上不足以支撑优质的顾客购物体验　12

第二章　连锁经营模式现状深度解析

2.1　连锁经营模式的优势　18

2.2　我国连锁企业在发展中遇到的常见问题　21

2.3　连锁经营有哪些运营及盈利模式　25

2.4　直营模式：保证商品质量和品质的最佳选择　30

2.5　加盟模式：最快的扩张方式　32

2.6　联营模式：相互制约且稳定的模式　33

第三章　连锁企业系统分为哪三级

3.1　没有总部的系统只能各自为战　38

3.2 制订企业发展规划方案 39
3.3 制订门店布局方案 42
3.4 运营销售管理系统 46
3.5 建立人才考核体系 47
3.6 建立人才复制系统 49
3.7 区域管理，系统的中间环节 51
3.8 进行区域目标管理 52
3.9 制订终端营销方案 55
3.10 进行有效终端督导 59
3.11 终端零售，直接产生利润的关键点 60
3.12 落实商品布置、摆放等细则 64
3.13 对终端人员进行销售技能培训 67

第四章 连锁区域经营规划系统

4.1 再牛的运营，也怕小市场、差市场（市场诊断分析） 73
4.2 经营现状早检测，运营结果早知道 76
4.3 高效设定年度销售目标“四保障” 77
4.4 命脉保障：保本目标设定技巧 80
4.5 发展保障：利润目标设定技巧 83
4.6 续航保障：保利目标设定技巧 84
4.7 管理保障：管理目标设定技巧 87

第五章 经过层层分解的目标，才是好目标

5.1 目标分解策略（年、月、日、周） 91
5.2 给每一个小目标一个期限 95
5.3 关键时刻管理策略 97
5.4 达标有策略，这样做就对了 101

5.5 结合关键指标（KPI）提炼 103
5.6 战略管理实施的关注点 106

第六章 商品管理控制“8 连环”

6.1 商品到店分析与策略制定 109
6.2 卖场陈列布局与新旧货陈列调整 112
6.3 商品属性培训与商品培训考核 114
6.4 销售目标设定与主推销售 116
6.5 商品调整：整编、补货、调拨 120
6.6 库存消化，高效促销管理执行 122
6.7 库存管理，商品仓储物流管理 125
6.8 商品管理数据公式与调整策略 127

第七章 商品管理布局

7.1 商品的管理循环模式 131
7.2 各环节的关注重点 136
7.3 “以商品为主轴的营销计划”概念 141
7.4 连锁经营——商品中央集权管理的重要意义 143
7.5 商品管理计划内容 146
7.6 商品营销计划内容 150
7.7 多店商品管控全局规划思路 153

第八章 掌握这些技巧，业绩提升看得见

8.1 业绩提升核心原理 157
8.2 掌控业绩罗盘 160
8.3 大单攻略：核能三单“大单+连单+高单”技巧 163
8.4 提升业绩的四个途径 165
8.5 大客户开发与维护技巧 167

8.6 大客户“十二字真经”之改变认知 168
8.7 大客户“十二字真经”之改变态度 170
8.8 大客户“十二字真经”之改变信仰 172

第九章 终端门店促销，只需这几招

9.1 为什么许多促销沦为了赔本赚吆喝 175
9.2 限制促销：限款限时限量促销 176
9.3 额度促销：最低、最高、差额 177
9.4 增值促销：服务增值、保障增值 177
9.5 套餐式促销：捆绑、第二件 178
9.6 节日促销：各种节假日、周年庆、店庆 179
9.7 节气促销：季节性、反季 179
9.8 定价促销：批发价、反差式促销 180
9.9 回馈促销：抽奖、优惠券 181
9.10 故事促销：制作工艺、创立历史 181
9.11 赠送促销：赠产品、赠积分 182

第十章 区域连锁人才管理逻辑很简单

10.1 总有些扩张很盲目，倒闭却不盲目 183
10.2 有理论支撑，才有实践证明 184
10.3 先做一套标准系统建设，比什么都重要 185
10.4 导入带教系统，新人来了不用愁 186
10.5 懒是人的天性，督导系统让人停不下来 190
10.6 既然喜欢争第一，那就做个 PK 系统保障吧 191

第十一章 选对人，比选能人更重要

11.1 连锁运营选人缘由 195
11.2 零售人才特点 197

11.3　选人通道构建　200
11.4　外部招聘渠道及招聘技巧　201
11.5　内部培养及选拔晋升技巧　204

第十二章　不是人不好，只是不会用

12.1　没有不能用的人，只有用不好的管理　209
12.2　用好人的四大关键　212
12.3　合理规划人员编制　214
12.4　认识岗位说明书　217
12.5　制定岗位工作标准　219

第十三章　人才是培养出来的，看看学习地图吧

13.1　为什么会有学习地图　224
13.2　如何绘制学习地图　226
13.3　案例分享：多店零售岗位学习地图　229
13.4　多维度系统培养人才　232

第十四章　留人要留心，设计好机制

14.1　离职其实很正常，大量离职是机制失常　237
14.2　留人渠道：员工晋升机制设计　239
14.3　终端晋升机制设计特点　241
14.4　案例分享：终端晋升机制　243
14.5　留人动力：薪酬激励机制设计　245

附录　248

第一章　在新时期，传统零售为何要转型

时代是在不断发展变化中的，科学技术的发展日新月异，一项科技的突破往往就会从根本上改变企业的运营模式，进而对行业的业态和发展理念产生重大变革。

对于零售行业来说，近年来，科技的进步所带来的变革尤为明显。互联网技术、大数据技术、人工智能技术的应用对商品的生产、流通与销售等各个环节都产生了深远影响，重塑了业态结构与生态图，并对线上服务、线下体验以及现代物流进行了深度的融合，极大地优化了服务，提升了顾客的体验。在这种局面下，传统零售企业如果依旧故步自封，显然是不合时宜的，容易被市场所淘汰的。因此，传统零售企业要积极拥抱新技术新应用，实现转型升级，占据市场制高点，以获得发展的先机。

以服装行业为例，近几年来，中国的服装行业的发展遇到瓶颈期，各大企业都在寻求转型，探索新的经营模式。从总体上看，服装企业应用新技术、新理念对运营模式的改革主要体现在以下三个方面，如图 1–1 所示。

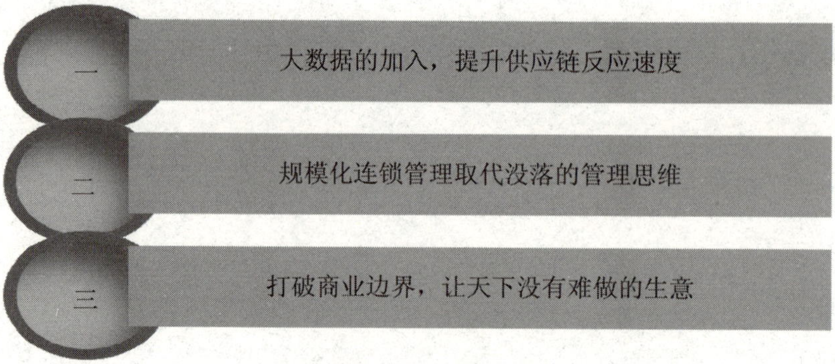

图 1–1　传统服装行业寻求转型的三个方面

1.1　大数据的加入，提升供应链反应速度

在大数据应用以前，零售企业所采用的都是传统的大规模生产，通常要花费几个月的时间，才能完成从原材料采购，到生产、销售的整个流程，产品比较单一，无法有效应对瞬息万变的市场需求。大数据的出现为解决供应链中的弊端创造了契机，尤其对于以市场需求为导向的服装企业，大数据极大地提升了供应链的反应速度，为企业快速应变，适应市场变化提供了技术支撑。

国外快时尚品牌 Zara 在打造柔性供应链方面卓有成效，它的服装从设计理念的成形到被摆上货架只需要十天左右，其专卖店的产品能够保持每周更新两次，并能够在 15 天之内将成衣产品配送到全球上百家门店和服装公司。那么，Zara 又是如何做到这般高效快速的呢？

总体来说，Zara 就是通过一套 IT 系统，将设计、生产、物流、销售等信息汇总，并使之模块化、标准化，从而实现供应链各个环节的高效运转。

首先，在采购团队的模式建构上，Zara 采用买手团队负责制度。这个买手团队对从产品开发到销售的各个环节进行全程监督，其团队成员的设置充分考虑到了不同品位层次的顾客和他们的消费水平。这跟韩都衣舍的小组制的做法相类似（韩都衣舍的案例会在后面的章节有所提及）。

其次，在 Zara 的柔性供应链上，其设计、生产、运输等环节，都是在数据系统的调度下进行的。这个系统可以精确地采集来自全球的设计信息，汇聚全球最时尚的流行元素。设计师再通过对这些时尚元素的分类和整理，来实现针对不同人群的精确化设计。

在产品上市后，该数据系统还可以将实体店的销售数据和客户的信息模块化、标准化地反馈回来，帮助 Zara 的设计师改进设计方案，做出更加适应市场需求的服装设计。

最后，Zara 的设计数据库与其原料仓储数据库相连，直接参与指导服装的制作流程。在 Zara 的仓储仓库中，每种被裁剪的面料上都有一个专属条形码，以便与其他面料进行区分。设计师的设计方案传入仓储数据库后，相关设备就会根据条形码迅速将相应面料投入生产，极大地提高了生产效率，降低了成产成本。

Zara 在确保生产的稳定性上也下了很大功夫，着力扩大生产规模。其母公司 INDITEX 在西班牙开设了 22 家工厂，这 22 家工厂承担了 Zara 约 50% 的生产量，而其余的 Zara 则会交给多家代工厂来做，这些工厂也都统一安装了 Zara 的生产系统，确保了服装产品的生产效率和质量。

其实，Zara 的柔性供应链系统并不是一蹴而就的，而是经过了多年摸索和经验积累才逐渐形成的，正是依托了这套成熟的系统，Zara 才在快速变化的快时尚市场中站稳了脚跟。

由 Zara 的案例，我们能看出，利用大数据技术优化供应链可以使企业快速应对市场变化，保证企业产品紧跟市场潮流，使企业长期处于流行时尚的最前沿，为企业减少滞销率，提升口碑，获得顾客的青睐起到巨大的促进作用。

1.2 规模化连锁管理取代没落的管理思维

连锁管理是当下很多大型服装零售企业所采用管理模式。它的具体运行流程是这样的：授权者将自己所拥有的商标、商号、产品、专利、经营模式等以经营合同的形式授予加盟者使用，加盟者按照合同规定，在授权者统一的业务模式下从事经营活动，并向授权者支付费用。

相对于传统的管理模式，规模化连锁管理具有优化资源配置、提高市场占有率、强化企业形象、提高市场竞争力、降低经营费用等优势。直到 2017 年，连锁管理模式在世界范围内都获得了巨大成功。

森马服饰就是国内规模化连锁经营模式中的佼佼者。早在 2000 年，森马面对着全球经济一体化的大浪潮，就树立了“虚拟经营”的理念，运用品牌文化推进营销网络化。通过专业化分工、协作化生产，将商品生产转移到专业生产企业，自身企业的经营重心则放在了品牌经营、研发设计、人才建设、市场开拓等方面。

随后，森马开启加盟店模式，通过加盟店进行扩张，实现了快速发展。截至 2017 年，森马在全国各地的连锁加盟店达到了 2 800 多家，总资产达到了 10 多亿元。

除森马外，采用这种连锁管理模式的服装企业还有海澜之家。

目前，海澜之家一共有 5 243 家线下实体门店，遍及中国 31 个省以及 80%以上的县、市。同时管理运营这么多家店铺，并取得了飞速的发展，那么，海澜之家是如何做到的呢？

海澜之家就是采用了连锁管理模式，才做到了这一点。在这种管理模式下，海澜之家把存货和资金全都分解给自己的上下游，而它只需要为其上游的供应商和下游的加盟商提供品牌、营销网络、供应链等方面的管理。这样一来，它就成功打造出了以企业、供应商、加盟商为主的利益共同体。

从某种角度上看，海澜之家不像是一家服装企业，而更像一个产业路由器，或者说是一个供应链的枢纽和共享经济平台。它集合了各种各样的资源，为上下游的加盟商提供品牌和资金，解决他们在生产上遇到的问题，使它们都得到了充分的发展。而上下游加盟商的发展又共同塑造了海澜之家这个品牌。在这种模式下，虽然海澜之家只占有很少的资源，却使更多的资源都发挥了作用，为自己所用。

2017 年，海澜之家单店平均年收入已经超过 400 万元，单日平均收入超过了两万元，细算下来，平均每十分钟就会有一个顾客到海澜之家购买商品，这样的成绩也正是海澜之家采用这种规模化连锁管理模式后，所交出的完美答卷。

从以上两个案例中，我们可以发现，对连锁运营模式的选择体现了一家企业的格局和眼界，陈旧传统的连锁运营思维会使企业在门店的管理上耗费过多的时间和精力，不利于企业的发展和扩张，而提倡规模化的新型连锁管理模式则突破了旧有连锁模式的局限性，帮助企业轻装简行，“众人拾柴火焰高”，实现了快速腾飞。

1.3　打破商业边界，让天下没有难做的生意

在新时期，科技的发展也进一步促进了线上和线下的融合。以往，电商和实体店是两种截然不同的商业运营模式，除了相互竞争，相互吸引流量之外，我们似乎看不到它们之间有什么交集。

然而，这种界限分明的商业模式注定不会长久，因为它们所走的路并不是平行的，对于客流量和效益的追求终究会使它们殊途同归。因此，在科技的引领下，打破商业边界，实现线上线下的融合是时代发展的大趋势。

一方面，随着移动互联网终端大范围的普及，传统电商的发展遭遇瓶颈，互联网给传统电商带来的顾客增长和流量红利开始不断减少，电商需要寻求新的利润增长点。

另一方面，线下实体店虽然没有线上的大量流量，但是其相比于传统电商仍具有独特优势，它能给顾客带来切实的购物体验，而这也正是线上电商所不具备的。

线上电商和线下实体店的融合能帮助双方实现优势互补，不仅可以给顾客提供良好的购物体验，改变顾客的消费场景，也可以提高企业的运营

效率，优化服务效果。

以七匹狼来说。七匹狼打通了线上线下隔阂，并利用各种科技手段，提升了门店的服务质量，给顾客带来了更便捷、更舒适、更有趣的购物体验。

在七匹狼线下门店里，顾客不仅可以获得试穿、定制服装等服务，还可以通过店内的显示屏幕了解各种时尚资讯，享受饮料果品，更重要的是，他们还能体验到科技所带来的便捷与乐趣。

在2017年年初，七匹狼在其线下门店中应用了机器人小宝和智能终端魔镜，为顾客提供更多的具有附加值的服务，带给其全新的购物体验。机器人小宝可以通过唱歌、跳舞，与顾客互动来为其增添购物乐趣，活跃氛围。同时，还可以作为陪同家长来到门店的小朋友的玩伴，减少意外事故的发生。

魔镜是七匹狼为顾客提供的另一项智能服务，为顾客打造了一个虚拟试衣间。顾客只要站在魔镜面前，就可以看到其所选衣服穿在身上的效果。除此之外，顾客还可以在魔镜上进行互动游戏，观看最新的时尚视频和杂志，使顾客的购物过程充满趣味性。

总之，七匹狼利用科技手段给顾客带来了新的购物体验，并通过将线上线下相融合，打破了两者之间的商业边界，为门店创造新的流量入口，增加了顾客的回购率，从根本上突破了门店运营的局限性，最大限度地吸引顾客，让生意不再难做。

1.4 零售企业在新时期转型的总体趋势

改革促进发展，科技驱动创新。其实，一家企业的发展就是在不断学习新的理念，不断应用新的科技手段，不断完善自我，不断改进问题的过程中实现的。就如当下，在市场竞争日益激烈，科技应用相继涌现的大环境下，国内的零售企业都已经来到了转型的关口，突破关口便意味着凤凰涅槃，实现腾飞，如若企业难以适应，便会被市场所淘汰。

中国产业网的数据显示，2012~2016年，中国零售行业整体消费增速呈现放缓趋势。2019年一季度，社会消费品零售总额97 790亿元，同比名义增长8.3%(扣除价格因素实际增长6.9%，以下除特殊说明外均为名义增长)。其中，3月份社会消费品零售总额31 726亿元，同比增长8.7%。

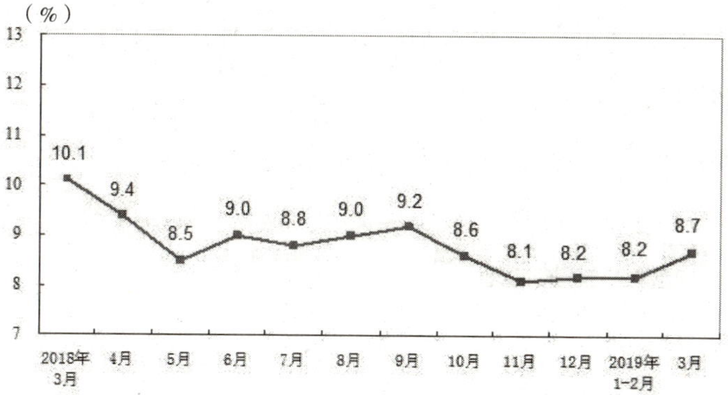

图1-2 社会消费品零售总额分月同比增长速度

其实，自2011年以来，中国的零售企业就面临着高成本、高竞争、低回报、难扩张等难题，整体呈现成本上升、利润下滑的趋势。

对于实体零售企业而言，受到整体经济放缓、电商冲击以及跨境企业竞争等因素的影响，其发展陷入了停滞。更为重要的是，在新时期，顾客的购物观念已发生改变，传统的实体企业在运营模式上已经不能满足顾客的消费需求，无法给他们带来更方便、更快捷的购物体验。因此，进行优化升级，实现转型，已成为了实体零售企业实现突破的必由之路。

对于电商零售企业而言，虽然其销售总额目前在整体上仍然呈现上升趋势，但是增速却在不断下滑。据国家统计局的数据显示：全国网上零售额的增速已经连续三年下滑，2014年1~9月份，全国网上零售额为18 238亿元，同比增长达到49.9%；2015年1~9月份，全国网上零售额为25 914亿元，同比增长降到了36.2%；而2016年1~9月份，全国网上零售额为34 561亿元，其增速仅有26.1%。从天猫提供的数据来看，在2016年双十一期间，天猫、淘宝的成交额为1 207亿元，其GMV增速也从2013年的60%降到了

2016 年的 24%。而根据艾瑞咨询的预测，国内网购增速的放缓仍将以每年下降 8~10 个百分点的趋势延续。

这一连串的数据揭示了一个事实，传统电商零售市场趋近饱和，其发展已经逐步进入了寒冬。再加上大量假货、刷单等现象的出现，顾客对电子商务的热情逐步消退等因素的影响，势必促使电商们积极转型，寻求突破，寻找新的发展方向。

由此，我们可以看出，在当今形势下，零售企业的转型势在必行。那么，零售企业该朝什么方向转型呢？自然就要以市场为导向，以提升顾客的购物体验为导向，实现转型。

为此，实体零售企业要在着力提升顾客购物体验的基础上，应用最新科技手段，诸如大数据技术、人工智能技术等，来使顾客购物更加快捷、方便，并将触角延伸至线上，通过线上引流来增加门店的客流量；而电商零售企业也应积极布局线下，通过强化线下的体验服务打开新的流量入口。

从根本上说，无论是实体店，还是电商，它们转型的目的就是发扬优势，弥补不足，并通过相互融合取长补短，打造出一个崭新的零售业态，促进企业突破瓶颈，实现快速的发展。

因此，连锁企业的负责人就应该审时度势，从大环境中准确把握住市场发展的脉络，根据自身情况，积极采取新的科技手段打造门店，提升顾客的体验，为企业发展赢得新的机遇。

1.5 商场类：商场人流量为什么越来越少

通常，我们形容一家店濒临倒闭时，都会说它门可罗雀。是的，人流量对商场来说，意义重大，它是商场的效益来源，是商场生存发展的命脉。然而，如今实体零售行业日渐萧条，不少商场的人流量相比以往都在逐渐减少，效益出现大幅度下滑，商场因此也不得不开源节流，勉强度日。

那么导致这个问题出现的原因是什么呢？我们可以从两方面进行分

析，一是电子商务的冲击，二是零售企业自身存在的缺陷。

1. 电子商务的冲击

在零售业方面，电商企业相比于商场类实体店企业，具有三方面的优势，如图 1–3 所示。

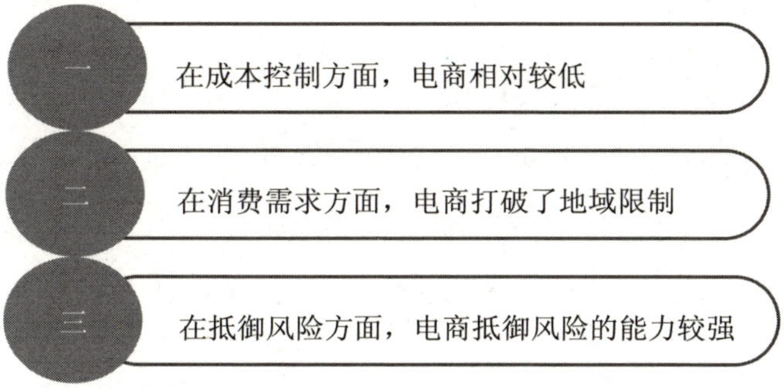

图 1–3　在零售业方面电商相比于实体店的优势

（1）在成本控制方面，电商相对较低

在成本方面，实体零售企业的运营成本要远远高于电商。实体零售企业在筹建门店时，通常要考虑门店选址、规模、目标顾客、商品结构等多方面的要素，在筹备这些要素的过程中，需要花费大量的成本。比如：为了增加人流量，很多实体企业都热衷于选择相对繁华的地段作为店址，可繁华地段的店面月租金也更高，可以达到上万元，甚至数万元，若再算上物流、装修等方面的花费，其成本已经非常可观。

而相比之下，电商的开店成本就低得多，企业仅仅需要在电子商务平台上申请即可，并不需要在租金和装修等方面花销太多。比如，在淘宝网上，企业只需要申请、注册，并交纳 1 000 元的保障金，就可以开店。

而成本的差距必然会使电商在与实体店的竞争中具有“先天性”优势，可以使其在商品价格等诸多方面具有竞争力。

（2）在消费需求方面，电商打破了地域限制

实体零售企业的消费群体主要以营业门店所在地附近的居民为主，其

收入水平和偏好都具有地方性。因此，实体零售企业的发展受地方性经济波动的影响较为严重。

相比之下，电商的消费人群可以是全体互联网网民，突破了地域的限制。因此，电商企业在发展过程中可以获得更多的市场资源，减轻了地域性经济波动的影响。

以“褚橙”为例，早在 2010 年，褚橙就以其甘甜味美的产品在昆明打响了名号，但是因地域的局限，其影响力仅限于云南一带，并未辐射到全国。直到 2012 年，褚橙公司和本来生活网合作，进入电商领域，才成功打入了北京市场，引起了广泛反响，进而在全国范围内获得了更多的客户和更广阔的市场。

（3）在抵御风险方面，电商抵御风险的能力较强

实体零售企业的成本投入远远高于电商，因此负担较重，销售渠道和产品种类较为单一，在遭受市场变动等风险时，往往转型更为困难。

而相比之下，电商则因为不受实体门店的限制，在运营上更加灵活，可以根据市场的变动，及时根据消费需求的变化，把资金投入到更适合市场的新产品销售中去，因而其抵御风险的能力更强。

比如，在 2008 年金融危机时，全国的实体零售企业都受到了冲击，陷入了困境。而电商巨头阿里巴巴的销售业绩却持续上涨，最终创造了净利润增长 95%的奇迹。通过降低成本、提高效率等方式，使线上电商减少了经济波动的影响，获得了持续发展。

由此，我们可以看出，电商在运营上对于实体企业的优势是全方位的，从各个层面对实体企业造成了冲击，带走了实体企业大部分人流量，导致实体企业运营困难。

2. 零售企业自身存在的缺陷

除了电商的冲击外，商场人流量下降还受到了其自身缺陷的影响，我们可以从以下三个方面进行分析，如图 1–4 所示。

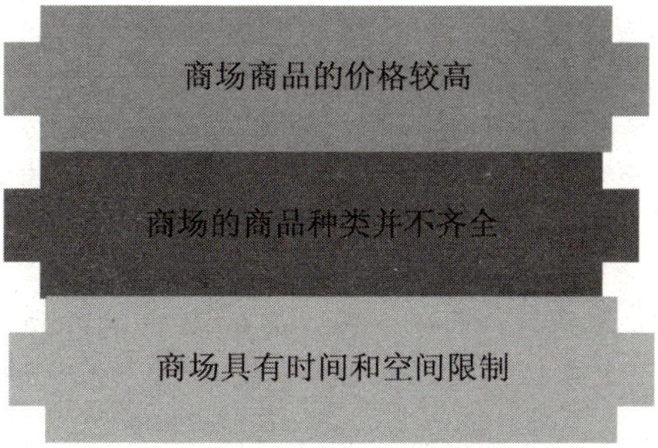

图 1-4　商场自身的缺陷

（1）商场商品的价格较高

价格一直都是决定顾客是否购买商品的重要因素。在商场内，由于受到租金成本、物流成本等因素的影响，商品的价格往往相对比较高。对物美价廉商品的青睐，导致很多顾客不再到商场购买价格高的商品。

比如，同样品牌、同样款式的衣服在线下实体店的价格往往会高于其线上的价格，这种价格上的差别自然就将很多顾客拒之门外。

（2）商场的商品种类并不齐全

顾客在购买商品时，往往会存有“货比三家”的心理。虽然大型商场的商品种类也很丰富，但是由于要考虑成本、销量和场地等诸多问题，因此其往往只会重点售卖畅销商品。这就导致其商品不能满足所有顾客的需求，因而又使一部分顾客放弃到商场购物。

比如，在一些购买力不发达的地区，商场所售卖的大多数商品都是仿制品或者品质不高的商品，进而就会导致很多追求品质的顾客在商场中买不到自己心仪的商品，而选择到网上购买那些价格也并不贵的正品商品。

（3）商场具有时间和空间限制

在时间上，商场由于受到各种因素的限制，往往不能实现 24 小时营业，无法满足顾客随时购物的需求；在空间上，商场由于受到场地的影响，在旺季面对巨大的客流量时，往往无法有效接待所有的顾客。这种在时间和空间上的限制，也极大地降低了顾客的购物体验，减弱了他们到商场购物的兴趣和热情。

比如，商场在举办优惠活动时，通常会获得巨大的客流量。如果客流量超过了商场的承受范围，就会导致商场服务人员应接不暇，无法及时接待顾客，也会造成店内拥挤喧闹，最终降低顾客的购物体验，使他们不再愿意到商场购物。

综上所述，商场人流量减少的原因虽然是多方面的，但是归根结底，其最根本的原因还是商场现有的运营模式无法跟得上时代的发展，无法更好地满足顾客的需求。因此，实体零售企业以市场为核心，以顾客体验为核心进行转型是必要的，也是必需的。

1.6 电商类：线上不足以支撑优质的顾客购物体验

电商自出现以来，就存在着一个难以弥补的短板。这个短板就是：线上不足以支撑优质的顾客购物体验。这种购物体验要求企业给予顾客真实的商品展示，可以使顾客能够近距离地、直观地了解商品的特点，感受商品的好处，获得购物的乐趣，这是虚拟的电商平台无法做到的。

如今，随着人们的收入不断提高，顾客的购物观念也发生了深刻的变化，他们不再单纯根据价格高低来选择商品，而是越来越重视消费过程中的体验和感受，产生了对高品质、异质化、体验式商品的需求，因此，传统电商也要不断改进自身运营模式，以适应市场的发展变化。

长期以来，电商们也在不断探索改善顾客体验的方法，这一探索过程可以分为三个阶段，如图 1–5 所示。

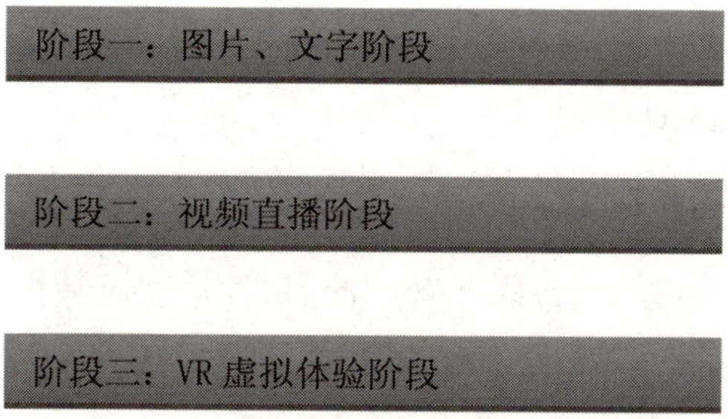

图 1–5　电商提升顾客体验的三个阶段

（1）图片、文字阶段

在网上购物方兴未艾的阶段，电商在售卖商品时，往往是通过图片、文字为顾客介绍商品。其采用配色、字体、文案、构图、排版、氛围营造等方式，来吸引顾客眼球，使其产生购买的欲望。

比如，电商在进行服装展示时，往往会通过服装模特的图片来为顾客呈现出服装的具体穿着效果。同时，还会在商品详情页上进行文字介绍，标明服装的材料、规格、厂家、产地等各种信息。

显然，文字和图片宣传这种方式，只能使顾客客观地了解商品的信息，而不能使他们获得真实、良好的购物体验。

（2）视频直播阶段

随着互联网和移动互联网的发展，视频直播开始兴起。如今，“电商+直播”已成为了大多数电商进行商品宣传的手段。在这个阶段，顾客已经不仅仅是旁观者，还可以参与到商品宣传的过程中，与企业互动，获得较好的购物体验。

比如，著名彩妆品牌美宝莲曾邀请某明星和 50 名网红通过直播代言自己的商品，并在现场介绍和使用商品，让观看直播的顾客对商品有了更加直观的了解。最终，美宝莲在本次直播活动中取得了在两个小时内卖出 1 万支口红的惊人成绩。

通过观看视频直播，顾客能更直观地看到商品的使用效果，并能在主播使用和介绍商品时，主动咨询，与主播互动，获得较好的购物体验。

（3）VR 虚拟体验阶段

VR 虚拟技术即虚拟现实技术。作为新兴的计算机仿真技术，它可以为顾客构造一个接近真实的虚拟环境，使其产生身临其境的购物体验。利用 VR 技术，店家可以通过虚拟系统，让顾客直观地了解到商品的使用效果。

比如，在 2016 年，淘宝平台开启 VR 购物“Buy+”活动。利用 VR 技术，顾客可以通过手机进行虚拟购物。在购物过程中，顾客既感受到逛街的乐趣，又摆脱了线下购物的烦琐流程，实现了足不出户就能逛街购物的愿望。

通过 VR 技术，顾客可以获得到良好的购物体验。但是，由于技术尚未成熟以及价格高昂，线上虚拟购物目前还无法普及，尤其在休息、餐饮、交流等方面，无法取代现实购物为顾客带来的乐趣。

由此，我们可以看出，电商虽然在不断应用新技术进行尝试，希望利用仿真虚拟来替代现实，提升顾客体验，弥补自身的不足，但是虚拟终归是虚拟，现实购物为顾客所带来的各种乐趣是虚拟系统取代不了的，换句话说，电商终究取代不了实体店，它在购物体验上的劣势是弥补不了的。

那么，电商要实现转型就不该只是单纯利用科技手段来弥补不足，而是要掉转方向，积极布局线下，实现线上线下的融合。

以“盒马鲜生”为例，来说，盒马鲜生是阿里巴巴旗下的生鲜连锁门店，是阿里巴巴布局线下的一次尝试。

在提升顾客体验方面，盒马鲜生将线上网店和线下实体店相融合，实现线上、线下的资源互通、信息互联。同时，它还鼓励线上支付，将线下流量引流到线上，进而利用大数据对顾客信息进行分析归类，并以此为依据不断改善服务，给顾客提供更好的购物体验。

在满足顾客需求方面，盒马鲜生开创了“超市+餐饮”的经营模式。顾客在购买生鲜商品后，可以让店内的厨师为自己烹饪出美味的菜肴，并在店内大堂享用。这种模式打破了超市和餐饮的边界，拓宽了服务的渠道，满足了顾客购物和餐饮的需求。

通过本章的阐述，我们可以看出，在新时期，连锁零售企业就应该根据市场形势，摒弃传统思维，积极采取新的技术手段，汲取新的运营理念，全方位提升企业的竞争力，打破商业边界，用全新的模式运营企业，实现跨越式发展。

第二章　连锁经营模式现状深度解析

近些年来，在培训过程中，一些企业的老总经常会向我提这样的问题："我做连锁店很多年了，可是近年来，我发现企业发展很困难，难道连锁经营模式已经过时了吗？"

针对这类问题，我给出的答案是：连锁经营模式本身不会过时，过时的是那些老套的、传统的经营模式和经营思维。

因此，连锁企业要做的是不断发挥连锁经营模式的优势，同时，摒弃自身落后的经营思维和方法。一方面，企业要将连锁经营模式与时代发展结合起来，根据市场变化，不断改善企业的经营手段。另一方面，企业要主动学习，不能生搬硬套，要将连锁经营模式与市场环境结合起来，与企业的发展现状结合起来。

本章，我将对连锁经营模式的方方面面进行系统的阐述，以期让读者对这种经营模式有一个清晰的、明确的认知。

2.1 连锁经营模式的优势

自 20 世纪 80 年代中期连锁经营模式传入我国以来，我国的连锁企业就获得了飞速发展，尤其在近几年，连锁企业的总体销售额一直保持着较快的增长速度，截至 2017 年，我国的百强连锁企业销售规模超过了 2 万亿元，门店总数超过了 9.5 万个。与此同时，由于国外连锁企业争相进入国内市场，连锁企业的规模也将进一步增长，呈现出蓬勃发展的态势。

从总体上看，连锁经营模式具有以下 5 点优势，如图 2–1 所示。

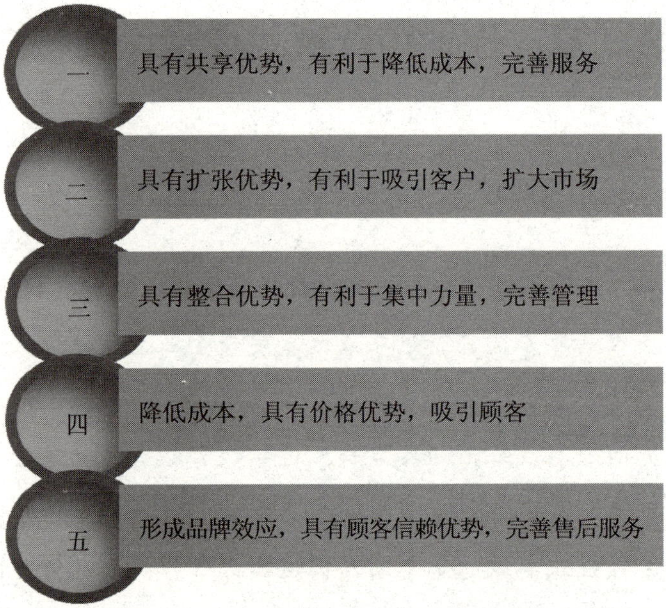

图 2–1　连锁经营模式在零售业中的优势

（1）具有共享优势，有利于降低成本，完善服务

零售连锁企业具有共享优势，这种共享优势体现在以下三个方面。

一是连锁企业各门店的广告宣传共享。连锁企业的广告宣传是由总部进行设计，制订推广策略并实施的，相应的广告费用通常也是由总部出资的。对于直营连锁的企业，各门店不需要出资；而对于特定连锁和加盟连锁的企业，各门店可以通过均摊或按百分比来缴纳这笔费用。无论如何，广告宣传一经推出，各门店便可共享广告带来的收益，而无须承担过多的广告费用。

二是零售连锁企业各门店的品牌共享。显然，与单个门店相比，连锁企业以其统一的企业形象，使自身具有更高的知名度和辨识度，更容易产生品牌效应，会为门店带来更多的顾客。

三是零售连锁企业各门店的技术服务共享。连锁企业可以为各个门店提供一系列技术服务，比如集中采配、商品陈列、员工培训等。

以肯德基为例。作为一家全球知名的食品连锁企业，肯德基便将连锁企业的共享优势最大限度地发挥出来。比如：肯德基通过各种广告宣传而被广为人知，树立品牌优势，使旗下各门店实现了广告宣传共享；肯德基的标志“哈兰·山德士上校”那经典的笑容已经成了肯德基的金字招牌，帮助肯德基各门店实现了品牌共享；肯德基为旗下门店的员工提供了统一的服装设计，为门店提供了统一的料理配方，实现了各门店的技术服务共享。

（2）具有扩张优势，有利于吸引客户，扩大市场

零售连锁企业具有扩张优势，它是多个企业通过合作形成的，能提供相同服务或商品的集合体。因此，它可以快速扩大规模，形成扩张优势。

这种扩张优势主要体现在以下两个方面。

首先，连锁企业可以广泛吸引供应链上的上下游企业。由于连锁门店分布广泛、销售量巨大，这种规模效应使得供应链上的上游供应商、下游销售终端，乃至投资者和顾客都受到吸引，进而从各个方面为企业带来大量红利，推动企业快速发展。

其次，连锁企业可以实现门店数量的快速扩张。零售连锁企业的经营管理模式和技术是标准化、规范化的，能适用于旗下的所有门店。因此，新开的门店就可以通过借鉴、执行这些标准化的模式，迅速成长起来。这就使得连锁企业的门店扩张速度远远快于传统门店。

以巴比馒头为例。在创业初期，巴比馒头的店主刘会平只能通过缓慢

积累来扩大店铺的规模。2004年，巴比馒头只在上海设立了30家门店。后来，刘会平改变运营策略，采用连锁加盟的模式，巴比馒头店迅速扩张，到2010年已经在全国各地开设了500家门店。

采用连锁经营的模式，巴比馒头快速扩充门店数量，开展规模化、标准化经营，通过集体培训、标准配送，使得加盟的门店快速成长，实现盈利，进而使企业也实现了快速发展。

（3）具有整合优势，有利于集中力量，完善管理

连锁经营模式的特征之一就是高度整合。这种整合的优势体现在两个方面：

首先，连锁企业通过对各个门店进行统一规划，对资金调运、人事管理、经营战略、采购计划、广告等业务进行整合，使得各门店的运营模式高度统一，力量更为集中，管理也更加完善，进而凭借大规模的资本力量，在与供应链的上下游厂商打交道的过程中取得优势。

其次，采用连锁经营模式，连锁企业还可以集中力量，对人才的培养和使用、新技术的开发和推广、管理系统的实现等各方面进行整合、优化。

比如，安踏公司就凭借连锁企业所具有的整合优势，为各连锁门店的员工组织培训。它通过企业内部强大的整合调度能力，把不同岗位上的员工放到一个学习平台上来学习，使每一个员工都熟知企业的服务理念，形成鲜明而统一的服务风格，营造全体学习、共同进步的企业氛围。

（4）降低成本，具有价格优势，吸引顾客

零售连锁经营企业可以通过降低成本，使自身在竞争中具备价格优势。首先，连锁经营企业可以通过细化商品生产分工，减少资源浪费，进而降低商品的售价。其次，连锁经营企业拥有统一的配送中心，可以科学合理地开展物流调度工作，减少中间环节，节省物流成本。

比如，巴比馒头店在快速扩张的过程中，果断采取“连锁+工厂”的模式，通过大规模机械化生产取代小作坊式的生产，进一步降低了成本。截

至2017年，巴比馒头已经在上海郊区建立了100亩标准化面点生产车间。此外，巴比馒头还建立了标准的配送中心，实现了生冷链配送。通过生产和物流这两方面的举措，巴比馒头降低了成本，确保了产品的价格优势。

（5）形成品牌效应，具有顾客信赖优势，完善售后服务

连锁经营模式以其统一化、规模化的运营模式，更容易使企业形成品牌效应，提升顾客群体的忠诚度，使他们对品牌产生定向的消费信任。一家连锁门店如果为顾客带去较好的服务，获得了顾客的好评，那么，也会帮助其他门店提升口碑，获得顾客的信赖。

因此，连锁企业只需要利用统一严格的管理，优化服务，使每一个门店都成为吸引顾客，树立企业形象的标杆，就可以在短时间内迅速为自己打造出庞大的顾客群。

连锁企业优化服务的举措有两个方面：一方面，在商品质量上，企业对各连锁店进行严格规范统一管理，统一进货渠道，定向供应，杜绝伪劣商品；另一方面，在售后服务上，企业会设立专门的售后服务部门，保证每一位顾客都可以获得完善的售后服务。

以海尔品牌为例。海尔公司作为家电第一品牌，以优异的产品质量和良好的售后服务而享誉全球。经过海尔公司的多年努力，“海尔”品牌积累了良好的口碑，已经成为品质优良的代名词，在全世界拥有大量的忠实客户，获得了广泛的赞誉，而这也正是一家企业通过提升质量和完善售后服务获得的顾客信任优势。

正因为连锁经营模式具有以上诸多优势，它在近几年内被很多企业所采用，也帮助企业实现了快速发展。

2.2　我国连锁企业在发展中遇到的常见问题

连锁经营模式本身是先进的，是利于企业发展的，这一点毋庸置疑。但是，在实际应用过程中，由于各种各样的原因，很多连锁经营企业在发

展过程中都遇到了问题。当然，我始终强调，这些问题不是连锁模式本身的缺陷造成的，而是由企业自身管理和市场环境等内外部因素所导致的。那么具体来说，导致这些问题出现的原因有哪些呢？如图 2–2 所示。

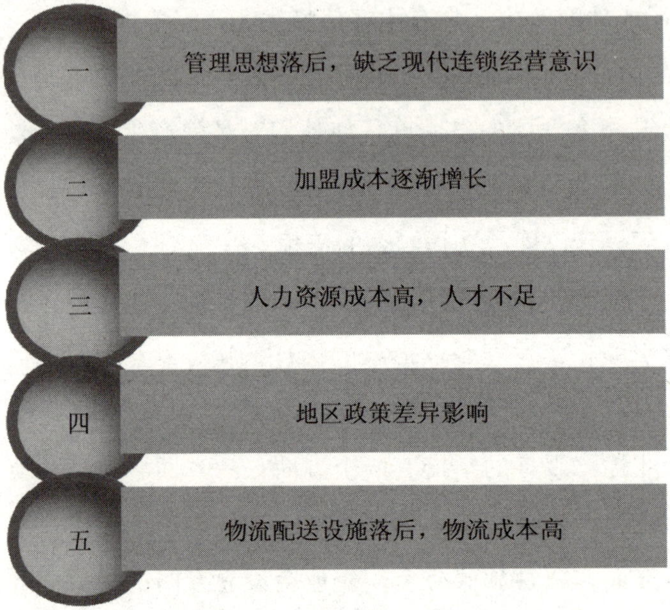

图 2–2　连锁企业在运营中遇到的常见问题

（1）管理思想落后，缺乏现代连锁经营意识

连锁经营模式是一种先进的经营方式，自然需要先进的管理理念来确保实施。当前，我国许多连锁企业的管理人员管理思想陈旧落后，对连锁经营的具体理念方法只是略知皮毛，在管理运作中做得不够规范，缺少市场竞争和整体战略意识，不计成本，盲目扩张，以为门店越多，规模越大，企业获得的利润就越多，发展得就越快。可实际结果却与其设想的背道而驰，企业虽把摊子铺得很大，却导致了加盟店利润日益微薄，纷纷倒闭等问题，使企业陷入困境，得不偿失。

比如，某服装企业采用了连锁运营模式，通过与加盟商合作实现快速扩张，在初期确实取得了不错的成绩，获得丰厚的利润。但是，这种简单粗放的扩张模式注定不会长久，在规模扩大之后，问题也大量涌现出来。因此，该企业在经历发展红利期后，业绩便迅速下滑。

该企业的负责人曾就这个问题，向我咨询请教，我根据该企业的现状，为他制订出了一套较为完善的管理方案。此后，他依照这个方案，逐步放缓企业的扩张速度，减少了加盟店的数量，确立企业的经营理念，完善各项管理措施。经过一段时间的运营，这家企业终于走上正轨，其旗下的加盟店也获得了较快的发展。

（2）加盟成本逐渐增长

加盟成本逐渐增长的问题也是由企业扩张速度过快造成的。在加盟店较少的情况下，企业的利润可以随着加盟店的增加而快速增长，然而，当加盟店越来越多，企业的利润在达到峰值后，就不会再随着加盟店的增加而发生显著的变化。这时候，如果企业还在一味地扩张，那么在利润不变、店面增多、经营成本增大的前提下，加盟店的利润必然就会急剧减少，加盟成本也会逐渐增长。

以如家酒店为例。在 2002~2015 年，如家酒店快速扩张，其在全国各地共有将近 3 000 家酒店。但是，到了 2015 年年底，由于房租、管理费用等各种成本的增加，如家酒店集团加盟店的净利润却呈现出了快速下降的趋势。

如家酒店的加盟店主李某表示：“以每天每间房将近 100 块钱的成本来算，投资一家位置尚可、规模中等的如家，需要 1 500 万元以上的首期投入，然而，所获得的利润跟把这些钱存进银行相比也没差多少了。”

（3）人力资源成本高，人才不足

目前，国内的管理人才稀缺，这是每个连锁企业都要面临的问题。连锁企业因为主要由遍布全国各地的门店组成，企业结构松散，管理难度较大，所以需要大量具有先进管理理念和经验的管理人才。人才的匮乏最终会导致企业内部运营受阻，企业的各项管理措施无法得到有效贯彻和执行。

具体来说，它主要体现在两个方面，一是加盟店人员缺乏标准化、规范化的管理理念；二是加盟店培训系统不完善，人才不足等。

以快递行业为例。一方面，随着电商的蓬勃发展，物流压力加大，市场对快递行业的要求越来越高，进而对快递员的业务水平和服务态度的要求也越来越严格。另一方面，随着物流公司的不断增多，企业之间的竞争越来越激烈，导致经验丰富的快递员待遇快速增长，人力成本加大。

武汉市的陈某是一家快递加盟店的店长，他就向我道出了自己遇到的难题；近来，由于行业竞争等原因，他的门店利润下滑，无法满足有经验的快递员们的加薪要求，致使他们都纷纷离职，无奈之下只能招聘一些对工资要求不高的兼职人员，但由于兼职人员并未受过专门的培训，服务水平跟不上，在工作中经常出错，致使企业利润进一步降低，使得企业进入了恶性循环。

由此，我们能看出，人力成本的日益增长是困扰连锁加盟店的一大难题。

（4）地区政策差异影响

连锁企业的发展离不开良好的政策支持和健全的法律保障。由于国内各地经济发展不均衡，各地的相关政策也不统一，对于同样的项目，有的地区会给予大力扶持，有的地区则会有所限制，因此，一些连锁企业在跨区域发展过程中难免会受到地域因素的影响，很难使门店遍布全国。

比如，有一家上海的服装连锁企业，起初，它将旗下门店多设置在东南沿海地区，如广州、深圳、珠海等，是因为这些地方在当时受到国家政策扶持，经济发展速度快，为引进外资给出很多优惠政策，所以，该企业在这些地方的门店也获得了较快发展。

但是近年来，东南沿海各地区的政策优势开始降低，该企业的门店利润日益减少，因此，企业果断将目光投向了中西部，中西部此时受到国家战略影响，也开始给出优惠政策，吸引外来资金，于是，该企业便借着国家政策的东风，顺势将门店开到了西部，同样获得了丰厚的利润。

（5）物流配送设施落后，物流成本高

连锁企业因其门店分散，需要跨区域经营，所以对物流的依赖程度较大。物流除了要负责为连锁企业快速运送其所售商品外，还要负责将总部的商品准时送到各个门店，因而，企业的地域扩张越大，门店越多，其物流成本就越高。对于一家地域跨度较大的连锁企业来说，如果其物流配送设施落后，物流成本过高，必然会加重企业负担，降低门店的利润。

比如，有一家杭州连锁企业，该企业负责人想将自己的连锁店扩展至湖南、湖北等省份。由于门店位置距离总部较远，所以在开店之前，该企业负责人就充分考虑到了物流成本问题，做到了“兵马未动，粮草先行”。他专门在企业内部建立了物流部门，并对该部门内负责配送的员工进行了专业的、系统的培训，以此提高物流运输的效率。在开店后，该企业的物流运送十分顺畅，物流成本也得到了有效的控制。

2.3 连锁经营有哪些运营及盈利模式

连锁经营模式自出现以来，便逐渐成为世界上最重要的企业经营模式之一。它具有先进的组织结构，可以实现规模经济效益。在这种模式下，供应商、连锁企业和顾客三方可以在反复博弈后，合理分割价值链收益，最终形成“三赢”利益格局，因此，连锁经营被称为零售业的第三次革命。发展至今，连锁经营模式逐渐衍生出了三种运营模式：直营连锁模式、特许加盟模式和自由连锁模式，如图 2–3 所示。

（1）直营连锁模式

直营连锁模式又称为正规连锁，是由企业总部直接投资、经营、管理各个零售点的经营形态，是连锁经营的基本形态。在这种连锁模式下，总部采取纵深型的管理方式，直接管理所有零售点；而零售点则直接对总部负责。

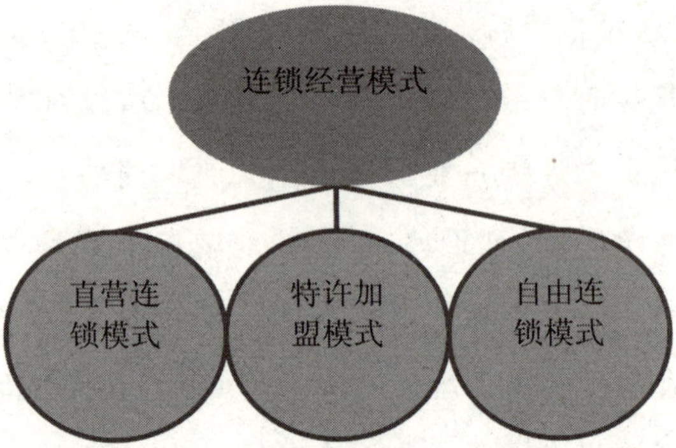

图 2–3　连锁经营模式的类型

直营连锁的主要任务在于“渠道经营”，即企业通过经营渠道的扩展获取利润。实际上，直营连锁就是一种“管理产业”，是大型垄断商业资本通过吞并、兼并或独资、控股等方式，发展壮大自身实力和规模的一种形式。

直营连锁模式最主要的特点就是所有权和经营权均集中于总部。具体来说，直营连锁各门店之间是以资本为纽带连接的，资本属于同一个所有者；连锁企业总部对各门店拥有所有权、经营权、监督权和管理权，使得企业的经营管理高度统一。

比如，中国最大的互联网养车连锁品牌“车发发”实行的就是直营连锁模式。设在深圳市的车发发奥林华府店便是车发发实行直营连锁模式的第一个试点。这家店的前身是龙大美车会，是一家在深圳经营超过 10 年的资深汽车维修店。在被收购之前，这家店受到汽车维修市场的大环境影响，发展陷入了困境，濒临倒闭。

在加入车发发直营连锁体系后，龙大美车会实现了品牌升级，成为车发发旗下的奥林华府店。在开业之后，该门店使用总部的品牌系统，其所有服务流程及人员培训都按照总部下达的规章制度来规划安排，由总部运营。车发发总部对门店提供全方位的支持，包括业绩考核、部门管理、供应链支持、人力调配、技术培训等各个方面，使得门店的经营水平不断提高。

经过一年的经营，车发发奥林华府店建立起了完善的 CRM 体系，累计顾客数量直线上升，日均进店车次成倍增长，顾客满意度高达96%，达到了车发发的平均水平，这些成绩充分证明了车发发直营连锁经营模式的成功。

从这个例子中，我们可以看出，直营连锁经营模式具有明显的优点。首先，它便于企业对各门店实行集中管理，统一调配资源，提高企业整体的运营效率。

在这种模式下，企业可以统一调配资金，统一制订战略，统一开发和应用整体事业；其次，它将资本集中起来，突出资本所有者的话语权，保证企业各部门步调一致，有利于企业在同相关的上下游厂商打交道中，取得优势；再次，直营连锁经营模式可以使企业在人才的培养使用、新技术产品的开发推广、信息和管理现代化等方面，发挥巨大的整体优势；最后，在直营连锁模式下，企业总部可以直接控制所有的成员店，对成员店进行指挥，保证企业的各项指令和措施能被顺畅下达和执行。

（2）特许加盟模式

特许加盟模式又称特许加盟连锁。在这种模式下，主导企业以订立合同的方式，将自主开发的商品、品牌、服务技术等在一定区域范围内的营销权授予加盟店铺，允许它们按合同规定展开营销活动。根据合同，特许人向受许人提供一种独特的商业经营特许权，并给予其人员训练、组织结构、经营管理、商品采购等方面的指导和帮助，受许人需向特许人支付相应的费用。

因此，特许加盟模式是特许方拓展业务、销售商品和服务的一种营业模式。其主要特点是有如下几个方面。首先，公司总部和各门店属于不同的资本所有者，即店铺由加盟者出资设置，有自己的独立财产和法人地位；其次，总部和各加盟店之间以特许加盟合同来划分权利和义务，约束规范各自的行为；再次，公司总部要经常性地给予加盟店服务技术和营销管理等方面的指导，并对加盟店提供进货优惠；最后，加盟店除了要支付加盟费外，还要定期缴纳管理费和培训费等费用。

麦当劳作为一家大型跨国连锁餐厅，于1940年创立于美国，在世界各地大约拥有3万家门店。1955年，雷·克洛克从麦当劳兄弟手中买下了麦当劳的特许经营权，而后逐渐将其变成了世界上最大的餐饮企业。2017年，麦当劳与中国中信集团合作，成立了新公司，并将中国内地和香港的麦当劳直营餐厅转为特许经营，所有门店由新公司打理。

这种特许经营模式无论对中信集团还是对麦当劳都有益处，可以说帮助两家企业实现了共赢。

对于中信集团来说，麦当劳在中国乃至世界都拥有超高人气，其品牌知名度本身就是一种无形资产。通过特许经营模式，中信可以将麦当劳品牌知名度这种无形资产转化为自身的有形资产，汇集资金，实现以小资本投入换取丰厚的回报，达到快速扩张的目的。

对于麦当劳来说，中信集团自身财力雄厚，是极好的合作伙伴，而且其对中国本土的餐饮发展模式有着清晰的发展策略和方向，拥有极强的市场洞察力和经营实力，可以使麦当劳更加本土化，更加适应中国的市场需求，进而增强影响力，汇集资源，在竞争中取得优势。

从这个例子中，我们可以看出，特许加盟模式所具有的优点有两个方面。

一方面，它能使主导企业实现快速扩张。主导企业和连锁企业通过投入无形资产，即将商号、品牌、服务规范和营销管理技术等使用权让渡给各加盟店，来吸引店铺和资金的加盟，从而扩大营销规模，在短期内快速积累资金。

另一方面，它可以提高加盟店创业的成功率。加盟店铺可以利用企业总部提供的、具有市场号召力的品牌和成熟的经营管理技术，开展营销活动，并结合自身对本地市场的了解和把握，调整运营手段和策略，降低运营风险，实现快速发展。

（3）自由连锁模式

自由连锁也称自愿连锁，是指一批所有权独立的门店自愿组成一个集体开展经营活动。具体来说，自由连锁企业就是一些原本独立的企业，为了更好地应对市场风险，自愿联合形成的合作商业组织。这种模式的特点就是，各成员企业都是独立法人，具有较高的自主权，在部分业务范围内以共享规模效益为目的开展合作经营。

具体来说，这种模式的特点包括以下几个方面。首先，连锁企业由一个或几个企业发起成立，各成员都保留对原有资产的所有权和独立法人地位，对于总部和成员之间的关系，企业负责人需按照合同进行规范和调整；其次，企业总部以发起的企业为依托，运营资金则由各成员出资构成；最后，企业总部和各成员都拥有各自所需要承担的责任和义务，双方是协商与服务的关系。

企业总部的责任包括：制订销售战略；实施统一采购和配送计划；为各成员店店铺提供业务指导和服务；协调相互关系。各成员企业的责任有：缴纳加盟费作为企业总部的运营资金；按销售额定期向总部缴纳业务指导费；统一在总部采购所经营的大部分商品。总之，企业总部和各成员是互相联合、互惠互利的关系。

小熊空间是一个以健康时尚为核心定位的童装品牌。在经营模式上，它选择了“中国城市合伙人”式的联营直管模式，即采用自由连锁模式。在这一模式中，小熊空间品牌商直接派驻专业的运营团队对门店进行管理，加盟商则为其提供店铺和店铺员工。对门店经营所获得的销售利润，双方按照比例分成。

通过这种合作方式，一方面，加盟商将库存风险交由品牌商承担，减少运营风险，保障自身的利益；另一方面，品牌商还可以加强对品牌的维护，并使企业快速应对市场变化，能以顾客的需求为导向来调整服装款式和营销策略，减少库存积压的风险。

以往，传统的童装连锁企业由于品牌商和加盟商各自的业务互不交叉，品牌商负责设计加工和品牌运营，加盟商负责订货和售卖，各自为政，导致企业管理不能统一协调，信息反馈迟缓。企业总部不能快速、准确地了解各加盟商的销售情况和库存状态，从而很难进行销售预测和分析，快速应对市场变化，因而常常在激烈市场竞争中败下阵来。相较之下，小熊空间所采用的自由连锁模式则很好地克服了这样的缺陷。

从小熊空间这个案例中，我们可以看出自由连锁经营模式的优点。自由连锁模式以合同为纽带，整合了合作企业们的资源，并从中获得了发展的驱动力。更重要的是，它还构筑了一条能与大型连锁企业抗衡的联购分销渠道，可以使得合作企业有充分的资源应对激烈的市场竞争。

我在本节中所介绍的三种连锁经营模式各有千秋，企业应该根据自身情况和所处的市场环境灵活选择，以取得更快更好的发展。在接下来的三个小节中，我将对这三种连锁运营模式进行较为具体的阐述。

2.4 直营模式：保证商品质量和品质的最佳选择

美国哈佛企业管理顾问公司将直营连锁企业定义为："是由两个或两个以上所有权与管理权集中的零售机构所组成的、大规模的零售商。"在直营连锁模式下，企业总部会通过独资、兼并、控股的形式获得连锁店的所有权利，其中包括所有权和经营权。

直营连锁的典型代表企业有日本的西友公司、大荣公司；美国的星巴克公司、宾尼公司、凯玛特公司等。

正如我在上文中提到的，直营连锁模式的优点就是可以帮助企业总部更好地管理门店，使企业的各项指令得以被更好地执行。这对于那些专注于通过强化管理来提升商品品质和口碑的企业，无疑是不二选择。

国内外都有很多通过采用直营模式成功提升商品质量，确立品牌优势的企业。我在做咨询工作时就曾遇到过这样的案例。

有一家零售连锁企业，在创立伊始，该企业尝试了特许加盟模式，然而在之后的几年中，该企业的创始人发现自己的很多加盟商都将赚钱放在第一位，而对企业的品牌形象及长期发展漠不关心，导致企业品牌无法赢得顾客的青睐，企业发展步履维艰。

终于在第四个年头，企业创始人经过反复权衡，吸取以往的经验教训，转变了经营思路，转而采用直营连锁模式，对各门店进行全方位控制，强化管理，其管理范围涉及门店的财务监督、店铺选址、店长委任、产品生产销售等各个环节。通过这种模式，企业将所有门店变成了一个整体，形成了合力，并对产品的生产和销售严格把关，提升了产品质量和顾客的口碑。

又经过近十年的深耕细作，该连锁企业已经在国内拥有 120 家门店，在广大顾客当中建立起了良好的信誉和口碑，获得了长足的发展。在与我谈及这次转型时，该企业创始人不无感慨地说："采用这种经营模式，尽管我管理起来很累，总是要面面俱到，事事关心，但是过往的教训使我意识到，品牌的持续发展才是根本。"

我再举一个国外的例子。

著名的咖啡连锁巨头星巴克发展至今，其门店已经达到了 1.3 万家，遍布于全球 39 个国家。那么，对于如此众多的店铺，星巴克是如何经营的呢？说起来大家可能会感到吃惊，它采用的就是直营模式。

星巴克从创立之初便坚持采用直营模式，它这样做的目的就是为了保证每一家分店能够统一管理、统一培训、统一服务标准，进而保证星巴克的整体服务品质和品牌口碑。对这一模式它坚持了 30 年。

对此，星巴克创始人说："品牌的经营归根结底是人的经营，我们要求自己的经营者认同星巴克的经营理念、运营标准，以确保 1.3 万家输出的每一杯咖啡都是一个味道。而加盟商多是投资客，把品牌加盟当作赚钱的工具，他们的最终目的是赚钱而非进行品牌经营。"

这就是一个专注于品质的企业巨头的心声。

由此，我们可以看出，要想把企业做大做强，一味牟取利润绝不是长久之计，采取直营模式来强化管理，提升自身的信誉和口碑，才是促使企业长久发展的最佳选择。

2.5 加盟模式：最快的扩张方式

加盟模式也称特许经营模式，指的是特许者与被特许者以店铺经营为媒介，建立起的契约合作关系，进而共同开展经营活动。在这种模式下，被特许者要向特许者支付一定的管理费、加盟费等合同费用，特许者则为其提供商标、商品、技术、标准等支持。与直营连锁相比，特许经营企业的所有权比较分散。

特许经营模式的优点是：企业通过不断引进加盟商来实现扩张，因此节省了大量资金，可以实现在较短的时间内扩大规模，迅速扩张，产生规模效应，进而获得丰厚的利润。而且，各个加盟商由于深谙当地市场特点和顾客的偏好，可以在经营上对企业产品做适当调整，使企业品牌更加本土化，更能迎合当地市场需求。当然，这种经营模式也有管理松散的弊端，因此，企业总部就应该适当地对各门店加强管控，以保证自身的产品质量。

举个例子，餐饮连锁巨头全聚德采用的就是特许经营模式，在这种经营模式下，全聚德同样取得了快速的发展。那么，它又是如何取得成功的呢？通过对其经营手段的深入分析，我总结出了以下两个原因。

第一，全聚德总部通过对特色菜的掌控，强化了对旗下各门店的控制，确保了品牌口碑，有效弥补了特许加盟模式的不足。

我们都知道，与品类少、流程简洁的快餐店麦当劳相比，全聚德烤鸭的加工工序流程是非常复杂的，其原料配方也是难以被复制的。而全聚德总部就是通过将其特色菜“全聚德烤鸭”的原料配方牢牢掌控在自己手中，实现了对门店的控制。它采用了“中心加工厨房”模式，对烤鸭制作过程中所需要的原料进行统一加工、统一配方、统一销售及统一配送。这样做一方面可以让顾客在不同的全聚德店都能吃到同一味道的烤鸭，保证了品牌质量，另一方面也使各门店无法绕过总部自行制作烤鸭，从而自觉服从总部的管理，遵守总部制订的各项制度。

第二，全聚德总部积极鼓励各门店本土化，充分发挥了特许经营模式的优势。

全聚德总部给了每一个加盟商一项福利。它规定除了要做全聚德“标志性菜品”之外，各加盟商可以根据各地市场情况和顾客口味，发挥自身优势，自主选择开发特色菜肴。例如，广东全聚德可以主打粤菜，四川全聚德可以主打川菜等。这一举措让顾客既能在全聚德门店吃到其招牌菜全聚德烤鸭，又能吃到当地特色菜，使全聚德更加本土化，更能迎合各地市场需求，进一步提升了门店的效益和口碑。

全聚德的案例为很多采取特许经营的连锁企业树立了榜样，提供了借鉴。在采取特许经营模式时，企业就该尽量弥补这种模式的不足，发扬这种模式的优势，通过各种手段强化对加盟商的管控，以使自己制订的措施能被有效地实施。

2.6　联营模式：相互制约且稳定的模式

联营模式又称自由连锁。在这种模式下，不同的商家联合组成一个总部，采用统一进货、统一配送的方式开展经营活动。与直营连锁和特许连锁不同的是，联营连锁所有权与运营权均独立。这种模式的优点就是：它能使各个参与的门店通过统一品牌，统一营销，产生规模效应，进而达到降低成本、扩大影响力的目的。

下面，我通过对两大知名鸭脖品牌绝味鸭脖和周黑鸭的对比，来为大家指出联营模式与直营模式在运营效果上的差别。

鸭脖是一款地方特色小吃，然而，如今小小的鸭脖已经走出中国，走向世界，成为被大众广泛喜爱的美味佳肴，其中，绝味鸭脖和周黑鸭这两家民营企业功不可没。这两家企业靠着鸭脖获得快速发展，如今都已经成功上市。然而这两家企业所采用的经营模式却不相同，周黑鸭采用的是直营模式，绝味鸭脖采用的是联营模式。我们先来看看它们的数据对比，如下图 2–4、图 2–5 和图 2–6 所示。

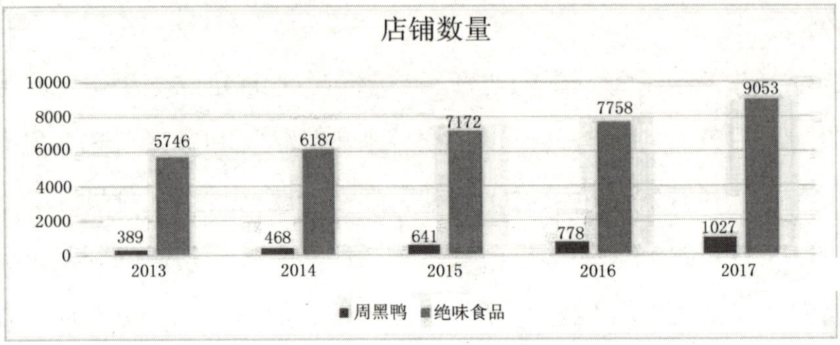

图 2–4　周黑鸭和绝味鸭脖的店铺数量对比

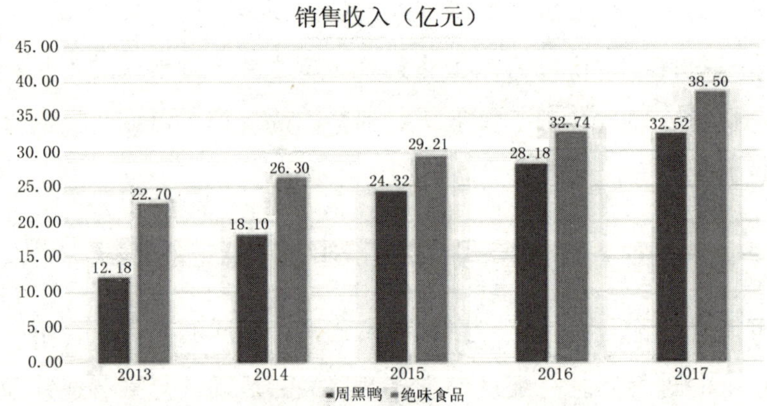

图 2–5　周黑鸭和绝味鸭脖的销售收入对比

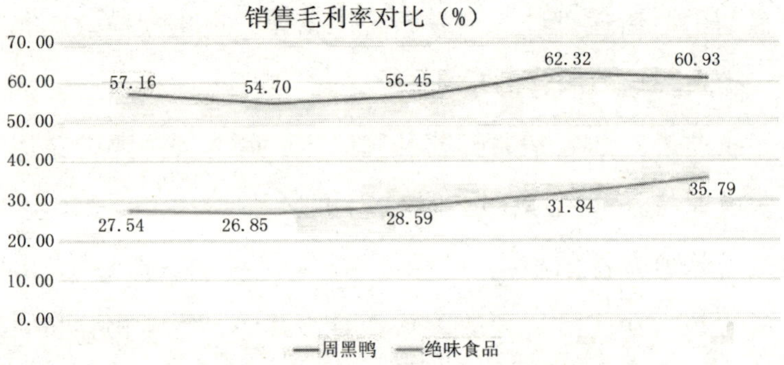

图 2–6　周黑鸭和绝味鸭脖的销售毛利率对比

从以上三张图表中，我们能看出，周黑鸭的店铺数量远远少于绝味鸭脖，仅相当于绝味鸭脖的十分之一，销售收入也比绝味鸭脖略少，但利润却是绝味鸭脖的两倍。由此，很多人可能就会轻易得出“直营模式比联营模式更利于企业发展”的结论，其实，这个说法是不够全面的。

周黑鸭和绝味鸭脖的对比，鲜明地反映出了直营和联营两种不同模式的发展策略。

联营的优势是低成本的扩张，运营成本也比较低，因而企业可以大量开店，通过遍布大街小巷的门店来为自己带来规模效应和广告效应，但在这种模式下，企业门店的利润也较低；而在直营模式下，因开店成本非常高，企业需要花费很多资金维持其运作，所以通常无法增设太多门店，但能通过品质的保证来赢得口碑，为门店带来更高的利润。

因此，这两种模式各有利弊，我们不能单纯地对它们给出绝对的评价。企业应根据自身实际情况和发展阶段，来选择适合自己的经营模式。

如果企业资本充足，则可以采用直营模式来提高单店利润率；如果企业资本不多，又想快速提高市场占有率，那么采用联营模式显然更适合。

一言以蔽之，企业取得成功的过程是多种多样的。无论是直营模式还是联营模式，抑或是加盟模式，都只是运营手段。而优质的服务、可靠的产品质量、完美的顾客体验才是企业取得成功的根本要素。

第三章　连锁企业系统分为哪三级

连锁企业系统即连锁企业的运营体系。它共分为三级，分别是总部系统、区域管理系统和终端零售系统，具体来说，就是总部、配送中心和门店这三个部分。

对企业系统进行明确的划分，并采取完善的措施，连锁企业就可以通过不同的职能区域，分别管理其内部各个运营结构，形成合理的管理模式，实现标准化和信息化经营。

实现了合理的管理模式，企业就可以将各门店化零为整，将商品化整为零，进一步细化内部的采购、销售分工，使经营决策以及商品流转过程中的进货、送货、销售、库存等分别由专业化的职能部门来完成，从而大幅度降低商品成本，合理调整商品结构，集中配送，减少库存积压，加速资金周转，从整体上提高企业的经济效益。

实现了标准化经营，连锁企业就可以实现统一管理、协调管理、简化管理。统一管理是企业总部决定企业的发展方向、企业的发展策略等，其他加盟店听从总部命令，按总部的制订标准来经营；协调管理是连锁企业根据市场状况不断调整自身发展策略，优化企业整体的发展方向；简化管理是连锁企业减少不必要的资源浪费，采取最有效的方式来推动发展。

实现了信息化经营，连锁企业就可以通过信息技术的应用，使自身发展合理化、制度化、规范化，提高商品流通的效率，使物流、资金、信息等快速流动，实现有效利用，从而降低成本，改善经营环境，提高商品的市场竞争力；还能快速了解顾客对企业产品的要求和建议，从而能以顾客的需求为导向快速调整经营策略。

以上三点是我们细分连锁企业系统的最终目的，在本章，我将围绕企业系统三级的划分，来对连锁企业的内部管理方法策略做详细说明。

3.1 没有总部的系统只能各自为战

总部是连锁企业系统的核心，它主要负责企业的原料采购、产品配送、财务管理、质量管理、经营指导、市场调查、产品开发、融资、产品促销、员工培训等。

总部作为企业的核心，承担着对企业发展进行统筹规划的责任。具体包括：建立和完善全公司各个环节的业务流程；规范企业各个部门的职能范围；制订销售策略，并根据市场信息反馈，及时、准确地下达指令；建立可以对市场变化做出快速反应的体系；建立完善的资源共享、管理和奖励机制；对商品、资金和门店的各种经营活动进行监控；建立企业与上游供应商的信息资源共享；为企业的投资决策提供科学的依据等。

以服装行业为例。服装连锁企业总部的职责主要有以下五点：首先，要对市场信息进行收集，了解顾客们的喜好，从而确定要生产的服装款式；其次，要设计、开发服装款式，打造时尚、流行的服装品牌；再次，要对服装进行质量检验，并将生产出的服装配送到各个加盟店内；再者，要对员工进行技能培训，提升员工的服务水平，从而树立企业品牌的良好形象；最后，还要进行促销战略的研究，根据市场情况，积极与其他企业开展战略合作，实现优势互补，使得企业获得进一步发展。

总之，总部作为企业核心，能够集中力量带动企业整体发展。它是企业的灵魂，是支配企业一切生产经营活动的“大脑”，一个人没有大脑是活不下去的，一个企业如果没有了总部，自然也无法生存。在接下来的 5 个小节中，我将具体阐述总部对企业各个环节的规划方案。

3.2　制订企业发展规划方案

企业发展规划即企业战略规划，它是企业发展的路线、原则和纲领，是企业未来发展的蓝图，为企业未来的一切举措提供方向指引，对企业的发展意义重大。

企业在制订发展规划前，要做充分的准备，首先，要根据企业自身环境等客观实际情况，分析制订发展规划的必要性和确定发展战略的总体方向。其次，要确定制订发展战略所基于的指导思想、方针和应遵循的原则。最后，要为企业明确发展方向和目标。

在明确了以上三点的基础上，企业就可以着手制订发展规划了。通常，一份完整的企业发展规划要包含三个核心主题，分别是分析阶段任务、战略咨询和决策以及战略计划追踪，如图 3–1 所示。

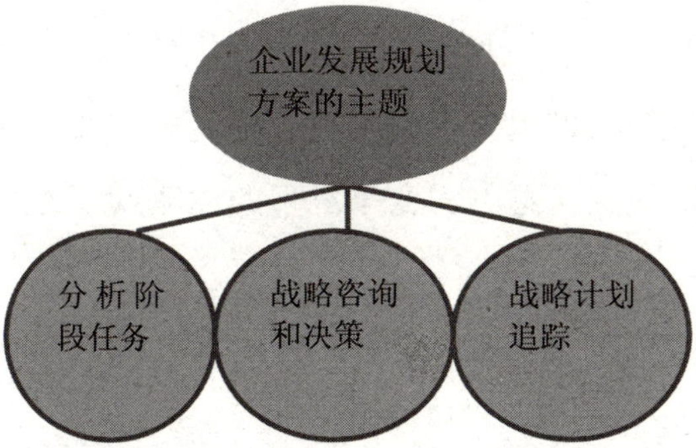

图 3–1　企业发展规划方案的主题

（1）分析阶段任务

在分析阶段任务环节中，企业首先要了解自身的发展环境和发展现状，即从外部因素和内部因素两方面进行分析。对外部不可控因素进行对比分析，可以使企业把握有利时机，规避风险，提升快速应变能力，提高创新变革和可持续发展能力。对内部因素进行对比分析，可以使企业知己知彼，扬长避短，发挥出自身优势，达到企业目标、资源和战略统一。

具体来说，在分析外部因素时，企业应分别关注自身所处的宏观环境、中间环境和微观环境。

其中，宏观环境包括政治、经济、社会、技术四个方面，即政府发布的相关政策、经济整体的发展状况、人们的社会需求、商品技术的应用程度。企业对宏观环境进行分析，可以从社会角度明确企业发展的大方向。

中间环境包括企业所在行业发展现状、企业所在行业结构进化趋势、企业所在行业竞争结构、企业所在行业特征评价、企业所在行业的变革驱动点、企业所在行业胜败关键因素、机会风险、生命周期等。企业对中间环境进行分析，可以从企业的角度对所在行业进行分析和洞察，了解自身在行业内所处的位置。

微观环境包括顾客、供应者、竞争者、商品等，即顾客需求发展状况、供应者供应能力状况、竞争对手的竞争能力状况、潜在对手情况、现有替代品情况、波特五动力模型分析应用等。企业对微观环境进行分析，可以从自身角度审视市场变化趋势和竞争对手的优缺点，为采用有针对性的具体措施提供依据。

在分析内部因素时，企业应进行企业内部分析、企业财务分析、市场营销分析。

其中，企业内部分析指的是企业对自身的经营和管理等方面进行分析，具体包括企业资源竞争优势分析、产品与服务价值链分析、企业核心管理能力分析、企业核心竞争力分析、企业潜在核心能力分析、公司价格成本分析、公司面临战略优势与劣势分析、成本优势渠道分析、关键利益相关者分析、企业产品、服务的生命周期分析、SWOT 分析[①]。

企业财务分析是指企业对自身的财务状况进行分析，具体包括经济效益分析、财务管理的能力与效益分析、企业财务能力分析、经济效益评价分析、财务比率分析。

市场营销分析是指企业通过分析自身产品的优缺点，对产品未来在市场中的销售情况进行预测。它包括产品结构分析、产品生命周期分析、产品竞争能力分析、市场营销能力分析、投资组合分析、市场营销环境分析。

（2）战略咨询和决策

战略咨询和决策指的是企业在结合各方面的因素，总结出相应的战略规划草案后，对草案中所规划的内容进行具体的规划和论证。

一方面，企业应按照预定的战略方针和方向，根据分析报告拟订战略规划草案，其中包括企业总体战略规划、各分项战略规划、各职能部门战略规划。

另一方面，企业应针对战略规划草案进行技术咨询，尤以借助专家的定性定量比较分析为重。通过咨询，企业可以有效验证战略目标的准确性、战略发展规划的可行性、资源配置的合理性、战略实施过程的可控性和内外因素造成的风险性，从而对战略草案进行修正、完善和补充。

（3）战略计划追踪

战略计划追踪是指企业在战略计划实施过程中，对计划的执行情况、计划完成后所达到的效果进行追踪，并以此为依据，对计划进行评估改进，或通过各种手段监督、促进计划的顺利实施。基于战略计划的实施追踪是企业落实发展战略的基本保证。通过追踪，企业才可以及时了解和掌握计划实施过程中可能发生的问题，并进行及时纠正。

以上是企业制订发展规划的三个主题，也是企业落实发展规划的主要

---

① SWOT 分析：提优势（Strengths）、劣势（Weakness）、机会（Opportunities）、威胁（Threats）。

步骤，值得每一个企业系统地学习和领会。

3.3 制订门店布局方案

门店作为连锁企业系统中的销售终端，是为企业创造利润的关键点，因此，连锁企业制订完善的门店布局方案可以减少门店的不合理经营，对于门店业绩的增长，企业效益的提高具有极大的促进作用。

门店布局，简单来说，就是门店空间的分配。门店空间包括销售空间、商品空间、员工空间和顾客空间等。企业在制订门店布局方案时，要从门店的内部环境和外部环境两个方面入手，对门店进行规划设计。其中，内部环境指的是门店内部空间的布局及装饰，主要包括售货区的分割、商品的陈列和展示、货架柜台的陈列组合、店内的广告、服务设施以及店内的美化装饰等；外部环境指的是门店的外观造型、店面、橱窗、店头广告招牌以及店铺周围的绿化环境等。

此外，在进行门店布局规划时，企业也要坚持以下4个原则，如图3–2所示。

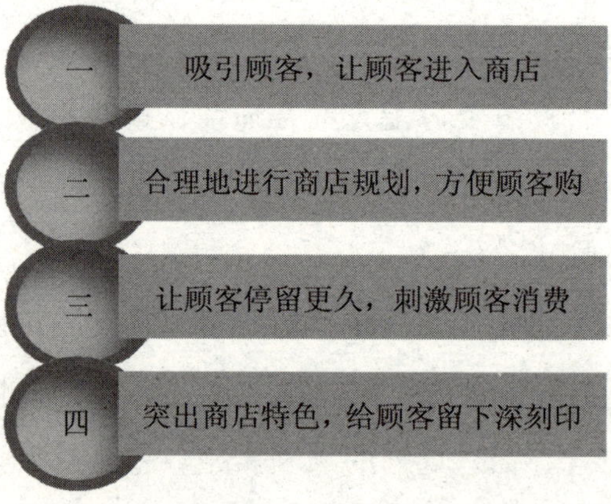

图3–2　企业总部在进行门店布局规划时要坚持的原则

（1）吸引顾客，让顾客进入门店

对于企业来说，门店的作用就是为企业创造利润，吸引顾客消费是门店布局的主要目的。因此，企业在进行门店布局规划时，首要考虑的就是如何吸引顾客，使他们进入店内，企业要对周边环境情况和周边顾客的一些共有的生活习惯和兴趣爱好进行深入的了解，再以此为依据，开展门店外部的装修工作。

以麦当劳为例。麦当劳在做门店布局时，往往会在店外设置一个麦当劳叔叔。麦当劳叔叔是一个貌似小丑的人物，拥有红色的爆炸头，穿着鲜黄色的连衣裤、红白条纹的里衫长袜和红色的大短靴，笑口常开，给人一种和蔼可亲的感觉。

他或是一个塑像，或由真人扮演，以独特的装扮和可爱的形象赚足了往来行人的眼球。无论大人还是儿童，都会乐于停下来，与麦当劳叔叔或合影，或打趣，有了一个好心情，进而在这种欢乐氛围的感染下，进入店内享用美食。

因此，连锁企业为了能成功吸引顾客，为其带来一个好的购物体验，就应该从店外装修开始，从顾客所能看到的、听到的、感受到的每一个细节入手，愉悦顾客，将其引入店中，享受优质的服务。

（2）合理地进行门店规划，方便顾客购物

企业进行合理的门店内部规划和商品摆放的最终目的，是为了方便顾客购物。比如，在对售货现场进行布置与设计时，企业应保证这些布置和设计便于顾客浏览并选购商品，要使顾客更快速地、更方便地、更随心所欲地拿到自己想买的商品，这样做才能最大限度地促进商品的销售。

反之，如果企业在规划门店内部布局时，没有秉承方便顾客购物的原则，设计得不够人性化，无法使顾客快速找到自己心仪的商品，那么，顾客就会心生厌烦，不再愿意购物，或者即便买下了商品也不愿再来店内购物。

以华联超市为例。华联超市在规划门店时是按照商品的类型来划分区域的，它在门店内设置了服饰区、粮油区、家居区、休闲食品区等几个大区，并在每个大区内按照商品的种类进一步分区，比如在服饰区内设置鞋帽区、男装区、女装区等，并且在每一个区域上方都挂上了醒目的标牌，使顾客一目了然。此外，华联超市还把同种商品按照品牌进行划分，或按照商品的形状、大小、颜色等进行排列，并保证货签对位。在这种层层细化的设计布局下，顾客可以更方便地找到自己想买的东西，并了解商品的信息和价格。

华联超市还十分注重合理设计门店内的通道。首先，超市会将通道拓宽，保证顾客的小货车顺利通过，尽量避免人流阻塞。其次，超市还对通道做了合理的布局，可以让顾客在购买完商品后，能够快速赶到收银台结账，避免了走冤枉路，浪费时间。

因此，企业在进行门店布局时，要以方便顾客购物为宗旨，给顾客提供良好的购物体验，尽量为顾客带来便利，为门店赢得良好的口碑。

（3）让顾客停留更久，刺激顾客消费

顾客在购物时，很可能会临时起意购买计划外的商品，这是受店内的各种因素影响的。比如，商品的价格和质量、商品的外观、销售人员的推销、门店内的整体购物氛围等。顾客在门店中停留的时间越长，他们受这些因素的影响就越大，进而产生的消费欲望就越强。因此，企业在进行门店规划时，要在不使顾客反感的基础上，尽量增加其在门店内逗留的时间，刺激他们的消费欲望，促进消费。

以宜家为例。大型家居连锁卖场宜家在增加顾客逗留时间方面就做得非常出色。

首先，宜家在设计卖场通道时，非常注重通道的合理布局。顾客从入口进入宜家卖场，到从出口出去，必须要经过卖场的所有的区域，而且其通道的通风性非常好，非常顺畅，顾客走在卖场中并不会感到厌烦，反而还会随性闲逛，在不知不觉中增加了逗留时间。

其次，宜家会别出心裁地把有卖点的畅销品、外观华丽的家居用品等能吸引眼球的商品，摆放在通道的重要位置上。比如，卖场入口、主通道的中岛区域、主通道与副通道交叉口、出口附近等，当顾客在卖场中走得疲倦了，想要出店时，很容易会被这些商品重新吸引住，调动起兴趣，增加了逗留时间。

最后，宜家会将门店布置得非常温馨，使顾客置身其中，感到很舒适惬意，乐于停留下来，休息片刻并了解产品。而且宜家还为顾客提供餐饮服务，这就进一步解决了顾客的“后顾之忧”，使他们有更充足的时间在卖场中浏览商品，挑选家具。

因此，企业在进行门店规划时，可以充分借鉴宜家的经验，尽可能地增加顾客的逗留时间，刺激他们进行消费。

（4）突出门店特色，给顾客留下深刻印象

拥有特色的门店，才能给顾客留下深刻的印象，才能吸引顾客再次光顾。门店的特色是由企业的文化理念、产品特点所决定的，它是企业向顾客传播自身文化内涵和优势的重要平台。鲜明的门店特色会变成一种文化符号，牢牢扎根在顾客心里，使他们产生深刻印象，并逐渐接受和认同企业品牌，有利于提升企业的品牌知名度。所以，企业在规划门店布局时要突出门店特色。

全球著名咖啡连锁品牌星巴克就非常注重将自己的门店特色融入当地的文化和环境氛围当中。比如星巴克的纽约华尔街店，因为华尔街是世界金融中心，在这里人们的生活节奏是非常快的，所以星巴克在设计门店时就采用横向木条覆盖屋顶和墙壁，给人以快速行进的感觉，非常符合顾客快节奏的生活状态。再比如星巴克的泰国曼谷店，这家店的外观形状类似一个泰国农舍，上部分好像一个方形的玻璃盒子，下部还有山形屋顶，符合泰国的建筑样式，容易给当地人带来亲切感。还有星巴克成都远洋太古里门店，这家门店的内部装修采用了温暖的木质色调，是参考了成都著名历史建筑大慈寺设计的。

由此，我们可以看出，星巴克就是通过设计与当地风土人情相适合的特色门店，来“入乡随俗”，使当地的顾客从对门店设计的认可，过渡到对星巴克品牌的认可上来，并借此提高了星巴克的知名度和影响力。它的做法也为其他连锁企业的门店设计提供了参考和借鉴。

综上，企业在进行门店布局时，就要以吸引顾客，给顾客带来方便，提升顾客购物体验为出发点，通过各种手段，打造舒适的购物环境，营造良好的销售氛围，刺激消费，同时进一步提升品牌的好感度和知名度。

3.4　运营销售管理系统

销售管理系统是销售管理软件的别称，它是连锁企业管理和统计客户档案、销售线索、销售活动、业务报告、销售业绩的工具。通常来说，一个完整的销售管理系统包括渠道管理、项目管理、合同管理、客户管理、商品管理等多个功能模块，能覆盖到整个销售过程中的所有数据。它是企业销售部门管理客户资源，分析市场行情的得力助手。

连锁企业在建立销售管理系统时，要重视项目的实施与规划，同时还要重视系统的持续运行。运营销售管理系统要注意以下几个方面，如图 3–3 所示。

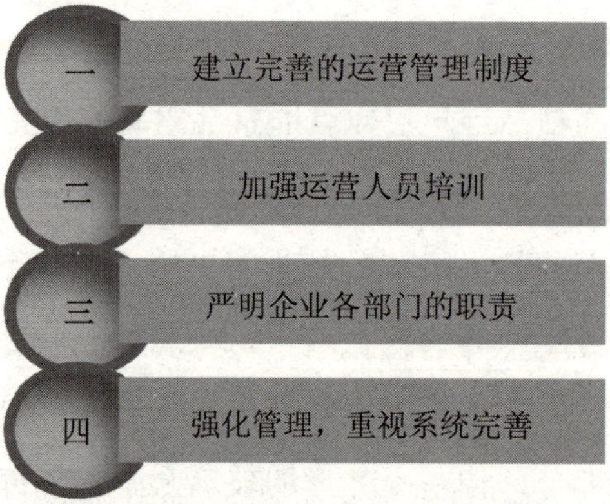

图 3–3　连锁企业建立销售管理系统后需要注意的问题

（1）建立完善的运营管理制度

企业在运行销售管理系统时，要建立一套完善有效的运营管理制度。这项运营管理制度包括销售管理系统的使用人员规定、各项数据管理的相应规定、系统维护规定、保密规定等，这项制度可以确保企业销售部门的相关人员能正确运行系统，确保各项销售数据的准确性，帮助相关人员正确处理纷繁复杂的数据，避免得出错误的分析结论，误导企业的发展。

（2）加强运营人员培训

运营人员是管理销售管理系统的工作人员。运营人员技术的好坏会对系统能否被正确使用产生直接影响。因此，企业要注重对运营人员的培训。在培训过程中，企业可以将系统运营要点从点到面逐步向运营人员推广，从而让他们真正了解掌握系统的基本功能与操作方法，保证系统高效、持续运营。

（3）明确企业各部门的职责

由于销售管理系统贯穿企业经营的方方面面，涉及的部门众多。因此，企业要明确各个部门的职责，使它们各行其是，将数据及时整理出来，并完整地录入销售管理系统中。

（4）强化管理，重视系统完善

实现销售管理系统良好运营的要点在于“三分技术，七分管理”，因此，完善企业管理至关重要。因为销售管理系统的实施，通常会对企业传统的经营管理带来冲击，势必会在企业内部招来一些反对的声音，甚至会引起加盟商的不满。然而，越是如此，企业就越该通过强化管理，将系统坚定不移地推行下去，同时重视系统完善，保证其能顺利持久地运行，用事实来证明系统的作用。

3.5　建立人才考核体系

华为总裁任正非曾经说过：“一个企业想要生存，人才合格是基础，要想壮大，评价体系是前提。”这句话旗帜鲜明地指出了完善的人才考核体系对于企业发展的重要性，因为企业只有建立完善的人才考核体系，才能充分了解每个员工的工作能力，才能做到人尽其才，物尽其用，并使之成为企业发展的强大推动力。

那么，企业该如何建立人才考核体系呢？人才考核体系因岗位而异，不同的行业、不同的企业在建立人才考核体系时都有不同的标准。比如，对于门店销售员来说，对他的考核标准就是他的销售额；对于文字录入员来说，他的考核标准就是他在单位时间内录入的字数；对于酒店服务员来说，他的考核标准则是顾客满意度。但总的来说，不同企业人才考核体系也有相通之处，相通之处有以下 3 个方面，如图 3-4 所示。

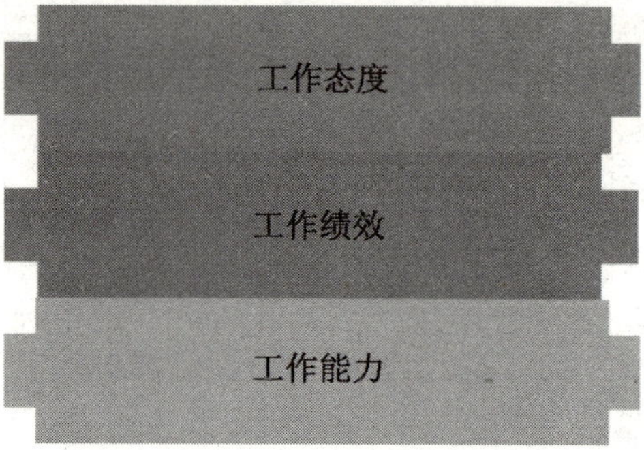

图 3-4　人才考核体系的标准

（1）工作态度

良好的工作态度是员工完成工作的前提，是决定员工工作质量的重要因素。一般来说，积极的工作态度可以提升员工在工作中的反应能力、判断能力、学习能力、忍耐力等，能促使他更快更好地完成工作，取得良好的工作业绩。

比如，门店销售员工作态度不好，就会造成销售业绩下滑，服务质量下降，甚至招致顾客投诉，影响企业信誉和口碑；企业生产部门员工工作态度不好，就会导致工作效率降低，产品质量下滑，甚至生产出残次品，给企业造成重大损失。因此，无论对于任何岗位上的员工，对其工作态度的考核都应该是人才考核的一项的重要指标。

（2）工作绩效

工作绩效是员工工作的最终成果，是企业考核一个员工的直接标准。绩效考核就是企业在既定的战略目标下，运用特定的标准和指标，对员工的工作行为及其取得的工作业绩进行评估。利用在绩效考核中得出的结果，企业可以了解员工的工作质量和效率，可以由此判断员工的能力与岗位的胜任度。因此，工作绩效毋庸置疑是人才考核体系的重要指标之一。

比如，某服装工厂规定每个员工每月要生产 100 件服装。因此一个员工一个月的绩效目标就是 100 件，如果该员工按时将目标完成，就代表这名员工的工作绩效达标；如果她生产的服装超出了目标数量，就表明她工作能力突出，绩效优异。

（3）工作能力

一般来说，员工的工作能力是指员工在工作中所展示出来的能力，是企业评估该员工是否称职的重要标准。企业在对员工的工作能力进行考核时，就要根据特定的标准或要求，对该员工能力发挥情况，其优异表现等做出评定。

比如，一名销售经理向企业保证在一个月内，让销售部门的业绩达到 100 万元，同时还不能让员工产生怨言。如果销售经理利用合理的手段来刺激员工的工作积极性，并未让员工产生怨言，还圆满完成了销售业绩，那么，这就代表着这名销售经理的工作能力出众，是一个优秀的人才。因此，工作能力也是企业对员工进行考核的重要标准。

3.6　建立人才复制系统

企业最宝贵的资源是核心人才的工作技巧和经验，这些技巧和经验往往是核心人才通过长期实践积累下来的，是对企业各个环节的顺畅运行具有指导意义的。然而，随着核心人才的离职，这些宝贵的技巧和经验得不到传承，很可能就会因此流失。比如，老员工犯过的错误，新员工同样也犯；人才和管理跟不上企业的发展；新员工得不到指导，在短期内难以出做业绩等，这时，企业就必须要建立人才复制系统，把那些核心员工所具有的工作技巧和经验，有效地归纳总结起来，传授给新员工，保证企业平稳运营，快速发展。

人才复制系统是指企业通过建立一个平台，将企业员工积累的工作经验进行梳理和分享，帮企业快速地复制自己所需要人才的系统。企业进行人才复制的方法包括知识产品结构化、工作习惯模板化、最佳实践可视化、管理技能知识产品化。

知识产品结构化是指企业将知识产品、工作内容等经过梳理，做成框架，形成知识体系，通过知识产品框架内容提示、必修课导读和结构化问题设计，引导新员工消化、领悟企业自主知识体系内容，并结合自身经验和绩效实践，补充、优化现有知识产品。

工作习惯模板化是指企业将优秀员工的各种工作习惯、工作行为等设计成模板，供其他员工学习。企业通过分析优秀员工的行为习惯，将这些行为习惯设计成标准化工作模板或参考工具，作为其他员工学习范例，帮助他们简单直接地传承优秀的工作习惯。

最佳实践可视化是指企业将绩优员工的所做出优秀表现，做成影像资料，让其他员工可以直观地学习模仿。企业将绩优员工在关键事件、重大贡献、管理技巧等方面的突出绩效表现，录制成影像资料，展示给其他员工，可使学习过程更加生动形象，更利用员工领会吸收。

管理技能知识产品化是指企业通过风险、成本、满意度等效率指标与考核漏斗的逻辑设计，将管理者隐性的管理技能显性化、系统化地转换成标准作业程序，并以此为指导，提升员工标准化操作技能，降低绩效管理成本。

人才复制系统对企业来说具有极高的价值，如图 3–5 所示。

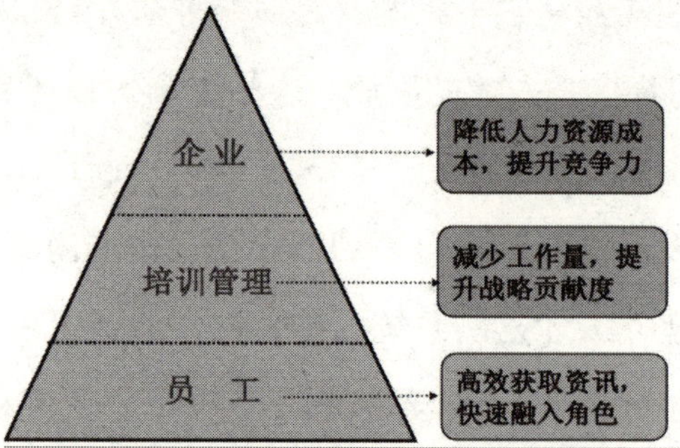

图 3–5　人才复制系统的价值

由图 3-5 可知，在企业层面，人才复制系统能形成知识经验积累，以低成本快速地复制人才，提升企业的核心竞争力；在管理层面，它可以减少管理成本，提升管理人员为公司的贡献度；在员工方面，它可以帮助员工快速了解企业的相关资讯，提高自身的工作水平等。

3.7　区域管理，系统的中间环节

上文中的六个小节主要阐述了企业总部通过为各部门、各环节制订各种规划、方案和制度，来实现对企业的有效管控。接下来，我将向大家介绍一下连锁企业的区域管理系统。

区域管理系统即连锁企业的物流配送中心，是连锁企业的重要组成部分。它通过对各区域门店商品进行统一进货、统一配送、统一核算、统一调拨、集中管理，使各门店具有统一的销售风格、商品品种和销售价格。

它的具体职能主要有三个方面。在面向供应商方面，配送中心要为各区域门店制订具体的进货计划，统一采购，并对所进货品进行验收。在面向企业总部方面，配送中心要收集各方面的配送信息，并报告给总部的相关部门，为总部的决策提供依据。在面向门店方面，配送中心要对市场发展趋势和顾客需求变化情况进行研究，并对各门店进行商品的合理配送等。

配送中心是企业连锁化的必然产物，是连锁企业实现规模经营的重要途径。它一头连接生产，一头连接零售终端，对商品流通的全过程进行规划和监控，是企业内部商流、物流、信息流的综合总控机构，具有销售代理、集散运转、订货处理、商品配送、信息控制传递等多种功能。

通常来说，连锁企业要根据自身的规模、跨域的广度、门店的数量等来设定配送中心的数量，一家大型连锁企业要设置多个区域配送中心。尤其对于服装连锁企业而言，市场竞争和时尚流行趋势对其产品销量影响极大，它要求企业有灵敏的市场嗅觉，能不断地根据市场变化调整产品款式，使自己的产品始终处于时尚前沿，满足顾客的需求，而这也对配送中心提出了更高的要求。

未来，随着信息通信技术的发展、各种科技手段的应用，配送中心对市场、物流、产品、各门店的分析调度也会更加精准和敏锐，会对连锁企业的发展起到更加积极的促进作用。

3.8 进行区域目标管理

区域目标管理指的是企业区域管理系统为了实现区域内门店的总目标绩效，所采取的各种管理方案和措施。在这里，区域目标包括区域门店的销售目标、区域市场信息目标、行政管理目标、销售渠道拓宽目标等多个方面，如图 3–6 所示。区域管理系统只有实现了对这些目标的有效管理，才能确保区域总目标的顺利完成。

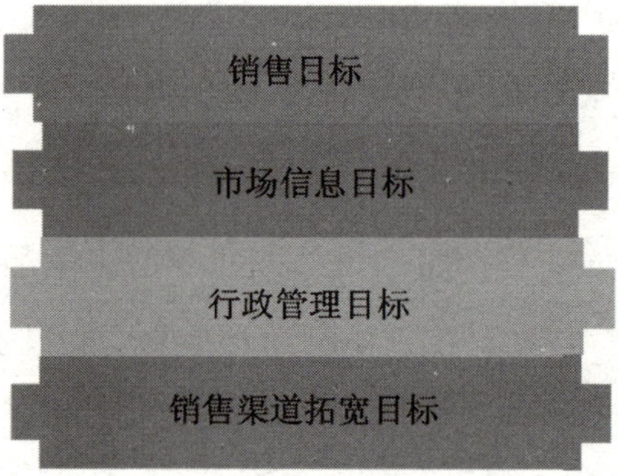

图 3–6 区域目标管理的目标

（1）销售目标

销售目标是区域目标管理的最主要目标。销售目标主要包括销售回款、市场占有率、销售数量等。在进行区域销售目标管理时，区域管理系统要将企业的总体销售目标分解、细化，分摊给每个门店，要注意不能简单地进行平均分配，要对各门店的实际情况有深入的了解，要更科学、更合理、更有针对性地为门店设置目标，使其更容易完成。

比如，某家连锁企业的区域管理系统销售目标为 100 万元。在为区域内各个门店分配这 100 万元销售额时，区域管理系统就要综合考虑门店当前的发展状况、所处的区位和市场环境等，为其制订合理的目标：对于一家位置比较偏僻的门店，可以将其目标定为 5 万元；而对于一家位于繁华街区的门店，可以将目标定为 30 万元。总之，区域管理系统要按照各门店的实际情况来对其销售目标进行管理。

（2）市场信息目标

市场信息目标指的是区域管理系统在市场上搜集与企业发展密切相关的各种资讯的目标。为了完成这一目标，区域管理系统要积极督促门店在开展销售业务过程中，搜集、获取顾客和市场的信息，比如门店周边顾客的购物喜好、竞争对手的动向、市场环境变化等。区域管理系统可以通过对这些资料进行分析，预测区域内市场的发展趋势，解决门店遇到的问题，适当地调整销售战略、商品种类，使自身的产品和服务更适合顾客和市场的需求，进而帮助企业提升业绩，促进企业长远发展。

比如，某家连锁餐饮店的区域管理系统在对其区域内的一家门店进行管理时，了解到了这样一个问题：该门店虽地处繁华地段，可其早上的客流量偏少，销售额相对于其他时间段来说也非常低。在搜集了该门店市场信息后，区域管理部门进行了进一步的分析，找到了问题的根源：原来在早上到该店就餐的顾客由于急于上班，没有足够的时间等待上菜，可门店在制作早餐时却较为缓慢，无法满足顾客急于用餐的要求，这才导致了该店在早上顾客寥寥的情况。区域管理系统根据这一情况，采取了相应的改进措施：它通过门店了解了其附近顾客早上的餐饮习惯和口味等，然后让门店为顾客经常点的早餐提前准备原料，并事先做好前期的加工，这样一来，就能保证门店在早上顾客点餐后，能在较短的时间内为顾客做出可口的早餐。经过这样的改进，门店在早餐时间段的客流量有了大幅度增加，销售额也直线上升。

由此，我们可以看出，及时了解市场信息，做出合理调整对门店和企业的发展意义重大，是区域管理系统工作的重要组成部分。

（3）行政管理目标

行政管理目标是区域管理系统对门店的员工进行考核和监督的目标。完成这个目标，可以帮助门店提升服务质量和服务水平。在开展行政管理过程中，区域管理系统首先要加强对门店员工的监督和培训，使他们拥有良好的精神面貌和专业技能，为顾客提供服务。其次要通过管理报表如“月度管理考核表”“客户资料卡”“业务人员月工作总结”等，来对员工进行考核，并以此为依据对各门店员工的薪资待遇和人事安排做出调整。

比如，某家服装连锁门店的一些员工工作作风散漫，对顾客总是神情冷漠，爱答不理的，导致该门店的销售业绩严重下滑。企业的区域管理部门在了解这一情况后，迅速对门店展开整顿，利用各种奖惩措施对门店员工进行鞭策和激励，要求他们开展“微笑服务”，提升服务质量，并在每月定期对他们的销售业绩和服务表现进行考核，将考核结果与薪资、升迁机会相挂钩。这一举措立竿见影，很快该门店员工的工作态度便发生了根本性的转变，门店的销售业绩得到了快速提升。

（4）销售渠道拓宽的目标

“渠道为王”“终端制胜”等说法都表明了销售渠道对于企业发展的重要性。因此，销售渠道拓宽的目标也是区域管理系统要管理的重要目标之一。要达成这个目标，区域管理系统就必须通过各种手段和措施，积极为区域内各门店的销售渠道拓展工作提供帮助。比如，举办商品展览会，帮助门店开展各种打折促销活动，进行网络推广宣传等。

比如，某家餐饮连锁店的区域管理系统在为其下辖门店拓展销售渠道时是这样做的：首先，它大力鼓励门店开发招牌菜、特色菜，利用其独特的菜肴吸引顾客前来品尝，为门店扩大宣传提供了品牌优势；其次，它规定门店定期开展促销活动，用各种经济实惠的套餐又吸引了一部分顾客光顾；再次，它帮助各门店开通了网上订餐，为那些无法到店就餐的顾客提供外卖服务；最后，它还积极与门店周边的一些企业合作，让门店专门为这些企业提供工作餐，解决这些企业员工的就餐问题。利用这些多角度、全方位的渠道拓展手段，该连锁店的区域管理系统最大限度地为门店增加了客流量，提升了销售业绩。

由以上 4 点可知，区域管理系统进行目标管理的过程，实际上就是其对门店的销售业绩、服务质量、人事调动等各方面进行综合管理，以实现区域总目标的过程。它是企业和门店的“军师”，通过对区域内的市场情况和顾客需求的了解和研究，并结合企业的整体目标，为门店的发展指点迷津，制订出最合理的目标解决方案。

3.9　制订终端营销方案

终端营销是围绕着终端工作要素而组成的一整套系统科学的营销组织管理体系，它通过对物流配送、终端理货、市场调研、信息搜集反馈、货品陈列展示、价格策略、终端宣传广告、终端包装和促销等多要素的整合，最终促进终端商品的销售。终端营销是企业与顾客的直接接触，影响着企业产品的销量、企业品牌在当地市场的口碑，是企业在该区域取得发展，获得市场占有率的重要手段。

因为相对企业总部来说，区域管理系统对门店所在区域的市场情况更加了解，更能有针对性地帮助其制订营销策略，所以为门店制订终端营销方案也是区域管理系统的一项重要工作。

在制订终端营销方案时，区域管理系统要从以下五个方面入手，如图 3-7 所示。

1. 产品到位

2. 品牌形象到位

3. 人员到位

4. 促销资源到位

5. 管理到位

图 3-7　制订终端营销方案时需要注意的五个方面

（1）产品到位

为了保证价格有足够的竞争力，更好地开展终端营销，区域管理系统要保证门店产品到位，换句话说，就是要保证门店拥有畅通的进货渠道，保证产品能从厂家的仓库直接被送至门店的柜台，尽可能地避免中间商赚取差价，尽可能地降低物流成本，缩短物流时间，以便能为顾客提供更低廉的价格、更优质的服务。

因此，区域管理系统就应通过各种方法措施来确保产品到位，比如，与上游供应商签订区域战略合作协议、从最近的厂家仓库进货、采取相关的利益政策（价格体系、价格保护、返利、奖励等）、物流政策和财务政策，保护进货渠道等。

以手机的进货渠道为例，一般来说，传统的手机进货渠道是厂商—国代—省代—地包—零售店，一部手机从被厂商售出开始，就被层层抽取利润，等到达连锁企业门店时，其价格早已远远高于出厂价，门店在如此高昂的进货成本下，自然也无法为顾客提供价格实惠、性价比较高的手机。所以，手机连锁企业应采取的进货渠道是厂商—零售店，要使各区域管理系统直接与厂家的各地分公司合作，保证产品能以更低的价格快速到位，保证终端营销工作的顺利开展。

（2）品牌形象到位

品牌形象到位是指区域管理系统要在下属各门店设置企业品牌形象的载体。这些品牌形象载体包括背景板、专柜、展柜、宣传材料、促销员的服装等。品牌形象宣传是终端营销的重点和最终目的，它能使顾客对品牌印象深刻，增加产品回购率，提升企业的品牌知名度。

为此，区域管理系统在门店中设置品牌形象载体时，要保证形象载体数量充足、位置突出、形象鲜明独特、统一协调，要建立统一完善的品牌规划，要具有独特的品牌理念和与时俱进的品牌形象，也要制订相应的品牌形象管理标准。

比如，世界最大的炸鸡连锁企业肯德基的品牌理念就是保证食品的新鲜、美味、质量，其品牌标识就是和蔼可亲的山德士上校。肯德基的品牌形象就代表了食物的质量和美味。

随着时代的发展，肯德基的品牌形象也在逐渐转变，由保证食物的美味向营养均衡、创新无限转变。为此肯德基通过更换传统的品牌标志，将其与时俱进、不断创新的理念传递给了顾客。总之，肯德基以自身良好的品牌形象吸引了大量顾客。

（3）人员到位

人员到位是指企业的区域管理系统对销售员进行培训，提高他们的服务水平，保证各门店的销售员都拥有较强的亲和力和推销能力。要做到人员到位，区域管理系统就要建立一套完整的销售员招聘、培训、上岗辅导、日常管理等工作制度，并设置相应的管理岗位，如区域经理、督导等，确保工作制度的执行，人员到位的实现。

以麦当劳为例。麦当劳非常重视员工培训，建立了较为完备的培训体系。麦当劳在进行员工培训时，就非常注重向员工全面传授管理和营销技巧，不仅让员工学习产品的质量管理、营销管理，还帮助其增强人际交往的能力，进而使员工能灵活应对各种突发事件，为顾客解决各种问题，给顾客带来良好的就餐体验。

（4）促销资源到位

促销资源到位就是区域管理系统在门店设置足够的宣传物料、促销礼品，来降低员工的销售难度，提高产品的终端成交率。其中，促销资源指的就是门店在促销活动中所使用的材料，比如优惠券、小礼品和其他一些具有创意的促销设施和工具等。要实现促销资源到位，区域管理系统就要有创意新、能力强的策划人员，以及执行力强的一线终端销售团队（包括区域经理、督导、门店促销员等）。

比如，在淘宝的“双十一”购物狂欢活动中，很多店家都灵活应用了各种促销资源，开展了各具特色的促销活动。一些门店将整个活动划分成多个时间段，在不同的时间段发放不同的礼品和优惠券，合理利用促销资源，使整个促销活动高潮迭起，不断地调动顾客购物的积极性；一些门店以科技手段或者以有趣的小游戏作为促销资源，引起顾客的好奇心；一些门店开启“电商+直播”模式，以网红、明星的号召力作为促销的资源，吸引广大粉丝购买其商品。

（5）管理到位

管理到位就是区域管理系统要建立相应的管理制度，形成完善的管理制度体系，确保硬、软终端资源发挥作用。在这里，硬终端就是企业的资金；软终端是指管理和营销人员的素质，主要指一切涉及终端人员的、无形的、难以量化考核管理的终端资源。

区域管理系统要实现管理到位就要建立完善的管理制度体系，如硬终端管理制度、软终端管理制度、组织架构和岗位职责、终端信息管理制度等，从而确保工作指令的下达、终端信息的反馈、终端资源的配置等能得到高效、准确的执行。

比如，企业建立专门的员工培训部门，对零售店员工进行统一的、专业的培训，从而提高员工的服务质量；企业建立专门的考核机构，对员工的销售绩效、工作态度等方面进行考核，从而激励员工努力工作，推动门店业绩的提升。

综上所述，区域管理系统要将以上 5 个方面都做到位，才能将终端营销方案做好，保证营销工作得以顺利开展。

3.10　进行有效终端督导

终端体验由于可以直接为企业提升口碑，带来大量忠实的顾客，成为影响品牌竞争力的重要因素。“赢在终端”作为各大品牌竞争的基点，越来越受到各企业的重视，因而，对终端店铺进行有效的督导也成为企业管理工作的重点。

那么，何为督导？督导就是企业区域管理系统对终端店铺进行指导和监督。它能帮助终端店铺改进工作，提升业绩，使各个门店都能按照企业的整体战略目标发展，不至于偏离方向。有效的终端督导是区域管理系统重要的职能之一。

督导的内容包括很多方面：区域内各零售门店的规划、发展、签约及日常管理；辖区店面的规划布局、店面建设、店面形象升级；STI 目标的制订，STI 激励档案的执行；辖区产品促销方案的执行；店面销售任务的制定，与渠道店面的沟通；网格落地工作的推广等。

总的来说，督导工作贯穿于终端门店运营的各个方面。因此，企业应该重视终端督导，并通过区域管理系统对督导人员进行培训，从而实现对终端店铺的有效督导，增加店铺的销售业绩，提高企业的竞争力。

以国内著名青少年鞋服品牌七波辉为例。为了进一步建立、健全七波辉品牌督导体系，七波辉开展了多次全国性的督导培训会，聘请行业中知名的培训师来为其督导专员们授课，将七波辉及行业的经验成果全面地、完整地分享给终端督导团队。

其内容包括陈列专业知识、陈列实操训练、督导管理实务、店铺经营分析等。同时，七波辉为了能将帮助督导专员更好地完成督导工作，还组织相关人员编写了一些实用性较强的督导使用手册，进一步加强了终端督导体系建设。

此外，该企业还设置了终端服务部，对终端门店进行了长期的、有效的督导。这些措施都表明了七波辉公司致力于建立、健全督导体系的决心和态度，进而也使其门店运营更有效率，更为规范化。

3.11 终端零售，直接产生利润的关键点

终端零售系统也就是连锁企业旗下的各个门店，它是产品销售渠道的最末端，是企业将商品展示给顾客，并与其达成交易的场所，是企业实现商品销售，并展现经营策略和品牌优势的最终平台，是直接产生利润的关键点。总的来说，企业的门店就是企业的门面，是企业在顾客眼中的形象，是关系着企业能否赢得顾客的青睐，能否在市场竞争中取胜的最重要的环节。

俗话说："台上一分钟，台下十年功。"连锁企业在优化产品生产、营销等诸多环节上所付出的努力，最终要体现在门店这个"舞台"之上。那么，企业该如何打造完美的连锁门店呢？

首先，我们来了解一下门店的构成。一个完整的门店应该具有供应系统、销售系统、人员管理系统、经营管理系统。其中，供应系统的职能包括收货验货、库存管理、商品规划应用等；销售系统的职能包括搜集顾客需求，销售商品，向顾客提供优质的服务等；人员管理系统的职能包括对门店员工的考核、调度等；经营管理系统的职能包括门店的现金管理、门店销售策略的制订等。

其次，我们再来了解一下门店经常遇到的3个问题。第一，连锁企业与各加盟店存在利益冲突；第二，企业过度进行终端营销，忽视品牌建设和产品质量；第三，企业对终端营销进行超量投资，收效甚微，加大了成本等。

在了解了以上几个方面后，我们就可以在此基础上，通过对门店各环

节的准确把握，着手解决门店的问题。要打造完美的连锁门店，从总体上看，企业要能够准确把握市场的营销机遇，并围绕门店持续建设企业核心竞争力，巩固和创造新的竞争优势。具体来说，企业要做到以下 5 点，如图 3-8 所示。

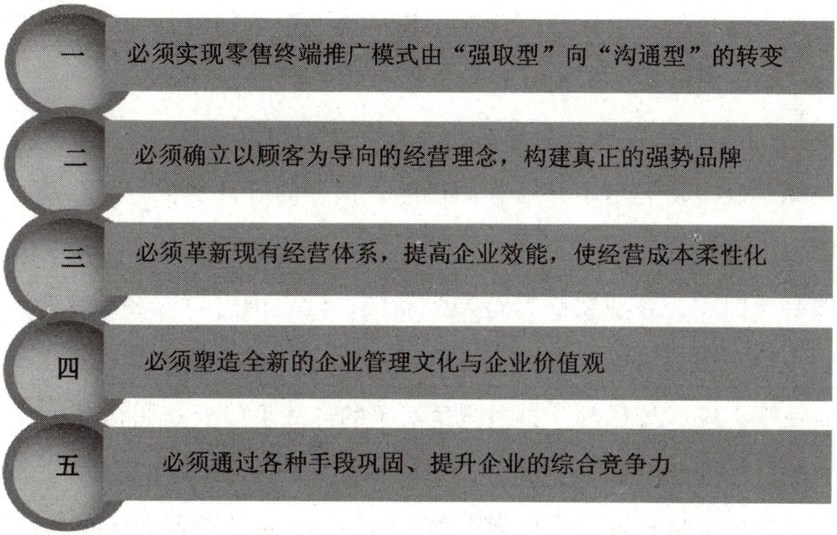

图 3-8　企业打造完美门店的方法

（1）必须实现零售终端推广模式由“强取型”向“沟通型”的转变

传统零售终端出现的种种问题的根源都在于一些连锁企业只将零售终端单纯看作一个销售场所，一个获取利润的渠道，而忽视了顾客的体验。在这种思维模式的影响下，这些企业在开展终端零售时，往往一味牟利，丧失了“顾客是上帝”的原则，侵害了顾客自由选择的权利，也极易损害企业信誉，势必会为企业发展蒙上阴影，带来不可估量的损失。

因此，企业必须将门店的推广模式由“强取型”向“沟通型”转变。为此，首先，企业要树立正确的门店运营思维，要将门店看成自我宣传的媒体，而非“提款机”。其次，企业应不断探索提高门店效益的方式方法，采用各种新颖的销售手段，在商品陈列、促销活动、售点宣传、人员推广等多个方面进行创新，增进顾客对品牌理念的认识、认知、认同，从而促进品牌销售以及品牌资产的积累，提升品牌的知名度。

在具体做法上，企业要明确将门店宣传、促销、人员费用计入品牌宣传费用当中，而不应将其计入销售费用，坚决杜绝“付费零售终端”的行为。因为这种宣传费用是一种“软”性投资，无法在短期内取得回报，一旦与销售直接挂钩，势必会使门店销售员为了眼前的销售业绩，忽视品牌宣传，使企业的措施得不到有效的执行。

（2）必须确立以顾客为导向的经营理念，构建真正的强势品牌

品牌要取得发展离不开顾客的口碑，顾客的好评和信赖是企业品牌这颗树苗赖以生存的土壤，离开了顾客，企业就失去了根基，品牌的发展更无从谈起。因此，企业要想打造强势品牌，就要确立以顾客为导向的经营理念。专注于服务顾客，提升品牌知名度永远都是企业发展的正道，永远比那些挖空心思、绞尽脑汁排挤竞争对手的商战手段要高明得多。

为此，企业就应以顾客为导向来打造门店，要使门店成为企业品牌宣传的前沿阵地和桥头堡，要做到掌握科学的、量化的市场评估与测量方法，建立真正属于自己的市场分析及判断体系，能准确分析出市场发展趋势和顾客需求变化，并在此基础上，对门店各环节进行改造，调整门店的经营策略，将企业品牌理念通过门店最大限地表现出来，有效传递给顾客。

（3）必须革新现有经营体系，提高门店效益，使经营成本柔性化

企业要优化对各区域门店的管控，就必须因地制宜，改变一成不变的经营模式和体系，灵活运用各种方式方法，并通过经营手段的转变，提高门店效能，使门店的经营成本柔性化。

经营成本刚性是目前很多连锁企业所面临的共同问题。它的含义就是企业在门店经营上过于死板，只知道采取单一的经营模式，增加了不必要的经营成本，给企业带来了额外的负担。

无可否认，一种经营模式可能在某个阶段，或门店所处的某个区域为企业发展带来促进作用。但是这种模式未必适用于所有区域、所有阶段，

企业必须要根据门店的实际情况，灵活转变经营模式，丰富自己的经营体系，尽可能地降低经营成本，提高效益。

比如，对于一些欠发达地区的门店，连锁企业如果还一味按照原有的直营模式来经营，很可能花费了高昂成本，却换不回与之相匹配的收益，企业就可以改变直营策略，而采取加盟模式，让当地加盟商承担开店成本，企业可以通过对供销网络的管控来实现对门店的控制。再比如一些企业随着逐步壮大，机构也变得越来越臃肿，一些辅助部门员工过多，占用了企业大量的资源和资金，企业就可以采用较为灵活的策略，将这些辅助部门外包，为企业减负，优化企业的资源配置，帮助企业实现更大的发展。

（4）必须塑造全新的企业文化与企业价值观

企业文化和价值观是一个企业的软实力，是企业人文精神的体现。它的作用有两点：第一，它能通过企业有针对性地灌输和感召，从内在规范员工行为，帮助员工养成整齐划一的工作习惯和积极向上的精神面貌，从而自觉遵守各项制度，提升服务品质，为企业发展贡献力量；第二，它能赋予企业品牌独特的魅力，能引起广大顾客的共鸣，进而从心理上、情感上对品牌产生认同感，成为品牌的忠实粉丝。

门店作为企业面向顾客的窗口，肩负着传播企业文化、提升品牌价值的使命，更需要企业加强文化与价值观的建设。为此，企业应该对门店的销售员开展企业文化培训，使他们都能对企业的价值理念有深刻的认知，主动在自己的工作中提升服务质量，并通过优质的服务，将企业的精神理念传递给顾客。

（5）必须通过各种手段巩固、提升门店的综合竞争力

连锁企业的门店要在当地的市场占得一席之地，扩大市场占有率，就必须提升自身的综合竞争力。这个综合竞争力包括：商品的价格竞争力、商品的性能品质竞争力、服务竞争力、营销竞争力等。企业只有将这些竞争力全面提升，才能帮助门店吸引更多的顾客，使门店顾客盈门，获得市

场的认可。

为此，企业要不断研发新产品，提高产品的科技含量，保证产品品质在市场上处于领先地位；企业要不断开拓销售渠道，拓展市场，从多渠道为门店引流，增加门店客流量；企业要打造自身独特的品牌形象，提升服务质量，保证顾客在产品售前和售后都能获得较好的购物体验。

综上所述，企业要打造一个完美的门店，就不能仅仅从门店入手，要知道门店不只是一个销售点，它是企业展现自己的平台。企业的一切运营策略，以及各种内在的优势和问题都会通过门店展示给顾客。因此，企业在打造门店时，应先从自身入手，通过对自身文化理念的塑造、生产、营销等各个环节的改进，最终促使门店赢得顾客好评，获得发展，为企业创造更多的利润。

3.12 落实商品布置、摆放等细则

在门店中，每一件商品的布置和摆放都不应该是随意的，都是有针对性的，有一定窍门的。美观、整洁的商品陈列，不仅能起到装饰店铺、美化卖场、吸引顾客的作用，还能帮助顾客快速发现他们要购买的商品，在潜移默化中引导他们选购商品，刺激他们的购买欲望，提升店铺的销量。

那么，门店在进行商品陈列时，要落实哪些原则呢？如图 3–9 所示。

1. 利润最大化原则
2. 视觉跳跃冲击原则
3. 良好购物氛围原则
4. 商品突出原则
5. 美观原则

图 3–9　门店商品陈列的原则

（1）利润最大化原则

商品陈列的最终目的是帮助门店增加商品的销量，尽可能地提升门店的利润。因此，在进行商品陈列时，门店首先要遵循利润最大化原则。为此，门店要做到3点。

第一，门店要做到尽量增加顾客视线内的商品陈列数量。这样做可以使顾客看到更多可选择的商品，增加了商品售出的概率。

第二，门店要做到将主推的畅销款摆放在最显眼的位置上，使其占据更多的空间，以充分吸引顾客的眼球。这样做是因为当畅销商品占据更多的空间时，顾客才会重视这件商品，进而产生进一步了解商品、购买商品的欲望。

第三，门店还要做到将一些相关的产品组合到一起，向顾客进行展示。这样做可以使顾客在决定购买一件商品后，对另一件与之配套的商品产生购买兴趣，进而一并购买，有利于增加了门店的销量。

比如，在很多知名服装品牌的专卖店内，如森马服饰、海澜之家等，我们可以很容易地看出门店在陈列服装时所遵循的利润最大化原则。在这些门店中，时下流行的畅销品多被摆放在门店的主要位置上，并配以最引人注目的装饰和标识。而且，店内的商品陈列往往是组合摆放，同一款式的衬衫和裤子、西装和领带等通常都会被摆放一起，引导顾客统一购买。

（2）视觉跳跃冲击原则

门店在对商品进行摆放、陈列时，还要遵循视觉跳跃冲击原则。采用这样的原则进行商品摆放，可以有效吸引顾客的眼球，为顾客带来视觉冲击力，调动起顾客的好奇心，进而使其产生购买兴趣。

为此，门店应做到以下5点。第一，门店的门头设计应该高档、抢眼，容易被顾客记住；第二，在门店中的陈列产品要鲜明有特色；第三，门店的窗应该明亮通透，要能起到美观修饰的作用；第四，门店的货架之间的通道设计要科学，适合顾客走动，门店应制订相应的“动线”标准，从而让顾客尽可能多地接近更多商品；第五，设计门店的灯光时，应该做到冷暖协调，正斜搭配相依等。

以素型生活的成都跨界集合店为例。当顾客走进这家时，他可能不会感到自己进入了一家品牌卖场，而是仿佛置身在森林之中，耳边会传来婉转动听的鸟叫声，眼前能见到片片枝叶随风飘落，迎面会扑来阵阵沁人心脾的花香，使人沉醉，使人徜徉，使人流连忘返。而门店所卖的商品便点缀在这场景之中，与场景完美地融合起来，似乎成为了消费者欣赏美景的“附属品”。

这样场景化的商品陈列设计，会给消费者带来强大的视觉冲击力，使他们身心愉悦，在流连“美景”的过程中，消费于无形。

（3）良好购物氛围原则

良好的购物氛围会提升顾客的购物体验,进而帮助门店提升商品的销量。门店要通过商品陈列，营造良好的购物氛围，就要从顾客的嗅觉和听觉方面入手。比如，食品店要对各种食品进行合理的摆放，一来可以避免食品气味相互影响，二来可以通过食品的香气吊起顾客的胃口，引诱顾客消费；再比如，一些大型超市卖场都会在营业时播放一些轻松动感的音乐，以此来感染顾客，使顾客在购物时更加放松，更加愉悦，进而促进交易的达成。

比如，肯德基餐厅就十分注重从顾客的嗅觉和听觉入手来为顾客营造良好的就餐氛围。在声音方面，肯德基会在门店中播放流行音乐，使顾客在就餐时沉浸在美妙的音乐中，心情更为放松平和，也减少了售货员、其他顾客的谈话声对顾客的干扰。在气味方面，肯德基使就餐点远离点餐台，减少了不同食物气味的影响，使顾客可以安心享用美食。

（4）商品突出原则

商品突出原则指的就是门店在陈列商品时应该突出重点，有所侧重。要遵循这个原则，门店就应做到：一要根据市场流行趋势变化，随时调整商品的陈列，保证重点商品被摆放在门店最显眼的位置上。二要巧妙利用顾客的一些生活习惯，将重点商品摆放在他们最容易看到的位置上。

比如，一般来说，顾客在进入商店后，眼睛会不由自主地从左往右看，印象性的看左边的东西，安定性的看右边的东西。这是由人们平时的观察习惯所决定的。因此，利用这个习惯，门店可以将最引人注目的商品放在左侧，从第一眼就吸引住顾客的眼球，使其停留，产生兴趣，进店浏览商品,而在右侧也要摆放一些性价比比较高的畅销商品，因为顾客在门店中闲逛时，会习惯性地走右侧通道，用右手拿取商品，把商品放到右侧会更容易引起顾客的注意，便于顾客选购。

（5）美观原则

毋庸置疑，协调、美观的商品陈列必定会塑造出良好的门店形象，刺激顾客消费。门店秉持美观原则，就要注重商品色彩的搭配，使其与门店的整体布局、色调融合起来，突出门店的整体氛围，带给顾客的美的感受。此外，还要对商品陈列进行定期的调整，不断给顾客带来新鲜感，调动顾客的好奇心，避免因商品陈列长期不变，而给顾客产生陈旧、古板的感觉。

比如，家具店在陈列家具时，就要根据时下家居装潢的流行趋势，从色调和空间布局上对各种家居用品进行巧妙搭配，还要定期进行调整，以始终给顾客带来时尚、美观的感受。

综上所述，门店商品的陈列、摆放是一门学问，门店要严格遵循以上 5 个原则，对商品进行合理的摆放，进而吸引顾客，提升顾客的购物体验，促进门店业绩的提升。

3.13　对终端人员进行销售技能培训

终端人员即门店的销售员，是直接面向顾客，具体开展营销工作的服务人员。相比于门店的装潢陈列等硬件设施只能从感官上刺激顾客，销售员无疑是门店的“软件”，他们可以通过自身展现出来的娴熟服务技巧和优雅气质，吸引顾客，从心理上增加顾客对企业品牌的认同感，是企业和门店的形象大使。因此，加强对门店销售员的培训，提升他们的服务水平，是企业打造完美门店的重要举措。

通常来说，销售员在面对顾客时会经历五个阶段，分别是迎接顾客、了解需要、推荐产品、连带销售、送别顾客。因此，企业在对销售员进行销售技能培训时，就要从这五个阶段入手开展培训，如图 3-10 所示。

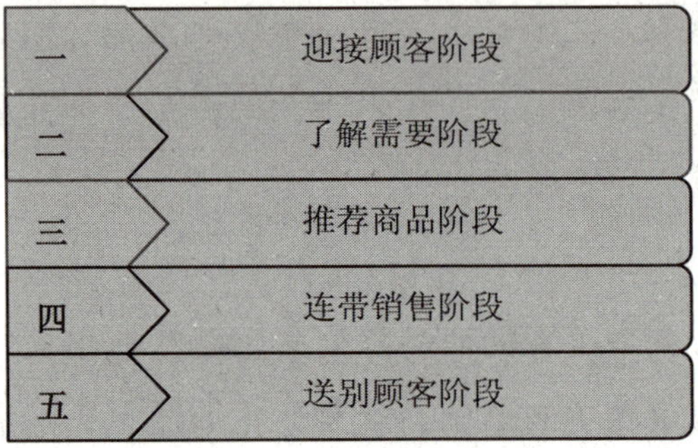

图 3-10　对终端人员进行销售技能培训的五个阶段

（1）迎接顾客阶段

迎接顾客是销售员接洽的顾客的第一阶段。当顾客走入门店时，销售员就要主动上前与顾客打招呼，以微笑面对顾客，并用真诚、友好的话语与顾客交谈，通过与顾客的沟通交谈，了解顾客的需要，营造融洽的氛围，为顾客推荐适合的商品，引导顾客消费。

比如，销售员在见到顾客时，通常会问："您需要什么？"这是一句惯用语，一来可以使自己能及时了解顾客的需求，二来也向顾客表明自己已经做好了为其提供服务的准备。大多数顾客在听到询问后都会说出自己想买的商品，但也有一些顾客会因为并没有确定的购买目标，而默默走开或继续看但不回答。这时，销售员就不应该再采用这种索取式的询问，而要采用给予式口吻直接向顾客介绍商品。

顾客在观看商品展柜时，销售员就可以这样开始："这是某某商品的专柜，我们店又推出了某种新款商品。"或"我们店正在进行某某促销活动，全场商品××折。”其实，顾客观看展柜，本身就代表他或许已经对这类商品产生了兴趣。因此，销售员的介绍往往会引出顾客对商品的一些问题和看法，使得销售人员能够获知顾客的需求，进而解答顾客的问题，排除顾客的疑虑，促进交易的达成。

因此，在迎接顾客阶段，销售员采用“给予”口吻要比“索取”式询问更能展现自己的热情，更容易与顾客展开深度的交流，达成交易。

（2）了解需要阶段

在经过初步的接洽后，销售员已经与顾客营造出了良好的对话氛围。在这种氛围下，销售员就可以通过询问更多的问题，来深入了解顾客的真实需求，从而向顾客推荐最能令他满意的商品。在这一阶段，销售员要保持足够的耐心，要认真对待顾客的每一个问题，能不厌其烦地为顾客解答，要知道，顾客对产品越挑剔，询问得越细致，就说明他对该产品的购买欲望越强。

具体来说，在聆听顾客的需要时，销售员一要保持注意力，切忌心不在焉；二不能随便打断顾客的话，要做到谦恭有礼；三要尽量避免否定顾客，向顾客说出诸如“你这句话就不对了”等不适宜的词句；四要尽量向顾客提一些能获得信息的、容易回答的问题，进而了解顾客的部分潜在需求；五要对顾客的回答进行分析，从其话语中获取足够的信息，把握隐藏需求。

比如，当顾客说出：“我不需要这种产品，因为……，所以我……”通过对这句话的分析，我们可以知道，顾客并未被销售员之前的讲解所说服，而他给出的原因就是他的真实需求。

此外，销售员也要学会创造销售机会，当顾客并没有意识到自己的其他需要时，应该及时提醒顾客并引导他们进行消费。比如，顾客在买手机后，销售员就可以向其推荐耳机、外置内存卡、充电宝等相关产品等，以增加门店的销售额。

（3）推荐产品阶段

推荐产品阶段是销售阶段中最关键的一个环节。在进行商品推荐时，销售员要做到将顾客的需求和产品的优点巧妙、合理地结合起来，向顾客介绍，而要避免对产品进行单一的、面面俱到的描述。

因为一件商品通常拥有多种功能和优点，而每个顾客也都有不同的需要，如果销售员在推荐商品时，不注重顾客的需求，只是单方面地宣传讲解商品的种种优点，可能就会使顾客感到厌烦，甚至觉得这款商品并不适合自己，放弃购买。所以销售员要注重从对顾客需求的角度来介绍商品，告诉顾客这款商品可以为其做什么，阐述它对顾客的价值，进而引起顾客的兴趣，使顾客感到这件产品是最适合自己，就是为自己量身定做的，进而下决心购买商品。

在推荐商品的过程中，销售员要把握的步骤有四个，分别是确认需要、说明好处、演示产品、出示证明。

首先，销售员要确定顾客对商品的真实需求。因为了解顾客的真实需求决定后续的营销方向，能帮助销售员有效地向顾客推荐商品，这至关重要，所以销售员应该通过与顾客的深入交流，反复核实，最终找准顾客的真实需求。

其次，销售员要找到顾客需求和商品优势的契合点，有针对性地说明商品为顾客带来的好处，以吸引顾客购买。

再次，销售员要向顾客进行产品演示，让其直观了解商品的好处。常言道：“耳听为虚，眼见为实。”有些顾客在听过销售员的介绍后，可能还对商品抱有怀疑态度，但在亲眼见到商品的优点后，往往就会消除了疑虑，坚定了购买的决心。为此，销售员在演示产品时，不仅要让顾客亲身体验到产品的优势，还要对产品进行更为详细的描述。

最后，销售员要向顾客出示产品的相关证明。这些证明包括产品校验合格证明、产品的各种资质证书等。销售人员可以借助产品的相关数据、产品说明、宣传资料、顾客推荐书等材料，来为自己的介绍提供有力的佐证，增强顾客对产品的认识和其购买的决心。

（4）连带销售阶段

在顾客购买了销售员推荐的商品后，销售员的工作还没有结束，他还应进行连带销售，提醒顾客购买与其所购商品的相关的其他商品。

销售员在进行连带销售时，要做到以下几点。

首先，在了解需要阶段，销售员要仔细询问和聆听顾客的回答，从细节中发现顾客的潜在需要。

其次，在把话题转到相关产品之前，销售员要先满足顾客提出的要求，同时，也要确保所介绍的产品与顾客的需要和兴趣有联系，否则即便说再多也徒劳无功。

再次，销售员要从顾客的切身利益出发进行推荐，确保商品能满足顾客的潜在需要。

最后，销售员要对商品进行演示，打消顾客疑虑，进而再介绍其他连带商品，提升门店的销售量。

（5）送别顾客阶段

送别顾客阶段是整个销售过程的最后阶段。销售员切莫忽视这一阶段的作用，如果在这个阶段没有做好，对顾客造成了不好的影响，则很可能使之前的所有努力前功尽弃。因此，无论顾客最终是否购买了商品，销售员都理应保持一个好的态度。

如果顾客购买了商品，销售员就应该再次概括产品的好处，赞扬他做了一个明智的选择；如果顾客没有购买商品，销售员也不要懊恼，要感谢顾客，感谢他的光顾以及对自己工作的支持，给他留下一个好印象，为他的下次光顾创造机会。当顾客临走时，销售员要以“谢谢，欢迎再次光临”来送别顾客，为整个销售过程画上圆满的句号。

以上 5 个阶段构成了销售员与顾客接洽，开展营销工作的整个过程，企业要根据每个阶段的具体要求，对销售员进行严格培训，以提升门店的软实力，促进门店业绩的提升。

本章我详细阐述了一个连锁企业的三级，以及它们在企业中的运行流程，以期为连锁企业的负责人在管理企业时提供一些借鉴。

第四章　连锁区域经营规划系统

连锁区域经营规划系统是连锁企业对区域内的门店进行日常运营和管理的系统。它形式多样，能以最先进的技术优化企业的管理，是连锁企业准确把握市场动态，实现协调发展的重要保证。本章，我就对连锁区域经营规划系统进行详细的阐述。

4.1　再牛的运营，也怕小市场、差市场（市场诊断分析）

在做培训的过程中，很多企业的负责人都曾向我问过一个类似的问题："为什么我已经建立起了非常完善的管理系统，在运行过程中也做得很好，可企业还是发展不起来呢？"其实这个问题的答案很简单，企业的发展是靠内外两种因素共同促进的，既然企业在内部管理上无可挑剔，那么，我们就该从外部市场环境着手，对市场进行诊断，看看市场环境是否与企业的经营状况相适合，找到问题所在，做出调整。

为此，我们在做市场诊断时，要重点关注以下几个方面：

① 区域零售店是否完全覆盖；

② 店里存缺货状况和库存管理；

③ 经销商的基本配合力度；

④ 终端零售店情况（宣传品、柜台陈列等状况）；

⑤ 终端店铺的价格体系；

⑥ 渠道是否合理；

⑦ 市场的冲货串货是否严重；

⑧ 促销员的任务管理；

⑨ 终端店铺促销执行的效率；

⑩ 竞争对手的变化和你的对策。

以上这 10 点基本上涵盖了区域市场对终端门店造成影响的方方面面，企业把这些方面都整理顺了，就能找到自身在适应市场变化中所出现的问题，而后就可以有针对性地制定解决方案，促进企业的发展。

下面，我以统一企业为例进行说明。我们都知道，统一是国内著名的食品生产商。在某一年，它曾推出一款 500ml 瓶装鲜橙多饮料。这款饮料在面市后，每瓶定价为 3.5 元。在产品宣传上，统一企业凭着对渠道的超强掌控能力，再加上央视和各个地方电视台等大型媒体的强势助阵，经过几个月的强攻，这款饮料的销量获得了迅猛的增长，各地市场陆续被激活，终端铺市率极高，可蹊跷的是，这款饮料唯独在某个省的销量一直不温不火。

针对这一问题，统一企业召开了一次内部总结会。经过各营销部门成员的讨论，他们提出了四种可能导致这一问题出现的潜在原因：其一，饮料价格偏高，超出了当地顾客的平均消费能力；其二，饮料产品力不够，比如味道不适合当地顾客的口味；其三，知名度不够，产品铺市率、曝光率不高，导致销售力不强，没有赢得当地顾客的关注；其四，当地顾客还没有养成特定的消费习惯。

在总结出了潜在因素后，统一企业便步步为营，用排除法进行了一次市场诊断。

首先，为了验证第一种可能性，统一企业在该省和一个饮料销售情况较好的省区中分别选定了一座规模接近的 A 市和 B 市，在两地同时开展了“限时抢购”的特价试销活动。

在活动结束后，企业发现在 A 市，在饮料价格下降一半时，其成交率上升了 60%；而在 B 城市，在饮料价格同样下降一半前提下，其成交率上升了 62%，与 A 市基本持平。由此可见，A 、B 两市居民对饮料价格的敏感程度大致相当。因此，统一企业得出结论，价格并不是 A 市市场不能激活的主要原因。接着，统一企业又在该省选定了另一座城市，举行了一次同样的降价促销活动，让更多的顾客通过购买商品为其提供可靠的数据，最终得到的成交率与 A、B 两市非常接近。这样一来，统一企业就用大数法则排除了调查的偶然性，进一步证实了自己的结论。

在排除了第一种可能性后，统一企业又开始验证第二种可能性。它为此对该省的顾客进行了口味测试，在该省的各个销售网点都开展促销特卖活动，在活动中让顾客试饮饮料，填写调查问卷，并以一整箱家庭装饮料作为答谢。

在活动结束后，企业对大量调查问卷进行了整理和分析，最终发现了产品无法在该省畅销的原因。原来，在当地果汁市场上，浓度在 50%以上的纯果汁占据主流，且多以家庭消费为主，顾客不习惯浓度只有 10%的统一鲜橙多，他们认为该饮料的“水分”较重，口味太淡。

在找到了问题的根源后，统一企业立即集中资源，通过各种手段和途径对顾客的消费观念进行引导，逐步改变当地顾客的口味，使他们逐渐认识到低浓度的果汁饮料同样口感很好，最终，统一企业赶在销售旺季成功地激活了该地市场。

统一企业的例子告诉我们，市场诊断是企业的探路灯，可以为企业各种措施的制定提供有力的依据，对企业的发展意义重大。再牛的运营也敌不过市场的影响，而对于再差的市场，企业只要能通过诊断找准了病灶，解决了问题，也能实现快速发展。

4.2 经营现状早检测，运营结果早知道

受市场中多种因素的影响，企业在经营过程中难免会遇到很多阻碍，出现很多问题。尤其对于连锁企业而言，其下属门店遍布各地，处在不同的市场环境之中，遇到的问题也复杂多样。这些问题有企业自身的，也有各门店的。比如，连锁经营战略不清晰，各加盟店思想不统一，发展方向不一致；连锁商业模式创新不足，品牌运营不善，容易被复制，核心竞争力弱；拘泥于店面经营，没有与资本对接，资金链不足；信息化构建流于表面，无法实现全面的管理和控制，连而不锁；连锁扩张速度慢，举步维艰，门店运营标准难以统一，千店千面等。

这些问题都是最常见的，当然，连锁企业中必定还有其他的问题存在。企业若对这些问题置若罔闻，或者简单地采取同一种解决方案，“盲人骑瞎马，一条道跑到黑”，显然是不行的，必然会使病灶恶化，为企业的发展与运营蒙上阴影。市场是不会因企业而改变的，思维僵化、固执己见、脱离实际的主观臆断是企业运营的大忌，企业只有主动适应市场环境的变化，改变自身，才有可能获得发展。

所以连锁企业就一定要根据市场情况，对各门店的经营现状进行检测，逐一发现问题，提出相应的运营策略。此外，对于不同区域的市场，企业也要将当地的市场发展情况与自身的经营特点相结合，通过地域化、本土化的运营，来传达企业的理念，展现企业的魅力，赢得顾客的青睐。

下面我以佐丹奴为例，来为详细说明经营检测对企业发展的促进作用。

佐丹奴是香港的一家服装品牌连锁企业，专注于男性休闲服、T恤、牛仔裤的销售。从成立之初，佐丹奴品牌便在香港服装界声名鹊起，经过多年发展，其门店已遍布于中国台湾、新加坡、菲律宾等地。

20 世纪 90 年代，佐丹奴开始进军国内市场。在最初阶段，它将自身定位为高档品牌，所售服装价格相对较高，难以被大众所接受，因此迟迟没有打开市场，导致企业连年亏损，品牌出现了明显的水土不服现象。

面对这一问题，佐丹奴的高管们经过深思熟虑，觉得如果还是一味坚持自己的理念，走高端路线，势必还会继续碰壁，继续难以打开局面。于是，佐丹奴痛定思痛，决心改进自己的经营策略，对国内市场进行了深入的调查，并根据所得出的结论，对企业运营的各环节都进行了检测和调整，为自己的品牌找准了市场定位，开始为国内市场提供价格较为低廉的大众化休闲服装和 T 恤。与此同时，在服务上也加以改进，使企业形象更有亲和力。

市场定位以及相应营销策略的转变使佐丹奴迅速起死回生，短短几年时间里，其经销网点遍布全国各地，收获了大众的好评，成功地在国内市场落地扎根。

从佐丹奴的案例中，我们可以看出，在市场竞争中，适者生存，不适者终将被淘汰。企业要根据市场情况，对自身经营现状进行检测，不断调整策略，使自身更加适应市场变化，这是企业实现发展的重要手段。

4.3　高效设定年度销售目标“四保障”

年度销售目标是连锁企业营销部门和各门店在未来一年中的奋斗目标，关乎企业上下的努力方向，对企业的发展至关重要。因此，企业在制定年度销售目标时，就不能轻忽懈怠，将它视作儿戏。

我在做咨询工作时遇到过不少这样的情况：一些企业的负责人在制定年度目标时，非常草率，只在去年销售额上增加 50%或者 80%，来作为今年的销售目标。然而，这样的做法真的合理吗？如果将目标定高了，企业销售人员和各地的加盟商会因为目标完全无法达成而放弃，进而会因拿不到年底奖金，失去了工作的积极性，对企业倍感失望；如果将目标定低了，销售员和加盟商们又会变得很懈怠，也不利于企业的快速发展。

还有一些企业的负责人在制定年度目标时，把销量和利润当成唯一销售目标，而并不注重品牌提升、市场占有率等目标的达成。这样做造成的后果是：从表面上看，企业业绩增长迅速，然而这种业绩的增长多是由违规降价、赔本促销、串货、欺诈顾客等手段达成的。而且，各地连锁店铺也会唯利是图，一味积极销售低端畅销产品，而对较难推销的新品失去了兴趣。

因此，企业负责人在制定年度销售目标时，要讲究科学性。第一，要保证目标能被完成，且只有通过销售员的努力才能被完成的。这就好比给销售员和加盟商头上挂甜饼，要让他们跳起来后才能够得到；第二，要保证目标全面。其包含的内容除了销量和利润外，还要有一些辅助参数，比如品牌评估、市场占有率、产品覆盖率、销售管理状况、人员状况等。

具体来说，连锁企业负责人该如何高效设定年度销售目标呢？我们应将目标分解成四个小目标，而这四个小目标也被称为年度销售目标的“四保障”，它们分别是：保本目标（命脉保障）、利润目标（发展保障）、保利目标（续航保障）、管理目标（管理保障）。如图 4-1 所示。

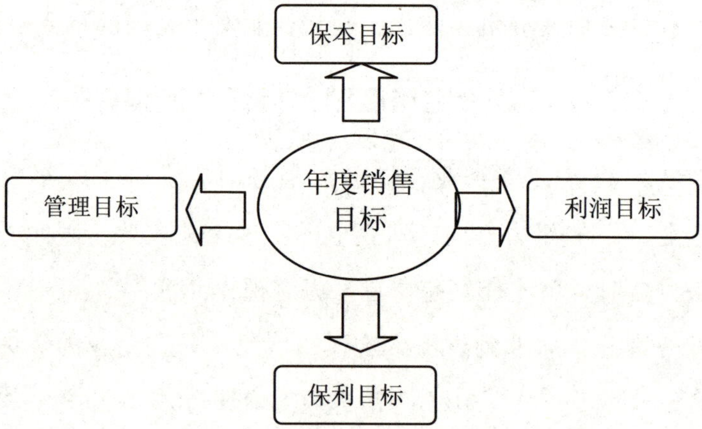

图 4-1 年度销售目标“四保障”

保本目标（命脉保障）：保本目标是企业为了保证生存而要实现的基本目标。它是以企业正常运营为基础而制定的。企业通过对各项运营成本的核算，来确定自己在未来一年的收益，以保证收支平衡。如果保本目标没有达成，企业就会陷入亏损，运营困难，濒临倒闭。

利润目标（发展保障）：利润目标是企业的发展目标。它是企业根据市场情况、自身发展现状，以及所采取的各项措施的预判，来确定自身在未来一年内应获得的利润，是一个较为理想的目标。达成了利润目标，说明企业发展较为稳健。

保利目标（续航保障）：保利目标是企业通过对风险的预判，将各种不利因素考虑在内后，所折算出的最低利润目标，它是企业对于利润的底线预估。如果这个目标没有达成，这就说明企业在这一年中的发展遇到了较大的难题。

管理目标（管理保障）：管理目标是企业在运营管理上要完成的目标。比如，对各门店员工工作目标的设定、业绩考核等。

以上四个目标基本涵盖了企业生存发展所需的各个方面。为了能将它们准确制定出来，企业还应做到以下几点。

（1）评估自身所处的市场环境

市场环境包括行业环境、竞争对手的情况和自身产品的市场占有率等。企业对这些因素所进行的综合评估，是制定来年销售目标的基础。在评估市场环境时，企业要做到：首先，要看行业的发展趋势，比如要看所处行业的整体利润率，并结合市场环境，分析其未来走势；其次，要看直接竞争对手最近两年的推广方案、广告投入力度、新品上市的销量情况等；再次，要看自身品牌在市场中的处境，比如，品牌是处在成长期、成熟期还是衰退期？去年市场投入的力度及效果怎样？产品市场占有率是多少？还有多大上升空间？有没有能力打破去年的销售瓶颈？

（2）查阅往年的销售数据

往年销售数据是企业进行年度决策的重要依据之一。为此，企业要尽量搜集较长时间段的销售数据，而不能单看最近一年的数据。此外，企业还要注意，数据只是参考依据，企业不能把它当成制定目标的基数，要把市场变化等因素也考虑进去，综合评估，制定目标。

（3）市场调研

企业在制定年度目标前，要先选择几个有代表性的市场进行调研。在调研市场的选择上，企业要综合考虑区域分布、市场成熟程度、市场容量、人员能力等因素。在调研的方式上，企业既要与相应的门店人员或加盟商进行面谈，也要敢于走到消费群体当中去，与顾客直接沟通，掌握第一手资料。因为只有一线调研数据，才能最直接、最准确地反映出市场情况，为企业决策提供最翔实可靠的依据。

（4）汇总各区域门店的年度计划

各门店提交上来的年度销售计划通常都是门店从自身角度出发所制定出来的，较为切实可行的销售目标，也是企业总部制定整体年度销售目标的参考依据。企业要根据这些计划所提供的情况，再结合自己所掌握的情况和企业的整体发展目标，进行可行性分析，最终对整体目标做出适当的调整或修改。

（5）配套整体实施方案

将目标制定出来了，企业还要制定具体的实施方案。没有实施方案做保障的年度销售目标只能是画饼充饥。为此，企业的目标实施方案要涉及运营的各个环节，比如，广告计划、促销计划、新品开发计划、营销政策、管理制度等。企业要通过对这些计划的具体实施，确保销售目标的完成。

综上所述，企业要想制定出合理、准确的年度销售目标，就要综合考虑各种因素，要保证每一个数据都有相应的依据，都经过了全面的分析和权衡。只有这样，企业才能最大限度地发挥出销售目标的作用，促进企业快速发展。

4.4 命脉保障：保本目标设定技巧

保本目标是企业的命脉保障。企业只有完成了保本目标，才能实现正常运营。保本目标的核心是保本点。简单来说，保本点就是企业正好保本的销售额。在达到保本点的情况下，企业的总销售收入和总成本相等，企业既不盈利，也不亏损。

那么，我们要如何设定保本目标呢?

（1）根据市场占有率设定

市场占有率是企业销售额占业界总的销售额的比率。所以，采用这种方法时，企业首先要通过市场需求预测出整个行业在市场上的销售收入，再根据市场占有率计算出企业的年度保本目标值。通常来说，如果企业希望扩大其市场占有份额，就可以用市场占有率设定法来确定保本目标值。

（2）根据销售增长率设定

销售增长率是评价企业成长状况和发展能力的重要指标，是本年实际销售业绩与前一年度实际销售业绩的比率，它能反映出企业产品所处的寿命周期阶段。企业可以从过去几年的销售增长率着手，进行趋势分析，预测出下年的销售增长率，进而分析出产品在未来一年的寿命周期阶段，再综合评估该寿命周期阶段上存在的各种风险，最终确定企业的保本目标。

（3）根据亏盈平衡公式设定

这是中小民营企业最常用的保本目标设定方法之一。这种保本目标的确定方式有利于帮助企业确定员工的奖金和提成系数。企业在采用这种方法时，要通过公式，计算出盈亏平衡点上的销售收入，并以此确定保本目标。盈亏平衡点就是企业销售收入等于运营成本的时间点，也就是利润为零的时候。它的相关计算公式推导如下：

销售收入=成本+利润=变动成本+固定成本

销售收入=变动成本+固定成本

变动成本率=（变动成本／销售收入）×100%

销售收入=变动成本率×销售收入+固定成本

盈亏平衡点上的销售收入=固定成本／变动成本率

（4）根据顾客购买力设定

企业也可以根据顾客购买力来确定保本目标，也就是估计企业服务范围内的顾客购买力状况，并以此来预测企业的销售额，确定保本目标。

根据顾客购买力确定企业保本目标的程序如下：

企业首先要设定服务范围，并调查该范围内的人口数、户数、收入额及消费支出额；其次要调查企业服务范围内的门店数目及其平均销售能力；再次要大致估计各门店的销售收入；最后确定企业的保本目标值。

（5）根据经费预算设定

企业在正常经营活动中，会产生各种经营费用开支。企业只有使这些经费开支与销售毛利达到平衡，才能维持正常运营。因此，企业根据经费预算确定保本目标，就是要确保销售实现的销售毛利足以抵偿各种费用开支。

（6）根据销售人员的申报设定

企业根据销售人员的申报，来设定保本目标，就是企业通过逐级累计第一线销售人员所申报的销售收入估值，来计算企业的保本目标值。因为一线销售人员（如推销员、业务人员等）最了解销售状况，所以经过他们估计而申报的销售收入必然是最能反映当前状况，也最有可能实现的保本目标。

（7）根据销售人员的各种指标设定

在销售管理中，企业主要依据各种指标对销售人员进行业绩考评，比如销售额、销售毛利、销售费用等，而这些指标也可以作为企业设定保本目标的依据。企业可以将销售员的销售收入与其他各种指标结合起来，计算出人均销售收入，再进行总计，算出整体销售收入，以此作为下年度企业的保本目标。对很多企业来说，这是最具代表性、最简易的方法。

以上 7 点是企业设定保本目标的常用方法，企业负责人可以根据自身的实际情况，灵活选择。

4.5　发展保障：利润目标设定技巧

利润目标是企业发展的保障。与企业损益表中的事后利润不同的是，利润目标是一种对未来某时期利润的预期，能反映出企业未来发展趋势和效益变化走势。它和预计收入、标准成本之间有着如下的等式关系：利润目标=预计收入—标准成本，它可以根据企业过去的相关数据和同行业企业的情况进行估算而得。在设定利润目标时，企业通常可以采用本量利分析法。

所谓本量利分析法，就是企业通过分析经营成本、业务量和利润之间的关系，来判断它们相互影响的程度，为企业利润目标的确定提供依据的方法。

在应用这种方法时，企业可采用公式法，也可以采用图解法。显然，采用图解法会更为直观。如图 4–2 所示。

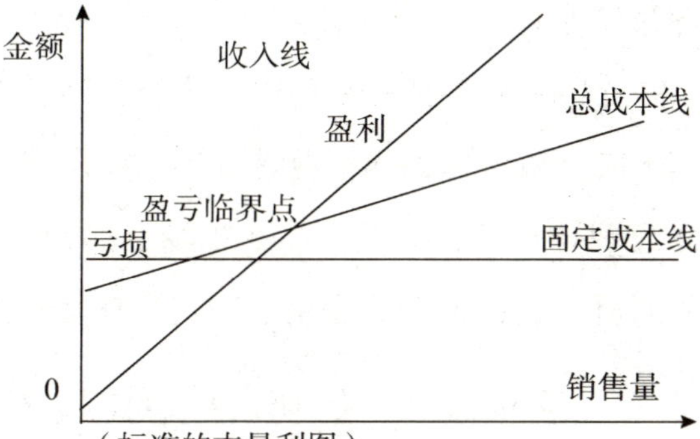

图 4–2　本量利分析图

在图 4–2 可知，在直角坐标系中，横坐标是产品销量，纵坐标是产品销售额。销售收入曲线和成本曲线则是该图所要呈现的重要参数线，其中，成本曲线是由固定成本曲线和变动成本曲线的叠加得到的，销售收入曲线则是一条通过原点的直线，其斜率为单位产品的销售价格。

在图 4–2 中，总收入线和总成本线的交点即为盈亏临界点。在该点上，企业的总成本和总收入相等，出现不盈不亏的现象。在交点上方，总成本线低于总收入线，企业获利；在交点下方，总成本线高于总收入线，企业亏损。影响该点位置的因素主要有产品售价、固定成本、变动成本和业务量等，其中任何一个数值发生改变，均会对该点的位置产生影响。

总收入线和总成本线之间的垂直距离，就是企业在某个销售量下的盈利或亏损幅度。因此，盈亏临界点处的销售量对企业来说是一个很重要的参数，如果销量超过此点，企业必定盈利。

企业可以通过对本量利图的分析，确定自己本年度的利润目标点，并把它标注在图上。而利润目标点所对应的销量就是企业的预计销售量。预计销售量必定是要大于盈亏临界点处的销售量的，而它们之间的差额被称作安全边际。安全边际=预计销售量(或金额)—保本点销售量(或金额)。它反映了企业的保本销量与预计销量的差距，如果企业不能达到预计销售量，并且所差的数值超过安全边际，企业将会亏损。安全边际率=安全边际/预计销售量×100%。安全边际率常被用来测定企业经营某种产品风险的大小，安全边际率越高，则表示该产品销售情况越好，企业出现亏损的概率越小。

本量利分析图直观地反映了企业产品在市场上的销售情况，能为企业科学合理地预测利润目标提供依据，是企业制定利润目标的重要工具。

4.6　续航保障：保利目标设定技巧

保利目标是企业的续航保障。所谓续航保障，就是企业取得发展进步的保障，所以保利目标就是企业要取得发展的最低利润目标。如果说保本目标是企业能够“维持生计”的基准线，那么，保利目标则是企业能够保证“发家致富”的最低标准，它同样也是企业要制定的最重要的目标，其对企业的重要性在大多数时候是要高于保本目标的，因为一个企业也如一个人，它所有运营手段的最终目标是获得更多的利润来保证自己的发展进步，很少企业会以“苟延残喘”来作为运营的最终目标的。

将保利目标制定得准确与否体现了企业领导者的眼光和格局，决定了企业的发展方向，这个道理是极为浅显的。所以，企业领导者要根据企业自身的运营状况，综合分析，实事求是，确定出最适合自身发展的保利目标。

在确定了保利目标之后，企业就要找出相应的保利点，进而确定该保利点下的保利量和保利额。保利点是在单价和成本水平既定的情况下，企业为保证之前所确定的利润目标能够实现而应达到的临界点，企业在保利点上的销售量和销售额也被称为保利量和保利额。如图 4–3 所示。

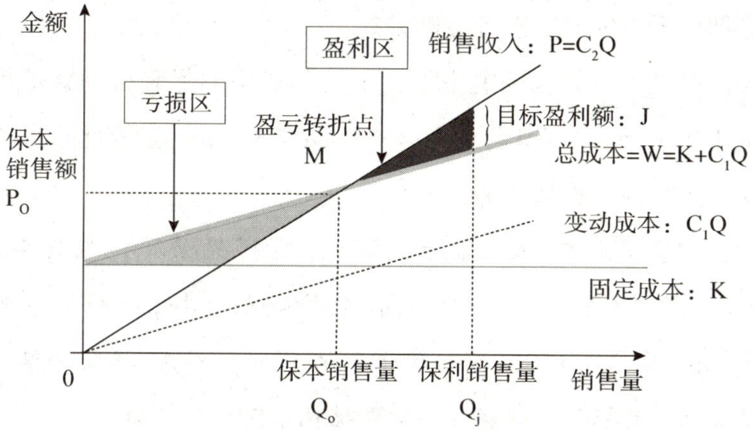

图 4–3　保利销售量、销售额分析

图 4–3 也是一个保利分析图，其中的盈亏转折点是保本点，而保利点则位于盈利区的销售收入线上，该点的横坐标是保利量，纵坐标则是保利额。其计算公式为：

保利量=（固定成本+目标利润）/（销售单价–单位变动成本）=（固定成本+目标利润）/（单位边际贡献）

保利额=保利量×单价=（固定成本+目标利润）×单价/单位边际贡献=（固定成本+目标利润）/边际贡献率

比如，若某个企业的产品固定成本为 34 万元，单位变动成本为 60 元，销售单价为 100 元，企业计划的年度保利目标为 6 万元，对于其相应的保利量和保利额，我们就可以这样来算：

保利量=（固定成本+目标利润）/（销售单价–单位变动成本）=（34+6）×10000/（100–60）= 1（万件）

保利额=保利量×单价=1×100=100（万元）或 保利额=（固定成本+目标利润）×单价/单位边际贡献率=（34+6）×1/0.4=100（万元）

通过计算我们可以得出，企业为了实现 6 万元的保利目标，就应该达成 1 万件的销售量和 100 万元的销售额。在上述保利量和保利额的计算中，我们并没有考虑所得税的影响，而通常来说，企业在确定保利量和保利额时，都是要将所得税的因素考虑进去的。

那么，在考虑所得税的前提下，上述公式中的保利目标就是目标税后利润，即目标税后利润=目标利润×（1－所得税税率）。因此，考虑所得税的保利量、保利额计算公式为：

保利量=[固定成本+目标税后利润/(1－所得税税率)]/(销售单价－单位变动成本)= [固定成本+目标税后利润/(1－所得税税率)]/单位边际贡献

保利额={[固定成本+目标税后利润/(1 －所得税税率)]×单价}/单位边际贡献= [固定成本+目标税后利润/(1－所得税税率)]/边际贡献率

对于多品种保利点的计算，我们只要算出其保利额即可。

其计算公式为：综合保利额=（固定成本+目标利润）/加权平均边际贡献率

比如，某个企业计划年度的目标利润为 10 万元，我们要算出保利额，就可以这样来算：

综合保利额=（固定成本+目标利润）/加权平均边际贡献率=（60+10）/25%=280（万元）

那么，该企业为了实现 10 万元的目标利润，应达到 280 万元的销售额。如果再考虑所得税，则：综合保利额=[固定成本+目标税后利润/（1－所得税税率）]/加权平均边际贡献率

保利目标是企业管理者对于企业发展的心理预期，是企业的战略目标。而通过保利目标计算得出的保利量和保利额，则为企业各项措施的制定提供了方向指引，是将企业管理者的意志转化为相应举措的过程，是企业目标从战略层面转向具体战术执行层面的重要步骤。

4.7　管理保障：管理目标设定技巧

管理目标是企业管理的保障。它是以目标为导向，把员工个人目标与企业目标相结合而设定的企业发展目标。一个好的管理目标可以充分调动员工的积极性、主动性和创造性，激励员工为实现目标而努力工作。

那么，企业该如何制定出一个好的管理目标呢？

（1）建立管理目标体系

企业要通过专门的设计流程，将整体目标逐级分解，转换为各门店、各员工的分目标，形成一个完整的管理目标体系。从管理目标体系的结构上看，在该体系中，企业管理总目标、门店目标和员工目标逐级展开，环环相扣，相互配合，协调统一。每一个等级都有明确的权、责、利分配。只有每个员工、每一个门店都完成了自己的分目标，整个企业的总目标才得以完成。因此，建立统一的管理目标体系是设定管理目标的关键。

从管理目标体系的运行流程上看，目标管理以目标的制定为起点，以对目标完成情况的考核为终结，分为岗位分层分类、任务指标分解与设定、过程检查与监督、结果反馈与落实四个阶段。如图 4–4 所示。

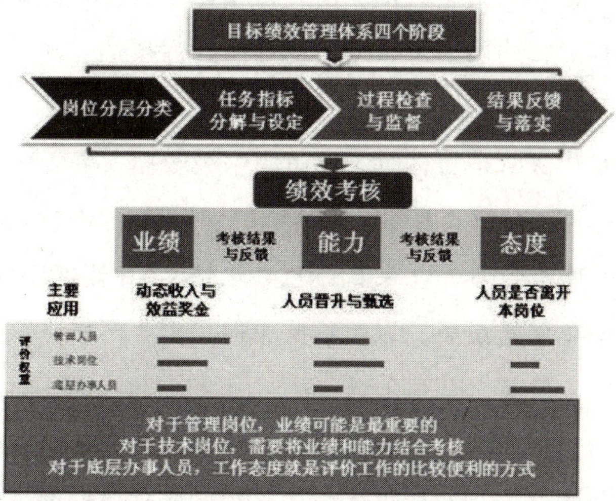

图 4–4　目标管理

其中，业绩是评定管理目标完成程度的标准，也是人事考核和晋升的依据，是评价管理目标的唯一标准。在整个体系中，企业管理人员是各级管理目标的制定者和对目标完成情况的考核者。而对于员工的目标具体完成过程，企业应积极鼓励员工发挥主观能动性来完成，不宜过多干预。

（2）管理目标分级

在管理目标体系中，对于不同层级的管理目标，企业也应有不同的制定策略。

企业在制定上级管理目标时，要先制定一个暂时的、可以调整的目标预案。这个预案既可以由上级提出，再由下级讨论；也可以由下级提出，再由上级批准。无论哪种制定方式，都要由相关管理者和具体实施人员共同商量决定。企业要做到群策群力，要广泛吸取各级员工的意见，从企业的现实情况和长远战略两方面入手，评估市场环境给自身带来的机遇和挑战，认清自身的优势和缺陷，在此基础上对目标预案进行修正，最终制定最契合企业实际情况的管理目标。

企业在制定下级管理目标时，要明确企业结构和员工职责分工，要保证每一个分目标都有确定的责任主体。为此，企业管理者要重新明确现有组织结构，保证分工明确，使每个员工都能各行其是，有条不紊地完成自己的目标。

企业在制定中级管理目标时，要组织中级管理人员就企业总体目标进行讨论，并进行科学分解，要使得到的中级管理目标起到承上启下的作用，便于落实，以及中级管理者进一步细化。为此，企业要保证目标具体量化，便于考核，要分清轻重缓急，以免顾此失彼，也要保证目标有挑战性和可行性。

在制定各级目标过程中，企业务必要确保相关人员都能对目标达成一致，并在此基础上让员工写成书面协议，编制管理目标记录卡片，而后汇总所有资料，绘制出管理目标图。在员工实施目标的期间，企业也要给予他们调度相应资源的权限，为他们完成目标提供尽可能多的帮助。

总的来说，企业在制定管理目标体系时，一定要对整体目标把握精准，如果你对企业的整体目标都很模糊，那么在制定各级管理目标时就很容易偏离方向，此外，你还要依据 smart 原则分解目标，保证每一个分目标的方向一致性，还要找出自己在实施目标过程中可能会遇到的问题，列出实现管理目标需要用到的技能等。

通过本章的阐述，我们可以看出，如果将连锁企业比作一艘舰船，那么区域经营规划系统就是这艘舰船的雷达和总舵。它能帮助企业在变幻莫测的市场中，探知可能出现的风险，并根据市场变化作出应对。最终通过目标的制定和调整，不断地改变方向，趋利避害，实现快速稳健的发展。

第五章　经过层层分解的目标，才是好目标

企业要发展，就必须有一个明确的目标，这一点是毋庸置疑的。目标可以为企业的发展指引方向，企业当处于错综复杂、不易决断的处境时，以目标作为评判的标准，往往能使原本扑朔迷离的问题迎刃而解。但是很多企业在制定目标时总是存在一些问题，比如所制定的目标缺乏可行性，换句话说，就是这个目标不能被分解，不能细化到各个部门、各个员工身上，不能被有效地实施。很明显，一个不能被分解的目标即便再宏伟、再符合企业的利益，也只是空中楼阁，毫无用处。所以，企业在制定目标时，要认识到，只有经过层层分解的目标，才是好目标。

5.1　目标分解策略（年、月、日、周）

企业该如何将总目标分解成小目标呢？在进行目标分解时，我们要注意以下问题：

目标分解应该按照整分合的原则来进行，也就是将总目标分解成不同层次，不同部门的分目标，各个分目标综合起来又能体现总体目标，并能

够保证最终实现总体目标；分目标要和总目标保持方向一致，内容上下连贯，以保证实现总体目标；在总目标分解过程中，还要注意到各个分目标分解所需要的条件及限制因素，比如，人力、物力、财力等；各分目标之间在各个方面要协调，达到平衡，共同发展，并且不会影响总目标的实现；分目标的表达也要清晰，简明扼要，有具体的目标值和时限要求。

常用的目标分解方法有如下两种。

指令式分解：在采用这种分解方法时，上级在目标分解前不和下级部门员工商量，直接确定分解方案，通过指令、指示或计划的形式传达下去。这种分解方法的优点就在于能够使目标构成一个完整的体系，但其也存在相应的弊端，因为在制定目标分解方案时，上级和下级没有进行有效沟通，很容易造成下级分目标实施困难，难以落实，不利于调动下级员工的积极性。

协商式分解：在采用这种分解方法时，在目标分解前，上下级对总体目标的分解和分目标的落实进行了充分的商谈和讨论，取得了一致意见。协商式目标分解的优点在于容易使目标落到实处，有利于下级积极性的调动。

不管采用什么样的方法，在具体分解目标时，企业最好用直观的结构图来呈现，如图 5–1 所示。

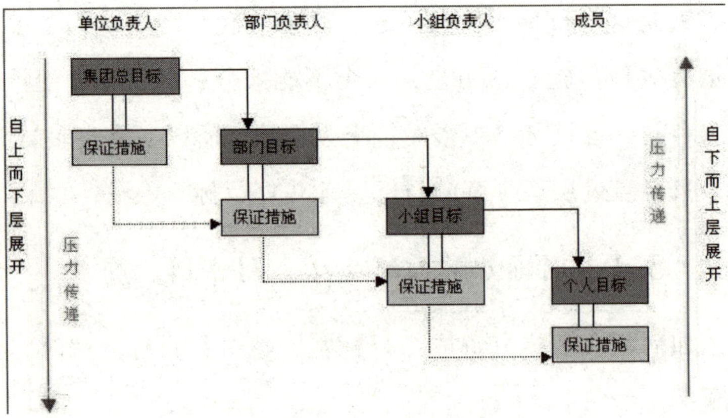

图 5–1　目标分解标准

从图 5–1 中，我们能够看出，指令式分解和协商式分解分别是通过自上而下和自下而上进行压力传递，从而促成目标分解。

目标分解的形式主要有两种。

一是按照时间顺序分解。在确认总目标的实施进度以后，为了方便实施中的检查和控制，企业可以按照时间来分解目标，并以此构成目标的时间体系，比如，把总目标按照年度目标、季度目标、月度目标、周目标、日目标来进行分解。如图 5-2 所示。

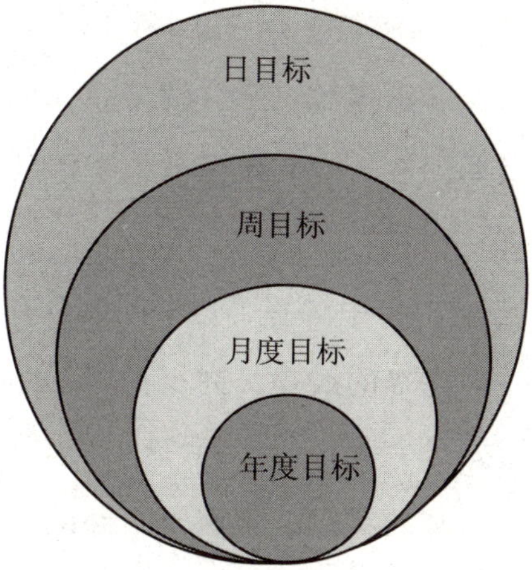

图 5-2 按时间顺序的目标分解图

二是按照空间体系分解。企业将总目标按照管理层次进行纵向分解，即将目标逐级分解到每一个管理层，或者个人。比如，将总目标分解成总经理目标、主管目标、店长目标、店员目标等；或者按照职能部门进行横向分解，将总目标分解到有关职能部门，比如总公司目标、区域目标、门店目标等，这种分解方式构成了目标的空间体系。

一个企业如能将目标按时间关系和空间关系同时展开，形成有机的、立体的目标体系，不仅能使各级管理人员和每个员工都对目标的整体一目了然，也能明确各部门或个人的目标在目标系统中所处的位置，有利于调动企业员工的主动性、积极性和创造性。

以俄罗斯运动名将谢尔盖·布勒卡为例，他在自己的运动生涯中把总的目标分成一个个一厘米，最终获得成功。

俄罗斯撑竿跳高名将谢尔盖·布勃卡是田径史上唯一个获得 6 次世界冠军的超级巨星，取得了 35 次打破世界纪录的辉煌成就。这位“撑竿跳高沙皇”从 20 世纪 80 年代初开始就独步天下，主宰世界撑竿跳领域长达 20 年之久。那么，他成功的秘诀是什么呢？

解决方法：每一次提高一厘米！

1985 年，名不见经传的日本选手三田本一出人意料地在东京国际马拉松邀请赛脱颖而出，成为该比赛的冠军。两年后，他又在意大利国际马拉松邀请赛中获得世界冠军，他的胜利让很多人都感到匪夷所思。那么，他成功的秘诀又是什么呢？

10 年后，他在自己的自传中解答了这个问题：在每次比赛开始之前，他都会乘车仔细去看一下比赛的线路，并把比赛线路上较为醒目的标志标注出来。比如第一个标志是一家银行，第二个标志是一棵大树，第三个标志是一个小房子，直到比赛的终点。他将整个路线分解为一个个小目标，在比赛开始以后，他会用最快的速度冲向第一个目标，完成了第一个目标后，他会接着用最快的速度冲向第二个目标，以此类推，就这样，他轻松地赢得了整个比赛。

由以上两个案例，我们可以看出，宏伟远大的目标固然令人心潮澎湃，充满干劲，然而如果目标太大，距离我们太远，也会使我们无所适从，被其中的困难所吓倒。正所谓“不积跬步无以至千里，不积小流无以成江海”。任何一件伟大壮举的实现都需要我们从一点一滴做起，从完成每一个小目标开始。

企业要想实现自己的发展目标也应如此，要采用目标分解策略，将自身的整体目标分解成若干小目标，让每一个员工在每一天都能脚踏实地地、循序渐进地完成目标，最终保证企业能按照预期实现稳步发展。

5.2 给每一个小目标一个期限

企业除了要保证科学合理地分解目标外，还要注重对员工的目标完成过程进行监督，为此，企业应通过层层把关，为每个员工的小目标设定完成期限，并对相应的时间节点进行把控，确保员工都能按时完成自己的目标。

那么，企业为什么要这么做？道理很简单，任何目标的成功实现都需要执行者的不懈努力，员工在完成工作目标的过程中，难免会遇到各种困难和挫折，进而心生厌倦，产生放弃或敷衍的念头。因此，企业就要对他们加以鞭策，为他们设定完成期限，促使他们产生紧迫感，激发他们的斗志，使他们都能在困难面前不低头不退缩，更为积极主动地去寻找方法，解决难题，保证目标的顺利完成。

举个例子，1968 年的春天，宗教领袖罗伯特·舒乐博士萌发了一个想法：他想要在美国加州建造一座水晶大教堂，并把它打造成一座美丽的宗教伊甸园。

当他把这个想法告诉著名的建筑设计师菲力普·约翰逊时，对方提醒他说："这至少要 400 万美元。"

舒乐博士耸耸肩，给出了一个令人意外的回答："我现在一分钱也没有，所以 100 万美元的预算与 400 万美元的预算对我来说没有区别，最重要的是这座教堂要有足够的魅力来吸引捐款。"

随后，约翰逊遵照舒乐博士设想，为他梦想的教堂做了一个高达 700 万美元的预算。

舒乐博士在拿到预算后，在一张白纸上写了这样目标计划。

第一年筹集 200 万美元，第二年筹集 200 万美元………

在接下来的第一年里，舒乐博士通过各种努力募捐到 200 万美元。第二年，舒乐博士推出"水晶大教堂窗户认购方案"，让美国人以每扇 500 美元的价格为水晶大教堂捐献窗户，并采取分期付款的方式，每个月支付 50

美元，分 10 个月付清。结果不到半年，1 万多扇窗户就全部被认购完毕。

12 年后，水晶大教堂竣工，它的造价为 2 000 万美元，要比之前设定的预算多得多，然而它也被视为世界建筑史上的经典之作，是前往加州的游客必去的盛景，成为名副其实的人间伊甸园。

由这个案例，我们能看出，其实有时候，对于一些看似无法完成的目标，我们只要有着愚公移山的精神，能够坚定信心，用对了方法，按照我们自己设定的期限，一步一步地去完成每一个小目标，我们最终是可以把它完成的。

一味地怨天尤人、颓丧懈怠只会助长自己的负面情绪，使自己停滞不前。所以，企业就要通过对目标期限的设定、对每个时间节点的把控，来给员工树立正确信念，提升他们的工作效率和工作能力，并在完成小目标的过程中获得成就感，以更好地状态来完成下一个工作目标。

当然，企业在设定目标期限时，也要保证这个期限是合理的，是员工通过努力可以按期完成的。因此，在设定目标期限时，企业要做到以下几点：首先，企业要写出要解决的核心问题，把它作为员工的“核心目标”“最高目标”。例如，每个销售员要完成 10 万元的销售业绩；其次，企业要根据目前企业内部和外部的实际情况，仔细分析完成这个目标所需要的前提条件。而这些条件其实就是员工在达成核心目标的过程中必须达成的小目标。比如，每个销售员每周应该可以拿下至少 20 名成交量达到 2 万元的顾客；再次，企业要画出一个个小目标，让它成为大树的第一层“枝叶”，然后细化这些“枝叶”，找出完成这些小目标的前提条件，作为下一层“枝叶”。比如，每个销售员每天应该可以拿下 1 名成交量达到 2 万元的顾客；最后，以此类推，直到画出所有的“树枝”，再将完成这些小目标的时间叠加在一起，企业就得出了员工完成目标的时间期限。

企业通过对“目标树”的绘制，给了员工一个合理的期限，能使员工都能明确自己的工作职责，在工作中更有紧迫感，更加积极进取，保证自身的提升和企业目标的达成。

5.3　关键时刻管理策略

关键时刻（MOT）这一理论由北欧航空公司前总裁詹·卡尔森提出。他认为：“关键时刻就是顾客与北欧航空公司的职员面对面相互交流的时刻。”对于我们连锁企业来说，关键时刻指的就是顾客与企业的各种资源发生接触的那一刻。对关键时刻的管理是企业提高服务质量的有效办法，它体现了企业以顾客为导向的经营策略，是企业赢得顾客，取得发展的重要管理策略。

关键时刻管理对连锁企业有着六个方面的重要作用，如图 5-3 所示。

图 5-3　关键时刻管理的六大作用

第一，解决实质问题：由于关键时刻是一个时间点，员工只要投入优质的服务，就可以在这个时间点上获得顾客的青睐，为企业获取更多的利润，因此企业可以在不增加成本的基础上提高利润；

第二，解决人才问题：关键时刻管理能够帮助员工提升能力，让企业的一线员工都有机会成为促进企业发展的重要人才；

第三，解决观念问题：对关键时刻理念的理解可以帮助企业各级员工转变传统的营销思维，树立顾客至上的服务观念；

第四，解决文化灵魂问题：关键时刻管理能将以顾客为中心的理念注入企业的生产、销售、服务等各个环节中，使之逐渐成为企业的文化内核和灵魂；

第五，解决可行性问题：关键时刻管理能解决企业在服务上的一些细节问题，也能明确企业的发展方向，使企业的各项措施目的明确，切实可行；

第六，解决企业家信心问题：企业家在连锁企业发展过程中，面对众多未知的风险，会时常陷入茫然无措的境地，感觉找不到方向。其实，无论外在的市场环境如何变化，为顾客带来更好的服务永远都是企业最正确的发展方向，是亘古不变的真理。关键时刻管理帮助企业家明确了自己和企业要走的路，更加坚定了企业家的意志，提升了他们的信心。

那么，企业该如何进行关键时刻管理呢？因为这种管理多是针对一线员工的服务开展的，而服务又不同于有形产品的生产、销售，是不能通过量化来考评的，所以企业就应该转换思维，从多角度、多层次来推进关键时刻管理。比如，既然企业所服务的对象是顾客，那么，企业就可以把考评的权利交给顾客，让顾客的满意度来决定员工的业绩。

企业可以在顾客接受服务后，交给他们一份考评表，让他们为服务人员或店铺打分，给出对服务的评价和建议，以此来作为考核员工、改进工作的依据。这样做一方面可以帮助企业完善管理，另一方面也可以促使员工自觉提升服务质量。

具体来说，企业还要做到以下五点。

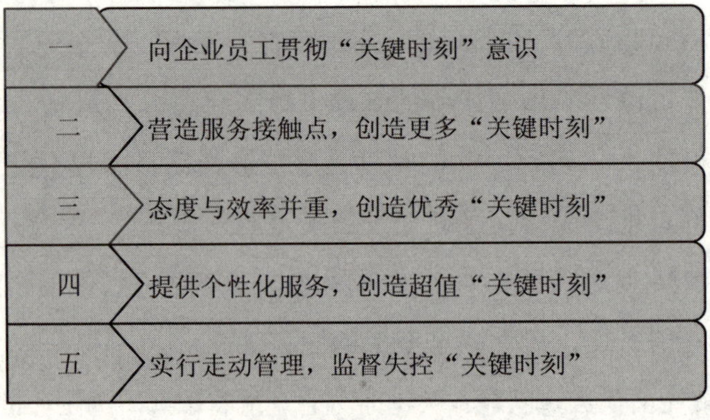

图 5-4 “关键时刻”管理策略

（1）向企业员工贯彻“关键时刻”意识

在为顾客提供服务的过程中，员工就是企业和店铺的形象代言人。顾客通过与员工的接触充分认识店铺，认识企业。因此，企业管理层应在日常的工作及培训中努力向员工灌输关键时刻理念，让员工具有“随时都是关键时刻”的服务意识，能在服务顾客时满怀热情，以专业的技巧、积极的态度为顾客提供优质的服务。同时管理层也应该以身作则，为员工起表率作用，提升员工对“关键时刻”的重视程度。

（2）营造服务接触点，创造更多“关键时刻”

企业不仅要重视关键时刻，而且要对整个服务流程进行全面分析，找出其中所有可能出现的“关键时刻”，鼓励员工利用这些关键点，有意识地引导顾客，为其提供更加贴心的服务，为顾客创造良好的消费体验，用服务赋予产品更多的价值。

（3）态度与效率并重，创造优秀“关键时刻”

企业要使员工在服务时做到态度与效率并重。服务上的高效率可以更快地帮助顾客解决问题，节约顾客的时间；服务上的良好态度则可以更好地从每一个细节入手，满足顾客的要求，使顾客深刻感受到企业周到的、无微不至的服务理念。这两种服务方式都可以创造优秀的“关键时刻”，为顾客带来更好的消费体验。

（4）提供个性化服务，创造超值“关键时刻”

如果说优质、体贴的服务可以使顾客感到满意，那么，个性化的服务则可以给顾客带来惊喜，使他们获得超值的消费体验。这种个性化服务未必需要企业花费高昂的成本，有时候企业只需对某个小细节进行了改善，就可以达到目的。比如，在深圳一家服装零售门店的试衣间里，顾客可以看到这样提示标语：“亲爱的顾客，不要让我们的衣服破坏了您美丽的妆容，请带好您的物品。”这看似简单的标语，却体现出了店家的体贴和尊重，使顾客心情愉快，获得了超出商品价值的满足感。

（5）实行走动管理，监督失控“关键时刻”

为了加强“关键时刻”管理，企业还应安排相关负责人对店铺实行走动管理。走动管理有两个好处：第一，可以及时有效地解决店铺、服务人员由于自身疏忽而造成的顾客投诉问题，避免问题升级，给企业带来信誉上的损失；第二，可以通过巡视监督，帮助企业掌握第一手服务资料，并对相关店铺提升服务质量起到督促作用。

我们还以“关键时刻管理”这一理论的提出者卡尔森为例来做说明。

卡尔森在运营北欧航空时，曾根据其对企业“关键时刻”的观察和分析，得出了这样的结论：每位乘客在接受公司服务时，通常会与 5 位乘务员接触，其平均接触时间约为 15 秒。而这短短 15 秒就是企业的关键时刻，它决定了整个公司在乘客心中的印象，是影响乘客忠诚度及满意度的重要因素。在这 15 秒内，乘客会从服务人员的外表、行为、沟通三方面来对企业进行评价，这三方面所占的比例分别为 52%、33%、15%。

卡尔森就是依据这一结论，从外表、行为、沟通这三方面入手，对乘务员进行了有针对性的培训，促使他们提升了服务质量，赢得了乘客的好评。

卡尔森的这一举措为企业带来了如下变化：第一，企业服务质量标准化、服务水平提升、纠纷减少；第二，乘务员都接受了乘客至上的服务理念，掌握了更多服务技巧，提升了处理问题的能力；第三，乘务员通过服务，与乘客相处融洽，获得乘客的信赖，为企业带来很多忠实的乘客。

正是凭借关键时刻管理策略，卡尔森使得已连续亏损多年，面临倒闭的北欧航空公司在不到一年时间内扭亏为盈。在总结自己的这一管理策略时，他说：“在一年中，与每一位乘客的接触中，包含了上千万个关键时刻，如果我们能把握住每一个关键时刻，使它们都是正面的，那么乘客就会更加忠诚，为企业创造源源不断的利润。”

如今，在市场竞争日趋激烈的大环境下，提升顾客体验将是每一个连锁企业取得突破的重要手段。因此，关键时刻管理策略也必将被越来越多地应用到企业管理中，为每一个企业管理者带来深刻的启迪。

5.4　达标有策略，这样做就对了

为什么有的企业很容易实现目标，而有的企业却总是在做无用功呢？这是我在为企业做咨询服务时常碰到的问题。其实企业要实现自己的目标，掌握好实现目标的策略是前提，那么，企业要达成目标，都要掌握哪些策略呢？如图 5-5 所示。

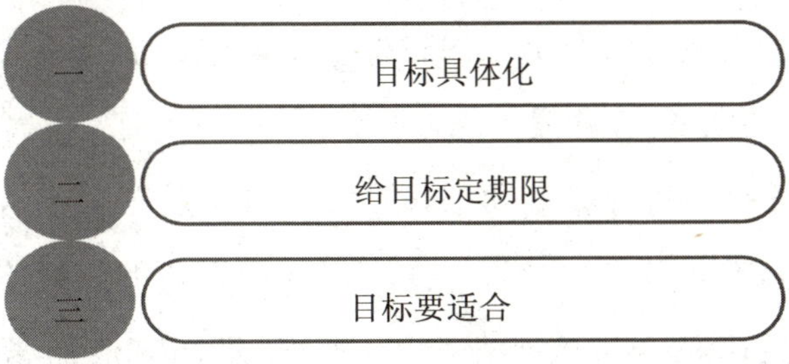

图 5-5　目标达成策略

（1）目标具体化

管理大师拿破仑·希尔曾说："目标必须是清晰而具体化的。"只有具体化的目标，才能使计划变得切实可行，被付诸实施。如果目标太过笼统，模糊不清，或者过于片面，自然无法实现，其计划也不可能被很好地执行。在制定具体化的目标时，企业要做到以下两点。

第一，企业要综合考虑内外部的各种因素，使目标更为全面、合理。为此，企业既要考虑自身所处的市场环境，以及顾客、合作伙伴的利益，也要考虑企业内部各部门、各店铺的发展状况和运营情况，与参与项目的每一个员工都进行仔细沟通。

第二，企业要采取多种表述方式来向员工传达企业的目标，使目标更容易被员工领会吸收。例如，企业可以把自身的目标、愿景写入到员工手册中，让每一个员工了解并熟记；还可以列出具体的"清单"，对员工完成目标的每一步都做出指导。

总体来说，企业将目标具体化的关键在于让相关员工理清工作思路，更有针对性、有目的性地展开工作，脚踏实地地完成目标。

（2）给目标定期限

为目标设定一个具体的期限，员工在执行目标的过程中，才会有紧迫感，才会按部就班地按照计划执行下去。比如，我在给我的目标定期限时，对于今天要完成的咨询项目，我通常都是必定做完的。因为我明天还会有一个企划任务要完成，如果今天的任务搁置了，明天的目标我也注定难以实现。因此，企业要为每个员工的目标设定期限，而且也要保证目标的连贯性，使员工产生危机感和紧迫感。

如果企业没有给目标设定期限，那么，首先员工会没有行动力，总是觉得时间还够，还来得及，结果一拖再拖，使企业的发展陷入停滞；其次企业不给目标设限也会导致企业上下级对于目标完成的紧迫程度产生误解，如果目标没有按照领导的预期完成，可能会使领导暴跳如雷，而员工也会觉得很委屈；最后不设限也会使考核不公正，伤害团队成员之间的关系，降低员工的工作热情。

所以，企业在设置目标时，一定要同时为目标设定时间期限，要根据工作任务的权重、事情的轻重缓急，拟定出完成目标计划的具体期限，定期检查员工的目标完成进度，及时掌握员工的工作动态和目标进展情况，以便对员工进行及时的工作指导，并根据员工在工作中出现的异常情况调整目标。

（3）目标要适合

企业要保证目标适合执行人，能被执行人完成，这是企业制定目标和给目标设定期限的前提。因为如果不顾员工的感受，一味地施压注定不是好的管理方法。这就好比拉皮筋，如果我们适当地绷紧皮筋，就会使它产生很强的弹力，但如果绷得太紧，则会使它断裂。企业领导发号施令，如果一厢情愿地把自己所制定的目标压在员工头上时，员工必定会产生抵触情绪，这样一来，员工很可能完成不了目标；即便完成了目标，目标工作的完成效果和质量也会大打折扣。

所以，作为企业的领导者，你不能把目标都制定好了再交给员工去完成，而不去考虑员工的承受能力。你应该让员工参与到目标制定的过程中，即便对于团队整体目标，你也要多多听取员工的意见，与员工达成一致，这样，你的目标才会被更好地、更顺利地完成。

总的来说，在制定目标时，企业要有一定的策略，要使目标具体化，既要通过给目标设限来确保目标的激励性，又要通过让执行人参与制定过程来确保目标的可行性，最终促进目标能被更好更快地完成。

5.5　结合关键指标（KPI）提炼

KPI 全称“关键绩效指标”，它指的是企业管理人员通过对企业内部流程输入端、输出端的关键参数进行设置、取样、计算、分析，衡量流程绩效的一种目标式量化管理指标，是可以把企业的战略目标分解成可操作性目标的工具，在企业的绩效管理中被经常用到。建立明确的、切实可行的 KPI 指标体系，是企业制定目标和考核绩效的基础。

那么，企业该如何合理地、准确地提炼出 KPI 指标呢？

（1）从战略目标入手，提炼 KPI 指标

KPI 指标通常都是企业根据自己的发展计划制定的，为企业优化管理、制定目标、分解目标提供依据，所以它必然依托于、服务于企业的战略目标。如果企业管理者从战略目标入手，来提炼 KPI 指标，那么，企业就可以通过 KPI 指标对目标进行有效分解，提升目标的可行性，如果使 KPI 指标与企业战略目标脱离，那么企业就无法使其在实现战略目标过程中发挥实质性作用。

企业管理者可以通过对企业战略的层层分解，从企业财务、顾客、内部流程等方面入手，采用鱼骨头分析法、关键因素分析法、头脑风暴法等方法，找出影响企业发展的关键因素或制约企业发展的主要障碍，去分析

和提炼战略性 KPI 指标。比如，某零售企业今年的营销战略是通过快速扩张来提升业绩来保证利润增长。因此，这家企业要关注的 KPI 指标应该就是有关开拓市场和拓宽营销渠道的指标。

（2）从基层工作岗位入手，提炼 KPI 指标

企业既要从战略目标入手，提炼战略性 KPI 指标，又要从基层工作岗位的工作职责出发，在工作分析的基础上，结合岗位职责和工作内容来提炼 KPI 指标。那些“对工作业绩产生重大影响的工作职责和内容”以及“占用大量工作时间的工作职责和内容”就是企业在提炼 KPI 指标时应关注的重点。

（3）从工作流程入手，提炼 KPI 指标

工作岗位不能脱离工作流程而存在，组织战略目标的实现也离不开核心工作流程的构建与实施。因此，企业必须借助于“工作流程”这个中间桥梁，从与每个工作岗位相关联的核心工作流程中提炼 KPI 指标，确保每个 KPI 指标都能如实地反映出员工在相关岗位上的工作情况。

由以上 3 点，我们可以看出，战略性 KPI 指标体现企业的整体发展状况，会因企业在运营上侧重点的不同而发生变化，是企业战略目标制定、实施和监督的依据；岗位 KPI 指标则体现具体岗位的核心工作内容，是企业考核分目标完成情况的重要依据。因此，企业在提炼 KPI 时，要按照以下 3 步来进行。

（1）根据企业战略确定关键指标，或者说确定企业完成战略目标所必须进行的核心工作。

（2）将企业战略核心工作分解到各部门、各门店，并以之作为各部门、各门店的核心工作。

（3）在确定战略核心工作的基础上，企业应结合各部门负责人的职责，确定各部门负责人的年度工作计划。这些计划包括工作任务、时间期限、具体方案、预期结果等，企业应根据预期结果来提炼部门负责人的年度 KPI、季度 KPI 等，然后依次类推，再由部门核心工作，确定各个岗位的 KPI 指标。

此外，为保证所提炼的 KPI 指标公正有效，在提炼时，企业还要遵循以下 5 个原则，如图 5-6 所示。

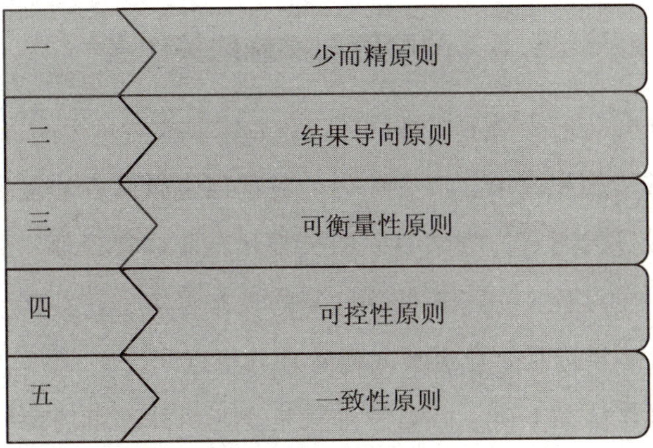

图 5-6　提炼 KPI 指标时应遵循的原则

（1）少而精原则：在制定 KPI 指标时，企业要遵循 20/80 原则，即要用不要超过 10 个有代表性的指标,来反映被考核员工 80%以上的工作成果。

（2）结果导向原则：企业在制定 KPI 指标时，要侧重对员工工作成果的考核，而不应对员工的工作过程进行太多限制。

（3）可衡量性原则：KPI 指标要具备可衡量性，要有明确可行的考核方法和考核标准。这样，企业才不至于在考核中失去了方向。

（4）可控性原则：企业所提炼的 KPI 指标必须是可控的，是能通过员工的改进措施进行改善和提高的。

（5）一致性原则：KPI 指标要与企业的战略目标保持一致，能够有助于企业战略目标的实现。

KPI 指标能直观地、科学地分解企业的战略目标，是企业战略目标的量化工具。因此，企业还要做到使指标尽可能地量化、过程化、细化。对于能够量化的 KPI 指标，企业应该尽可能地量化；对于不能量化的指标，企业要将相关工作内容过程化，并对工作过程进行控制和考核。对于那些既不能量化，也不能过程化的指标，企业就要将其细化，直到不能再细化为止，最终促使 KPI 指标能够明确体现出目标的完成情况，促使企业有针对性地调整策略，保证目标的达成。

5.6 战略管理实施的关注点

战略管理就是企业制定战略目标，并为保证战略目标能得到有效落实，而制定相应的措施和决策，对企业内部各部门进行管理的整个过程。它主要包括战略目标的制定、战略目标的实施和企业日常管理三个方面，涵盖了企业管理的全过程，是一种循环往复的动态管理过程。其中，制定战略目标和实施战略目标是企业进行战略管理的重点。

从具体操作层面上讲，战略管理就是企业对外部市场环境进行分析，对内部工作进行考核，以及据此对企业战略目标进行调整的过程。企业就是通过不断地开展这三项工作，发挥自身长处，规避市场风险，使三者达到动态平衡，促进战略目标的顺利完成。

具体来说，战略管理还有以下 5 个特点。

（1）综合性

显然，企业的战略管理是企业从战略层面来进行管理的，它是以企业整体为对象，是根据企业整体发展需要制定的。它所管理的是企业的总体活动，是企业的总体发展效果。所以，战略管理不强调某一个部门的重要性，而是通过制定企业的使命、目标和战略来统一企业各部门的工作方向，衡量它们对实现企业使命、目标、战略的贡献。因此，战略管理具有综合性的特点。

（2）主体为企业高管

战略管理的实施主体应该是企业的高管，这点是毋庸置疑的。这不仅是因为他们能够统观企业全局，了解企业的整体情况，更重要的是他们具有对实施战略目标所需资源进行分配的权力。当然，它也需要企业上、下层管理者和全体员工的参与和支持，但企业管理者的决策是起决定作用的。

（3）涉及企业大量资源配置问题

战略管理要求企业对各种资源进行统筹规划，合理分配，无论是从企业内部调配，还是从企业外部筹集，企业都应通过优化资源配置，来保证各项管理工作的开展，实现企业的战略目标。

（4）长远性

战略管理的长远性体现在企业的战略决策上。因为战略决策通常都是企业对其未来很长一段时间内（5 年以上）的生存和发展所进行的系统规划。它要求企业管理者能高瞻远瞩，总揽全局，洞悉市场未来的发展趋势和企业内部的发展现状，对企业的发展前景做出相应的预判，通过对企业当前的生产经营活动的指导和规范，不断调整企业的发展方向，为未来的发展奠定基础。

（5）综合考虑企业内外部诸多因素

进行战略管理需要企业综合考虑内外部诸多因素。对内，企业要考虑员工素质技能、产品研发生产销售、下属各门店的运营情况等；对外，企业要考市场环境、竞争对手情况、门店周边顾客的偏好、政府出台的相关政策等。企业只有综合各种因素，进行通盘考虑，才能确保企业的战略管理更有针对性，更适合企业的发展。

战略管理需要企业按照以下 4 个步骤来开展，如图 5–7 所示。

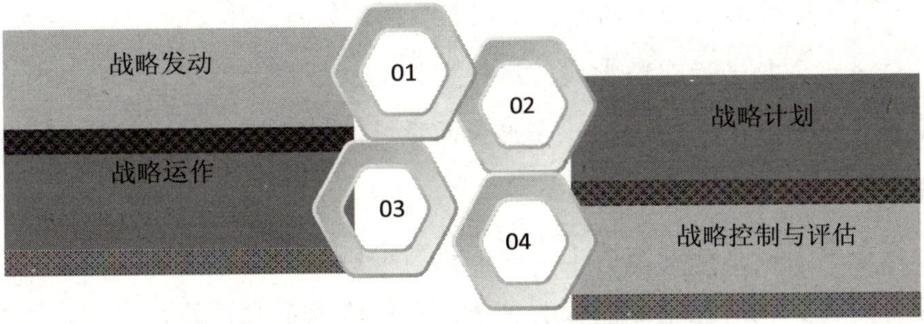

图 5–7　战略管理实施步骤

（1）战略目标发动

在战略目标发动环节，企业要对各级管理人员和员工进行系统的培训，向他们灌输与战略目标相关的新理念、新举措，使他们都对企业的战略目标有较为深刻认知和理解，调动起他们实现战略目标的积极性和主动性。

（2）战略目标计划

在战略目标计划环节，企业应将整体战略目标分解为几个战略实施阶段目标。在每个战略实施阶段，企业都要针对这一阶段的目标，采取各种措施，为企业各部门、各门店制定相应的工作计划和目标，保证统筹规划、分工明确。

（3）战略目标运作

战略目标运作环节是企业战略的实施环节，在这一环节，企业要利用具有较强执行力的各级管理人员、运行高效的组织机构、优秀的企业文化、合理的资源配置、流畅的信息沟通渠道、完善的员工激励制度，对企业各部门进行有效管理，最终促进目标的达成。

（4）战略目标控制与评估

计划不如变化快。市场环境是处在不断变化当中的，有时候企业设定的战略目标可能会由于后期市场变化，不再适合企业的发展。如果企业还是按既定规划发展，不仅徒劳无功，还可能因此错过发展时机，使企业陷入困境。因此，企业要加强对战略目标执行过程的控制与评价，不断根据市场变化和自身情况，对目标进行调整。在这一环节，企业要做的是建立控制系统、监控绩效和评估偏差、控制及纠正偏差三个方面。

总之，企业进行战略管理的过程实际上就是制定目标、实施目标，以及监督目标完成情况的过程。完善全面系统的战略管理是确保战略目标顺利完成的重要途径和手段。

在本章中，我详细阐述了连锁企业制定目标，分解目标的方法，以及企业对目标实施情况进行监督的手段，希望能为企业管理者进行高效的管理工作提供一些启发。

第六章　商品管理控制“8连环”

如何能提升门店里的商品销量？这是摆在所有连锁企业面前的问题，只要我们提升商品的质量或者降低商品的价格，就一定能提升商品的销量吗？这个答案在很多时候是否定的。因为影响商品销量的因素有很多，我们不能想当然地、简单地做出判断。

那么，企业就应该拥有一套完善的商品管理策略，对门店内的商品进行科学的管控，通过各种方式方法最大限度地提升商品的销量。在这里，商品管理策略就是连锁企业为了促进销售，对门店中商品销售的各个环节进行优化和改进的各种措施。企业可以根据顾客的需求对商品组合、卖场陈列、商品定价、促销活动、资金使用、库存商品和其他经营指标做出全面分析和计划，保证企业能在最佳时间开展促销活动，用最合理的价格打动顾客。在本章，我将从8个方面对商品管理控制进行阐述。

6.1　商品到店分析与策略制定

对商品进行到店分析与策略制定是门店进行商品管理的第一步。从商品到店到商品销售，门店要对商品的各项数据进行分析，这些数据包括商品销售数据和商品基础数据。具体来说，门店要通过了解商品的类别结构、品牌结构、价格结构、毛利结构、结算方式结构、产地结构等，挖掘商品广度及深度，分析商品淘汰率、商品引进率、商品置换率，划分出重点商品、畅滞销商品、季节性商品等。商品的到店分析为接下来的库存管理和销售策略制定提供了依据。

在门店的商品运营管理中，数据分析起着非常关键的作用。门店通过数据分析，可以掌握商品销售规律，制定有效的销售策略，提升商品的销量。

值得门店管理人员注意的是，商品分析是一项长期的工作，我们不能只在店铺出现业绩波动时才对商品各项数据进行分析，要始终关注日销售数据及数据波动情况，每周商品数据分析、每月商品数据分析、每季度商品数据分析等，并在商品分析的基础上，总结出商品销售策略，制定未来的销售目标。

以服装店铺为例，表 6-1 是某服装店通过对某款服装色码进行数据分析，所制定的销量分析表。

表 6-1　某零售店铺某款服装色比/码比分析

序　号	畅 销 色				畅 销 码			
	款号	销售量	占比%	库存量	款号	销售量	占比%	库存量
1								
2								
3								
4								
5								
合计								
商品建议								

在服装零售行业，版型与码型至关重要。对服装尺码的销售跟踪能帮助店铺及时补充尺码，避免缺货现象。同时，服装也是深受流行元素影响

的商品，流行色彩对服装的销售有重要影响，对服装色彩的销售趋势分析可帮助门店预测流行趋势，调整服装颜色款式，提升服装销量。

表 6–2 是某服装零售店的畅滞销品分析表。

表 6-2　某服装零售店铺畅滞销品分析

序　号	畅 销 排 名				滞 销 排 名			
	款号	销售量	占比%	库存量	款号	销售量	占比%	库存量
1								
2								
3								
4								
5								
合计								
商品建议								

门店除了要对诸如服装色码等影响销售的主要指标进行分析，还要对服装畅滞销品进行数据分析，以便尽量减少滞销品，使在门店中销售的商品结构更加适应市场、更加迎合顾客。表 6–2 就是某服装店的畅销品分析表，从该表中，我们可以直观地看出商品的畅销程度、需求量，进而根据店铺的库存量来决定是否补货、调货或者更换主推商品。最重要的是，我们可以通过该表及时了解店铺滞销商品的销售速度、库存压力，以便在滞销商品的生命周期内，把握住主动权，采取必要的促销手段减轻库存压力。

有了商品分析，门店就可以通过补货和促销等措施，来调整门店中的商品种类和数量，这也是门店进行商品分析的最终目的。然而，我在做咨询工作时，总是发现一些企业在商品分析上存在着只看重手段，忽视结果的弊端。

例如，有一家知名服装连锁企业，该企业的管理者经营理念超前，早在 2004 年就花巨资，为企业的各个门店引进了一套数据采集与信息应用系统。但在该系统运行了一年以后，门店在商品管理上并没有多大起色，企业管理者便草率地将问题归结到系统上，认为系统还不够好，不够完善。可问题真的出在系统上吗？其实，系统只是工具，将系统运用得好坏在于操纵系统的人，在于后续的数据分析方法，如果企业没有应用准确完善、适应市场动态的数据分析方法，没有及时采取应对策略，那么，即便得到了精准的数据，也毫无意义。

6.2　卖场陈列布局与新旧货陈列调整

怎样让你的商品在同类产品中脱颖而出？怎样让顾客产生强烈的购买欲望？怎样提升商品品牌在顾客心中的形象？怎样让你的商品在短时间内销售出去？这一系列的问题都可以通过卖场陈列布局来解决。

卖场的陈列是一门艺术，也是一门学问，只有规范化、科学化的卖场布局和陈列设计才能充分吸引顾客的眼球,促进商品的销售,实现门店利润最大化。

具体来说，合理、良好的商品陈列对于门店的作用还体现在以下 4 点上，如图 6-1 所示。

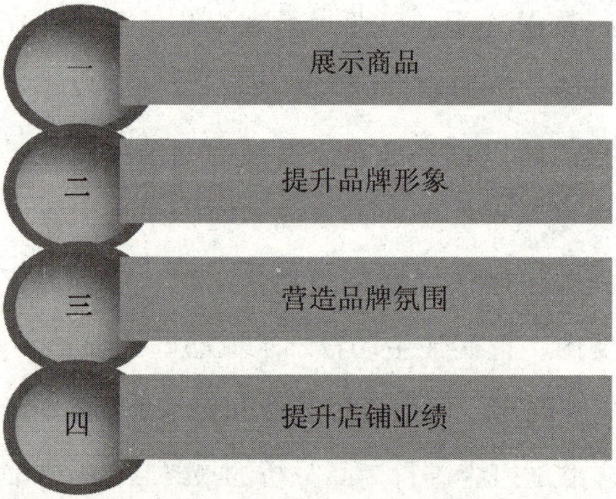

图 6-1　陈列对门店的四大作用

（1）展示商品

因为门店销售的商品都是企业经过详尽认真的市场调查，精心设计安排的。所以基于企业营销理念的陈列会突出企业重点推销的特色商品，对顾客进行引导，帮助企业实现预期的销售目标。比如，对于一件高档女装，如果我们很随意地把它挂在普通衣架上，其高档品质就无法凸显，也无法引起顾客的注意。如果我们将它“穿”在模特身上或放在高档陈列区，用射灯照射，使之光彩夺目，再配以装饰烘托，就会使其高档的品质、精细的做工很清楚地呈现在顾客面前，引导顾客购买。

（2）提升品牌形象

高端大气的商品陈列和门店布局总是会给顾客以高品质的品牌印象；有特色、有新鲜感的商品陈列布局也会给顾客带来耳目一新的感觉；而杂乱无章的布局往往会让顾客觉得品牌低端，产品质量没有保证。由此，我们可以看出，顾客对于门店陈列布局的印象实际上就是对于企业品牌的第一印象，良好的商品陈列会极大地提升品牌形象和品牌在顾客心目中的地位。

（3）营造品牌氛围

单一的商品就只是一件商品，但当我们利用科学的陈列手法、造型艺术和灯光等将众多商品搭配起来，那么这些商品就不再只是商品，而是变成了有灵气、有活力、美轮美奂的艺术品。它们共同为顾客营造了一个优质的消费场景和品牌氛围，极大地彰显着品牌魅力。而在这样的品牌氛围中，顾客也会深受感染，进而采购商品。例如，一家休闲服装品牌门店在陈列时，就可以将休闲模特、冲浪板和服装色彩进行合理的搭配，虚拟出一个年轻人夏季在海边冲浪的快乐情境，营造出动感有活力品牌氛围，提升顾客的购物体验。

（4）提升店铺业绩

有人说：“做好陈列就等于销售了店铺货架上一半的商品。”这话不无道理，陈列的好坏对门店销售额的影响非常明显。好的陈列可以引起顾客的购买欲，并促使其采取购买行动；而不好的陈列则会使优质的商品无人问津。比如，我在为一个女装店铺做陈列方案时，只是简单地把店前区服装的颜色搭配换了一下，再加上一些装饰，就在当天使此区域的女装卖出了十六件。因此，陈列上的一个小小的改变，都可能对业绩造成很大的影响。

那么，我们该如何做好陈列呢？我们应遵循以下原则：

（1）容易选购

门店在进行商品陈列设计时，必须从顾客的角度考虑问题，把容易选购作为陈列的出发点，使商品排列简单明了，能够让顾客一目了然，在短时间内找到自己需要的商品。为此，门店要保证同款商品的花样、颜色、尺寸尽量齐全，便于顾客选购。

（2）易见易取

易见易取也是门店进行商品陈列的最基本原则，如果我们无法让顾客找到自己想要的商品，那么，我们对门店做再漂亮的布局也毫无意义。为此，我们要做到尽量使每一款商品都显而易见，不被其他商品所遮挡。

（3）品类齐全

店铺内的商品品类齐全才能给顾客带来更多的选择空间，提升商品的销量。为此，门店应该提高货架的销售能力和存储功能。

（4）同类商品垂直陈列

垂直陈列是相对于横向陈列而言的，是门店将同一类商品，从上到下，沿垂直方向陈列在货架不同高度的层位上。这种陈列遵循了顾客在选择物品时视线上下移动比横向移动更方便的规律。

卖场布局和商品陈列对于提升品牌形象和商品销量有着不可忽视的影响，门店应该及时根据市场变化，调整门店的商品陈列和布局，使之更加适应市场流行趋势，引起顾客的购买欲望，促进销量的提升。

6.3 商品属性培训与商品培训考核

一家门店的商品种类款式通常都比较多。了解门店中的每一件商品，并开展有针对性的营销是门店员工的基本工作。因此，企业必须对员工进行商品属性培训和商品培训考核。商品属性培训的意义在于使员工熟悉商品，熟练掌握商品的各种属性和分类，更好地管理商品；商品培训考核的意义在于企业可以通过考核，了解员工对商品属性的掌握程度，加深和巩固培训效果。

在开展商品属性培训时，企业应以满足顾客某种需要的角度出发，选择适当的标志和特征，将门店中的商品科学地、系统地划分为不同的品类或品目、品种、品级等。比如进行以下分类。

（1）按商品销售状况分类

企业可以将门店商品分为畅销商品、主力商品、试销商品、优惠商品、滞销商品、应淘汰商品等，让员工根据不同的类别，配合店铺的特性及店铺所在的商圈环境，制定相应的销售计划。

（2）按商品周期分类

企业可将门店商品分为介绍期、全盛期、保持期、衰退期，让门店员工对处于不同阶段的商品制定不同的销售策略，使用不同的促销手段，以增加销售量。

（3）按商品价格分类

企业可将门店商品分为高价位、中价位、低价位，让门店员工配合门店的经营方针制定合理的价格策略。

（4）按照商品销售季节分类

企业可将门店商品分为常年销售商品、季节性销售商品，让门店员工配合季节的交替及时调整店铺的商品销售计划。

（5）按照商品的使用目的分类

企业可将门店商品分为送礼产品、个人消费用商品、集团消费用商品等，让门店员工根据光顾门店的顾客特性，调整不同类别的商品比例，制定营销计划。

（6）按照目标顾客群分类

企业可以将门店商品按适用人群的性别、年龄、职业、生活层次、购买习惯等来区分，让门店员工针对这种区分制定有针对性的营销计划。

（7）按照商品用途区分

企业可将门店商品根据何时使用、何处使用、如何使用等情况来进行分类，采用相应的商品陈列手段、服务方式，构建使用场景，促进销售。

（8）依满意程度区分

企业可以通过调查问卷等方式，从门店商品的色彩、花样、规格、型号、性能、设计风格、制作面料、趣味、款式等方面详细了解顾客对商品的满意度，并根据顾客满意程度将商品分类，让门店员工采取相应的营销策略，提升顾客满意度，增大销量。

由此可见，在商品属性培训中，企业将商品分类越细，使用的分类标准越多，就越能明确该商品在市场中所处的位置，而据此所制定出营销策略也更有针对性，使门店员工都能在推销商品时做到心中有数。

正因为商品属性培训对门店营销工作的顺利开展意义重大，所以，企业应定期针对员工的商品培训效果进行考核，了解他们对商品相关知识的掌握程度。企业开展商品培训考核的方式多种多样，可以以书面形式考核，也可以对员工进行现场考核，并通过考核加深员工对商品属性分类的理解，督促他们不断学习商品知识，提升销售技能，积极帮助门店优化营销策略，促进门店业绩的提升。

6.4　销售目标设定与主推销售

销售目标设定与主推销售是门店完善商品管理策略，提升商品销量的重要一环。销售目标是门店营销工作的出发点和落脚点，是年度销售计划中最重要、最核心的部分，是每一个门店员工要完成的基本目标，也是企业对员工工作进行评估和考核的重要依据。有了销售目标，门店员工就有了努力的方向，而没有目标的销售就好像没有航标的船，只能随波逐流。

那么，门店该如何为员工设定销售目标呢？我们应该遵循SMART原则，如图6-2所示。

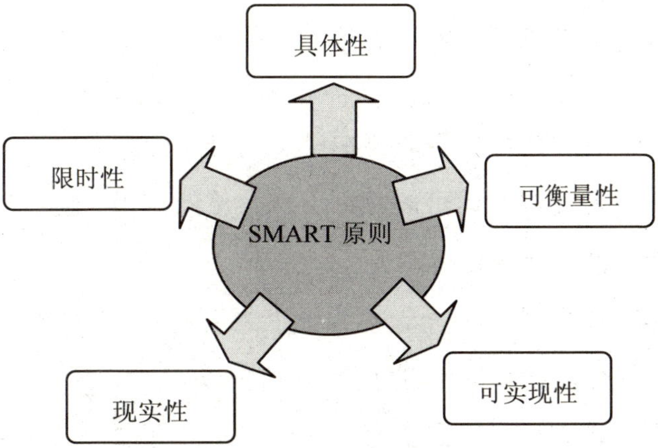

图 6-2　SMART 原则

S（具体性）

企业要保证目标具体可行，能通过销售目标的制定，帮助员工理清销售思路，为其制定具体的营销策略指明方向，实现年度销售计划从主观型到理性化的转变。

M（可衡量性）

销售目标要具有可衡量性。目标的可衡量性可以帮助企业对员工目标的完成情况进行考核，没有明确衡量标准的目标是没有实际指导意义的。

A（可实现性）

目标必须是员工通过努力就可以实现的。不能实现的目标对企业来说无异于空中楼阁，毫无意义，还会严重打击员工的自信心。因此，在设定销售目标前，企业必须对门店内部运营情况和外部市场环境进行全面、客观、系统的研究，合理制定目标。

R（现实性）

销售目标要具有现实性，要与现实销售工作紧密结合，要充分落地，便于员工理解领会。有些企业在制定门店目标时不够结合实际，高高在上，使员工一头雾水，对目标理解不深，难以有效完成任务。目标的现实性要求企业在设定销售目标时对现实情况做具体分析，并将那些直接影响销售成效的因素首先设定成目标。

T（时限性）

销售目标要有时限性。企业要在设定销售目标的同时，限定目标实现的时间。限定目标完成时间可以对员工产生督促作用，使员工端正态度，积极投入营销工作，保证目标能被按时完成。

总之，SMART原则要求企业在为员工制定目标时，要保证目标的合理性和可行性，保证其能被员工更好更快地完成。

如果说设定销售目标确定了商品管理工作的方向，那么主推销售则是门店弥补商品管理工作漏洞，提升销量的重要手段。主推销售就是门店在畅销款未到货，滞销款又出现积压时，为了力推某款商品，提升该款商品的销量，降低库存，提升业绩，而采取的营销策略和方法。常见的主推销售方法有8种。

（1）搭配

门店要将自己主推的商品与其他商品搭配起来，组合销售。为此，门店应为每个主推款挑出至少3套不同的搭配方案，使之产生不同的效果，以吸引更多的顾客。比如，在服装店里，一件大衣如果长时间无人问津，就会成为滞销款，那么，店员就可以把这件大衣与一款裙子搭配在一起进行销售，并给出如此搭配的理由，比如彰显气质、凸显身材等。这样做就可以有效地吸引顾客，促进商品的销售。

（2）卖点提炼

门店挖掘提炼出一个主推商品的卖点，就等于给了顾客一个购买商品的理由。为此，在主推销售之前，门店就要从商品的风格、优势、功能、质量等方面来提炼卖点，要保证卖点的独特性，要使之区别于其他商品，这样才能有效吸引顾客的眼球，刺激消费。

（3）焦点陈列

门店要在陈列上下功夫，将主推商品放在门店最显眼的位置上，还要采取重复陈列、搭配陈列等多种陈列手段，凸显商品，使顾客更容易看到商品，并被其吸引。

（4）小组 PK

为了提升员工销售主推款商品的积极性，门店可以将员工分成 2 个小组，分给两个小组相同的主推款销售任务，使他们展开 PK，通过竞争，刺激他们发挥主观能动性，想方设法帮助门店销售主推款商品，完成销售任务。

（5）穿版

对于服装店来说，销售服装的最好方法莫过于模特的展示。如果门店中有身材、气质都很好的员工，我们就可以让她作为模特，穿上主推款服装，展示给顾客。这种真人的近距离展示可以给顾客提供借鉴，使顾客对服装的特点、卖点有更直观的感受。

（6）海报宣传

制作精美、醒目的海报总是可以吸引顾客的目光。门店也可以将主推款商品的照片制作成海报，并搭配一些时下流行元素，以引起更多顾客的关注。

（7）VIP 邀约

VIP 顾客作为店铺的老顾客，对门店品牌的认可度较高。门店在他们中间推销主推款，更容易被接受，因此，门店可用 VIP 邀约的方式向他们推广商品。

（8）促销

门店可以针对主推款展开促销活动，通过各种方式进行适当的酬宾让利，调动顾客购买商品的积极性，刺激消费。

以上 8 种方法是门店在开展主推销售时应该采取的方法。在主推销售过程中，门店还要注意做到以下两点。

一是定目标

门店要为主推销售设定周期性的目标（一般建议以周为周期），再把目标分解给每个员工。有了目标，员工的营销工作才会更有动力，更有针对性。

二是主推时间

门店在主推时间的把握上也要保证科学合理，最好从一上货开始，就确定主推款，而不能等到商品断色断码，变成滞销品时，再将其作为主推款。因为滞销品较难推销，会打击员工销售的积极性，使其在销售时缺乏信心。

设定销售目标与主推销售策略是门店的日常工作，需要每一个门店管理者和员工认真学习和掌握。

6.5　商品调整：整编、补货、调拨

众所周知，在门店中销售的商品不可能是一成不变的。企业应不断根据市场的流行趋势、顾客的需求变化，对门店中的商品结构进行调整，来帮助门店转变营销方向，适应市场环境，为企业获取更大的利润。企业对商品进行调整的手段主要是商品的整编、补货和调拨。

作为门店运营工作的重点，店铺商品结构调整的具体步骤有哪些？我在培训中发现，很多的店铺负责人对此并不是很清楚，导致店铺盲目运营，销售业绩差，影响店铺的正常运营。那么，门店该怎么进行商品调整呢？

做商品调整时，企业要根据店铺的销售数据、店铺运营建议、顾客反应、委托调查公司调查的市场占有率、商品周转情况来调整商品。如图 6-3 所示。

在上文中，我已经提到，商品调整主要从整编、补货、调拨来调整的，商品是店铺创造销售业绩的基础，当商品断货时，门店就要对商品进行及时补充，在调整时要对店内的各类商品的明细做到心中有数。以便随时补充货品。

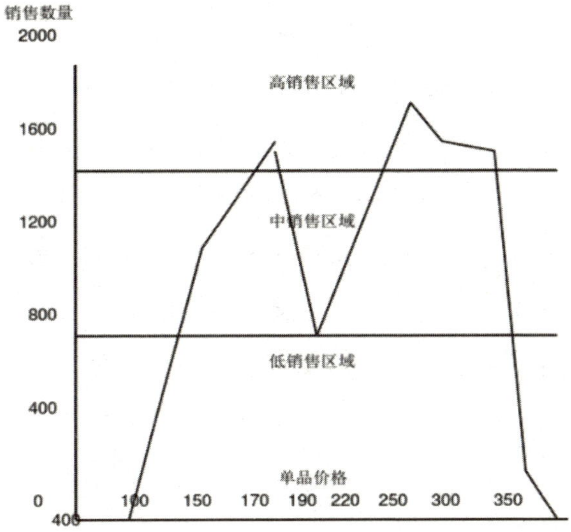

图 6–3　某零售店铺销售数据分析

在培训时我发现零售店在补货时普遍出现以下两个问题。

（1）门店订货的订单数量不够支撑销售，下单数远不够支撑当季的销售，从而产生补货困难、补货周期长等问题，严重影响销售额。

在出现这种问题时，店铺要使下单数尽可能做到满足当季 80%以上的销售需要，要充分考虑自身店铺商品数量、单品的码数、数量比例、货品结构，要减少滞销款商品的数量。

（2）在补货时缺什么码就补什么码，这是门店补货的常见做法。例如，某款女装缺 2 件，门店 M 码就向公司总部补 2 件 M 码。这种做法是不科学的，同样会导致店铺销售不能满足顾客的需求。

门店要做好销售统计，分析商品能否有较长的销售期，如果有，在补货时，要考虑除补齐码数外，另加上能满足一段周期销售需要的数量与其他码数的数量。例如，某款毛呢大衣的销量还不错，员工可以根据时令和销售情况进行预测，确定至少能再卖 3 个星期左右。假如店里的库存中还剩 S 码 1 件，M 码 0 件，L 码 3 件，XL 码 1 件。在补货时，员工除根据销售比例补齐 M 码外，还要加上预计 3 个星期内的销售量，在补货时，补货的数量应该是：S码3件M码4件、L码1件、XL码1件。在进行补货操作时，还应对货品的在途时间计算在内。

店铺的员工每天上班都要做到对所负责片区的货品心中有数，要记住货品的颜色、尺码、数量，每一个断码的款号缺的是什么颜色、各款尺码各缺多少，并从小仓补到卖场，这样才能保证补货的准确，及时满足顾客需求；每个区域的员工必须了解仓库每天的到货情况。

员工在早班与中班交接时，上早班的员工应把库存及到货情况与中班员工进行交接。每个员工都应对所负责区域的商品在卖场存货区的位置及存货颜色尺码非常了解，并采取就近取货原则；每个负责区域的员工要很熟悉本区域畅销的商品及库存量，当库存量不足时要及时反馈给店长并跟进商品到货情况。

每个负责片区的员工要很熟悉本区域滞销品的款式及库存量，把信息及时提交给店长或者陈列维护员工，以便及时调整搭配和陈列促进销售和减少库存。对于顾客喜欢购买的商品和畅销品，门店一定要保证补货及时、迅速，不要因为时间原因，让顾客长时间等候，或因等候时间过长而放弃购买。

为提高销售量，更加合理地控制库存，保证店内商品在最佳销售时间满足顾客需求，结合企业贯彻的商品销售管理标准，补货主要从以下几点考虑：了解公司库存情况；以畅销款（SKU）即店铺销售排名前十货品补货；按畅销款补货原则补货。畅销款补量原则：畅销款（SKU）不断码且库存流量有3周；当畅销款补不到时，门店应保证按销售排名的依次补进，保证其有3周销售周期的量；经常了解公司新到商品或新产品的生产情况，结合店铺的销售情况，及时用新款商品替换断码严重的商品，保证店面的商品更新。

6.6 库存消化，高效促销管理执行

在零售行业，任何企业都免不了库存积压的问题。库存积压会占用大量资金，导致企业资金流动缓慢，给企业的发展带来不利影响。去年，我

在为广州的一家服装零售企业做培训时，发现该企业门店的某几款服装库存积压非常严重，长时间销售不出去，占用了大量资金，企业发展缓慢。为此，我为该企业制定了合理的促销方案，解决了库存积压问题，加快了该企业的资金流动，使企业得到了快速发展。

企业想要消化库存，所能采用的最好方式就是促销。促销可以通过商品的陈列、免费体验、商品演示、样品赠送等方法，尽可能多地让顾客感受到商品的实惠，看到商品的利益点，从而选择该商品。

在做促销时，企业也不能盲目，要在统一的管理下开展促销活动。在做促销管理时，企业应分三步走：第一步，设定促销目标。比如提高营业额，消化库存等；第二步，拟定促销计划。企业要根据想要达到的促销目标，并结合店铺的资金、时间季节、活动、竞争店铺状况等因素，拟定促销计划；第三步，执行计划与评估分析。企业应根据拟定的促销计划，通知相关人员执行，并在促销结束后进行评估分析。

下面我给大家介绍几种常用的促销手段，如图 6-4 所示。

（1）错觉折价

错觉折价是一种变相的打折促销方式，但和直接打折相比，错觉折价更能吸引顾客的注意。

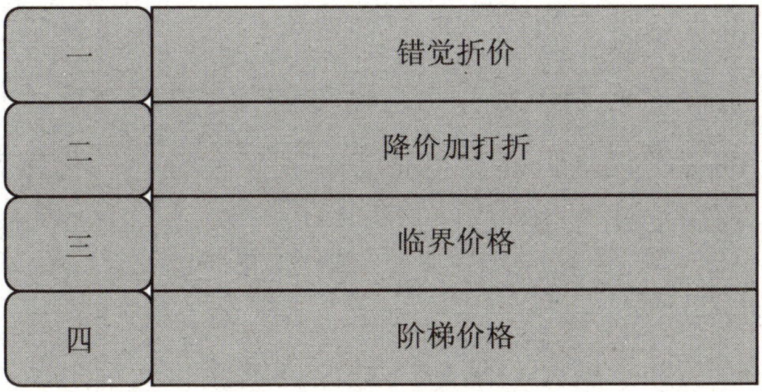

图 6-4 商品促销方式

“便宜没好货，好货不便宜。”“一分钱一分货。”这是很多顾客根深蒂固的购物观念。他们不愿相信门店老板会做不赚钱的生意，即使门店在直接打折促销时真的不赚钱，他们也会觉得这些都是假的，只是引诱他们购买的噱头，因此，有时候门店越是清仓甩卖，越是“赔本赚吆喝”，他们越会“敬而远之”，而选择那些他们觉得靠谱的、功能较少的原价产品。

错觉折价则能消除顾客心中的疑虑，让他们觉得自己买到了真正物美价廉的商品。比如一些店铺打出了“您只要花 100 元，就可以在我们店里买到价值 150 元的商品”或者“您只要花 99 元，就可以在我们店里挑选任何一件原价的商品”等等，这样一来，门店就以整体上的让利为手段，避免了个别商品让利给顾客带来的疑虑。

举个例子，某一家零售企业为解决店铺库存积压问题，消化库存，制定了一个促销方案：凡是在本店购物的顾客，无论购买什么款式的商品，都可以用 150 元购买价值 200 元的商品。只要购买，店铺当场就给顾客优惠 50 元。

促销活动一经开展，立刻吸引了很多顾客的注意。他们纷纷涌向这家店铺，挑选自己所需要的商品。没过多长时间，店里滞销品的库存积压问题就解决了。利用错觉折价的促销方式，该店铺不仅成功消化了库存，加快了店铺资金流动，还在一定程度上提升了店里其他商品的销量。此后其他店铺纷纷效仿，也都取得了很好的效果。

以故事中的促销方案为例。他们针对客户“便宜没好货”的心理，利用错觉折价，实行“花 150 元买 200 元”的错觉折价术，不仅让顾客避开了打折处理货的感觉误区，而且也真正起到了促销、消化库存的作用，使得店铺的销售量成倍增长。

（2）降价加打折

降价加打折实际上就是门店对一件商品既降价，又打折，实施双重实惠。这种双重优惠相对于单一的打折让利而言，更能让顾客感觉自己获得了实实在在的优惠。比如在一家时尚品牌商场，对于单价为 100 元的商品，门店如果直接打 6 折，就会损失 40 元的利润。如果门店先把 100 元的商品降价 10 元，再打 8 折，那么门店在这件商品上损失的利润只有 28 元，可让顾客感受到的优惠力度却大于单一的优惠策略。

将不同形式的优惠政策组合在一起开展促销活动，第一，能刺激顾客的消费欲望，满足不同顾客的消费需求；第二，能扩大顾客群体，提升店铺整体客流量；第三，能帮助店铺在宣传工作上确立方向，为门店在短期内减少库存积压提供了合适的促销方案；第四，能在一定程度上节省成本，对于客单价的提升也大有帮助。

在优惠政策的制定上，门店要采取多样化的策略，尽量突出新意，博人眼球，避免雷同。

除了这两种促销方式外，门店还可以采用临界价格、阶梯价格等促销方式。此外，门店还可以根据自身情况，不断创新促销手段，最大限度地吸引顾客，缓解库存积压。

6.7　库存管理，商品仓储物流管理

企业既想满足顾客的需求，又要达到资金收益目标，进行有效的库存管理是尤为重要的。然而，有的连锁企业连最基本的库存管理都没做好，整个供应链都有问题，何谈做好零售？

企业进行库存管理的目的就是要通过采购、订货、数据分析等手段调节、优化商品库存结构、库存总量等，使企业商品的库存结构趋于合理，库存量达到最佳数值，最终保证企业商品库存的高效运转，成功的库存管理是企业实现利润最大化的重要保障，也是企业在激烈的市场竞争中保证稳步发展的基础。对于以购销模式为主的商品零售企业来说，库存管理就是整个供应链的核心和主导。

那么，企业该如何有效进行库存管理呢？

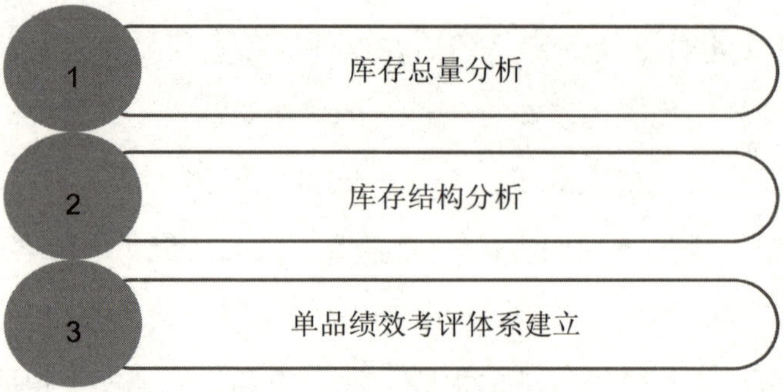

（1）库存总量分析

企业应根据销售商品的属性，确定不同品类商品的标准库存天数和库存量上限，这是企业定量控制库存的有效方式。在设定商品库存天数的标准时，企业要考虑商品的销售额和毛利率等因素。因此，企业要保证其信息系统能提供每天的商品库存量数据和变化率，同时能通过跟踪库存天数数据和变化率，针对特殊的销售期间，制定商品库存的浮动目标。

（2）库存结构分析

企业应主要从销售周转、库存周转和库存年龄三个方面来分析库存结构。

在分析销售周转时，企业应从商品销量入手，根据单品当前的销售数量来计算库存，先按照现有的库存商品每日销售数量进行分段，而后对不同分段区间单品的销售数量库存占比进行分析。合理的占比标准是单品的销量与库存占比成正比，也就是说，单品销量越高，其库存占比越高；反之，无销量的单品的库存占比越低越好。

在分析库存周转时，企业应从库存品数量情况入手，根据单品当前的库存数量和销售情况，计算当前的库存量可以满足的销售天数，而后按照现有库存商品的预计销售天数进行分段，对不同分段销售天数商品的库存占比进行分析。合理的占比标准为销售天数与库存占比呈反比，也就是说，单品销售天数少，其库存占比高；反之，单品销售天数高，其库存占比应越低越好。

在分析库存年龄时，企业应从库存品的新鲜度入手，先按照门店现有库存品的在库天数进行分段，而后分析不同分段区间的单品库存占比。合理的占比标准是库存年龄与库存占比呈反比，也就是说，库存年龄短的对应库存占比越高越好；反之，库存年龄长的单品库存占比越低越好。

（3）单品绩效考评体系建立

连锁企业的库存管理人员不可能同时监控每个门店的库存，因此企业必须通过绩效考核体系的设定，将库存管理的职责分配到其下辖的每个门店，使门店员工也自觉开展门店库存管理工作。

为此，企业的库存管理人员要定期对门店的库存和销售进行分析，定期进行自上而下的库存调整。当门店库存出现系统性结构问题时，库存管理人员要充分调动门店员工，发起自上而下的库存调整，如采取门店之间的库存调拨等措施，在较短时间内优化库存，避免库存积压。

具体来说，企业要建立绩效考评体系，要在加快库存周转、优化库存结构、减少库存积压、制定促销手段等方面对门店进行考核。

因此，企业在库存管理上一定要确保信息系统完善，保证信息系统正常运转，一方面要能保证高销量缺货单品的跟踪，指导门店订货，避免缺货给企业带来的经济损失；另一方面也要快速查找无销量老库存单品，降低折价风险，加快资金运转，保证库存信息系统中的理论库存与门店实际库存的一致性。

6.8　商品管理数据公式与调整策略

商品管理离不开企业对销售数据的分析，有了数据指标作为依据，企业的商品管理工作就能够变得更加科学、更有针对性。下面我介绍一下企业在商品管理中经常用到的公式。

（1）SKU

SKU 是库存量单位，可以以件、盒等作为单位，在一家大型连锁企业中，每种商品都有对应的 SKU 号。SKU 管理是大型连锁企业物流管理的必要手段。

一家零售企业的老总是我的一位好朋友，同时也是我的一名忠实客户。有件事一直困扰着他，那就是他始终做不好 SKU 管理。即便在他的店里各种商品应有尽有，但还是有顾客经常反映买不到商品。他说："我店里的商品陈列布局已经尽量以顾客为本了，品牌多、品类多、SKU 多，可是门店库存的压力却始终得不到缓解，销量少。"我仔细对他的店进行了检查和分析，发现该店商品的 SKU 结构不合理。后来在我的建议下，他重新调整了 SKU 结构，果然取得了明显的效果。

那么，该如何调整 SKU 呢？我们要用到几个数据公式：

商品周转率=月度售出商品的成本/月度平均库存总值×100%

周转天数=360×周转率

商品周转次数=360/周转天数

商品动销率=动销品种数/仓库总品种数×100%

商品周转率越高，商品给企业带来的利润就越高；商品的动销率越高，滞销产品就越少。在这两个指标中，前者关注商品价值变化，后者关注商品存放价值变化。

比如说某 SKU 的利润是 100 元，一年周转 12 次，其带来的年利润是 1 200 元；一年周转 4 次，那么该商品的年利润就只有 400 元。所以周转率是指某 SKU 商品的价值高低，是对 SKU 进行"点"的管控。

而动销率关注整个商品品类，甚至是整个仓储品类动态，属于"面"的管控。动销的品种数越多，表示品类的管理和策划越成功，仓储利用价值也越高。

所以我们在调整店铺/仓储 SKU 结构时，可以关注商品动销率，在调整单个 SKU 的毛利率时，就要看商品周转率。

如果商品动销率低，我们就该调整 SKU。当动销 SKU 大于当前库存 SKU+淘汰的品项数：说明该种类商品应该被淘汰。当动销 SKU=当前库存

SKU+淘汰的品项数：说明该款式商品不但不可以被淘汰，门店还要增加该款商品的品项数。

如果 SKU 周转率低，我们就要分析其周转率低的原因。究竟是商品卖相不好，还是不适合销售，还是过季等。

（2）存销比

存销比指的是在一个周期内，商品平均库存或本周期期末库存与周期内总销售的比值，是用来反映商品即时库存状况的相对数。若使用日均库存和日均销售的数据来计算存销比，则能更精确地反映当前的库存销售比例。

越是畅销的商品，存销比值越小，这说明商品的周转率越高；越是滞销的商品，存销比值就越大，说明商品的周转率越低。存销比一般按照月份来计算，计算公式是：月存销比=月末库存/月总销售。计算单位可以是数量，也可以是金额。

比如，某店铺当月末的库存是 900 件，而其当月总销量是 300 件，则本月的存销比为 900/300=3。很多人认为以金额来计算比较合理，毕竟库存在财务报表上是以金额的形式存在的，以金额计算时，我们就要注意计算货品的成本。

某款商品 1 月份的日均库存金额（记录每天一个时点库存金额，全月累加后的平均值）为 20 万元，1 月份的总销售额是 10 万元，那么存销比=20 万元/10 万元=2。

（3）售罄率

售罄率指的是在一段时间内某种商品的销售占总进货的比例。它体现的是门店要收回一批货物的成本，而必须满足的商品销售数量。

售罄率=实际销售货品成本/总进货成本，售罄率=实际销售货品/总进货零售价

售罄率计算期间通常为一周、一个月或一个季。

计算售罄率，主要是为了：按总进货计算卖出多少，还有多少没卖出，

直观反映某款产品或某类商品的卖出比例；分析售罄率时间变化，并以之作为确定促销时机的参考依据；结合进货成本计算收回成本费用的销售比例节点，反映商品盈利情况；对比相同时间段内相同进货量的不同商品的售罄率，评估商品适销性。售罄率反映了商品的销售速度和受欢迎程度。

企业要充分关注新货上市的售罄率，才能发现问题，分析问题，及时采取措施。

总之，企业进行商品管理，要掌握很多技巧。本章所提到 8 个环节是我根据自身多年的经验总结出来的，希望对大家有所裨益。

第七章 商品管理布局

商品管理布局就是指店内商品管理的方法。在商品管理时，店员不应把商品摆放整齐就完事了，还要考虑如何布局才能吸引更多顾客。通过商品的合理分区、摆放和展示，让顾客易于找到他所需要的商品。那么，我们如何进行商品管理布局，才能达到吸引顾客，提升店铺业绩的目的呢？在本章，我将对此进行具体讲解。

7.1 商品的管理循环模式

连锁企业进行商品管理的过程不是单一的，而是循环往复的，它是商品投放、商品销售、补货，再根据销售结果进行商品投放、商品销售、补货的循环过程。在整个过程中，每一个环节都互相影响，缺一不可。缺少其中任何一个都会导致企业运营失败。

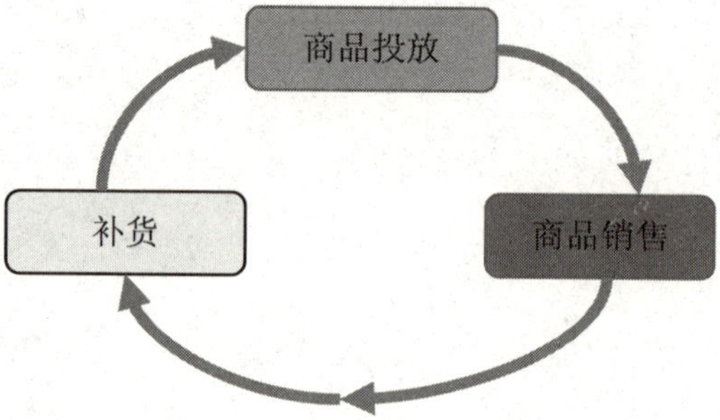

图 7-1　商品管理循环图

（1）商品投放

商品投放环节涉及商品的销售渠道。在该环节，企业总部将商品通过各销售渠道，分销至各零售区域或者在网上进行销售。在对门店进行商品投放时，企业要考虑投放的区域、投放的商品数量等，而这些都是跟区域位置、门店销售能力相关的。

商品投放包括企业对各区域门店进行供货管理，保证供货及时，并在此基础上帮助各区域门店建立并理顺销售渠道，分散销售及库存压力，加快商品的流通速度；加强对区域门店促销的支持，减少商品流通阻力；提高商品的销售力，促进销售；提高资金利用率，使之成为门店的重要利润源。在保证供应的基础上，对区域门店进行商品知识培训；妥善处理销售过程中出现的商品损坏、顾客投诉、顾客退货等问题。

企业总部在对各区域门店进行商品投放时，仓储物流是最为关键的环节。为了实现商品的顺利投放，企业物流部门要做到如下要求。

·组织管理物流，以实现物流快速、顺畅为目标，满足直营店铺及二级客户需求；

·确保货品出入库的正确性和及时性；

·应用现代仓储管理技术，实现工作质量标准化，工作效能数据量化，不断提高仓储物流管理水平；

·组织做好仓库安全防火、防盗、环境卫生工作，确保仓库货品及仓车财物安全，保持库容整洁；

·合理规划物流运营线路，合理发放仓库各岗位所需劳动用品，降低仓库日常运营成本；

·合理控制物流配送成本，降低公司仓储管理费用；

·加强与物流托运商的交流管理，将货物准确送至直营店铺及二级目标客户手中，并不断提升服务水平；

·保证货品、陈列物料、道具的出入库数量的准确性和及时性；

·管控仓库硬件环境，确保仓库货品及财物安全；

·合理规划使用仓库的货品仓位；

·对仓车进行定期维修保养；

·制作月度到货差异报表和残次品统计报表。

（2）商品销售

商品在被顺利投放至各门店后，下一步就要进入市场销售了。商品销售以各区域门店的连锁销售为主，以网上销售为辅。商品销售是连锁企业商品管理的最后一个环节，其必须与企业的商品投放相协调，才能达到经营目标。

商品销售的流程主要包括：制定相应的销售计划及销售策略；向各区域门店配货，并对销售人员进行培训；制定区域销售目标及个人销售目标，将销售计划转化为销售业绩；对销售业绩及员工表现进行评估。在完成了所有过程后，企业才算完成了商品销售。

企业在确定了营销策略之后，销售部门便要据此制定具体的销售计划。在销售计划的制定和执行的过程中，向各区域配货是一项非常重要的工作。销售部需要根据目标销售量、销售区域门店的大小、销售人员的素质水平等因素进行评估，以便确定销售配送商品的数量。

企业总部要紧密跟进和监督各个区域门店的销售工作进展情况及销售任务完成情况，在发现问题时，及时处理，帮助门店员工完成销售任务。

总部也需要为各区域门店员工提供各种资源，支持他们的工作。

（3）补货

当你去买衣服的时候，你可能遇到过这样的问题，当你看中一款你特别喜欢的款式的时候，你问店员这个有没有你能穿的码时，对方告诉你："不好意思，这个卖完了!"当你又挑中一款衣服的时候，店员很抱歉地看着你说："不好意思，这款也是断码的，这样吧，我给您推荐一款。"于是她给你介绍了三四款，你都不喜欢，你默默地走出了店铺。当你问为何不补货的时候，他们说补不到了。很多企业在补货管理上做得还不到位，导致不能及时满足顾客的需求。

为保证各区域门店商品能满足顾客的需求，在商品销售后，企业还需要对一部分已销售完或还剩少量的商品进行补货；在补货前，要确定补满货架所需的确切商品数量；检查并整理货架；根据本店情况，写下所需补货的品种和数量；用补货卡来具体写明需要补的商品。如表 7–1 所示。

表 7-1 补货卡

商品名称	规格	需加数量	是否缺货

那么，补货的具体流程是什么呢？如图 7–2 所示。

分店电脑部根据商品的日均销量与库存参数，每四周一次刷新商品的库存上下限。

补货时，系统会进入自动补货程序，刷新当前建议订货数。自动补货有两种补货方式，一是缺货补货：根据当前商品库存数，当（缺货天数×日均销量）≤库存下限时，缺货补货的建议订货数=（库存上限–当前库存–缺货表中已缺数）×补货系数。二是上限补足：上限补足的建议订货数=（库存上限–当前库存数–已缺货数）×补货系数。

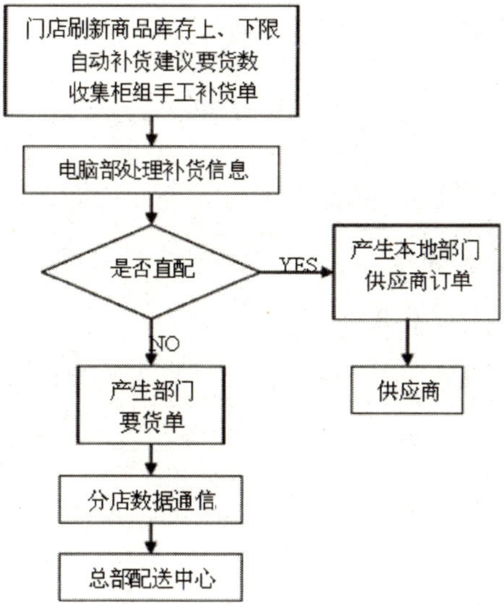

图 7–2　各区域门店补货流程

电脑部根据手工补货单重新修改自动补货中建议订货数。

直配商品（直接订货）的点击生成订货单，自动产生本地供应商订货单，交与供应商。

配送商品、直配商品（申请补货）的点击生成要货单，自动生成部门要货单，审核。

在分店数据通信后，将该要货单传入总部。

对于什么时候补货，门店一定要关注商品的生命周期，并结合当地的气候，绘制适合自己本区域店铺的商品生命周期表。很多管理者会说这个周期表会随着气候的变化而变化，合理来讲确实会因为气候而改变，但是这个变化的指数并不会很大，基本的规律还是保持不变的。当有了生命周期表的时候，门店管理者可以结合生命周期表进行补货的控制。

比如，产品在刚上市的时候，其利润点是最高的。当门店的管理者发现某款产品的消化率特别高，这时候企业就要结合库存以及后期产品的上市数量做好补货的测算。不过要特别提醒的一点是在季末的时候，门店管理者在补货时要特别注意，要结合货品的消化率进行调整。

7.2 各环节的关注重点

商品管理是商品投放、商品销售、补货的循环管理过程，在其每一个环节都有需要企业关注的重点，需要大家格外注意。

（1）商品投放的物流管理

物流管理包括收货管理、调拨管理、补货管理、退货管理、返修管理、货运管理等。

下面，我以我培训过的一家企业 SH 国际商贸为例，来做说明。

1）收货管理

SH 国际商贸终端店铺货品运作记录如图 7–3 所示。

	A	B	C	D	E	F	G	H	I	J	K
1	SH					终端店铺货品运作记录					
2	所属品牌：					所属店铺：				操作月份：	
3	日期	收货数量	收货箱数	发货店铺	发货数量	发货箱数	收货店铺	货品运作类型	经办人签字	物流签字	备注
4											
5											
6											
7											
8											

图 7–3　SH 国际商贸店铺进货记录单

在该收货管理记录单中清晰地记录了货品收货数量、收货箱数、物流等。这样的物流记录单为店铺开展日常物流管理提供了方便。

下面再看一下 SH 国际商贸终端店铺货品的调拨流程图（图 7–4）。

在通常情况下，该企业商品部会于每周二下午下发每周调拨通知，其会以邮件形式将调拨通知发送到各个店铺；

在收到通知后，门店会明确调出的商品明细和对应的接收店铺，并确定调入的货品明细和对应的调出店铺，做好登记；

门店必须在每周二下午和周三上午完成调出商品的清货和打包，对单店的货品分开打包，并且保证一箱一单，手工调拨单一式两联；

在所有商品打包完毕后，门店会向企业商品部提交调拨反馈，反馈实际调出货品与规定调出货品的差异并标注原因，以及所调入每家门店商品的箱数或包数；

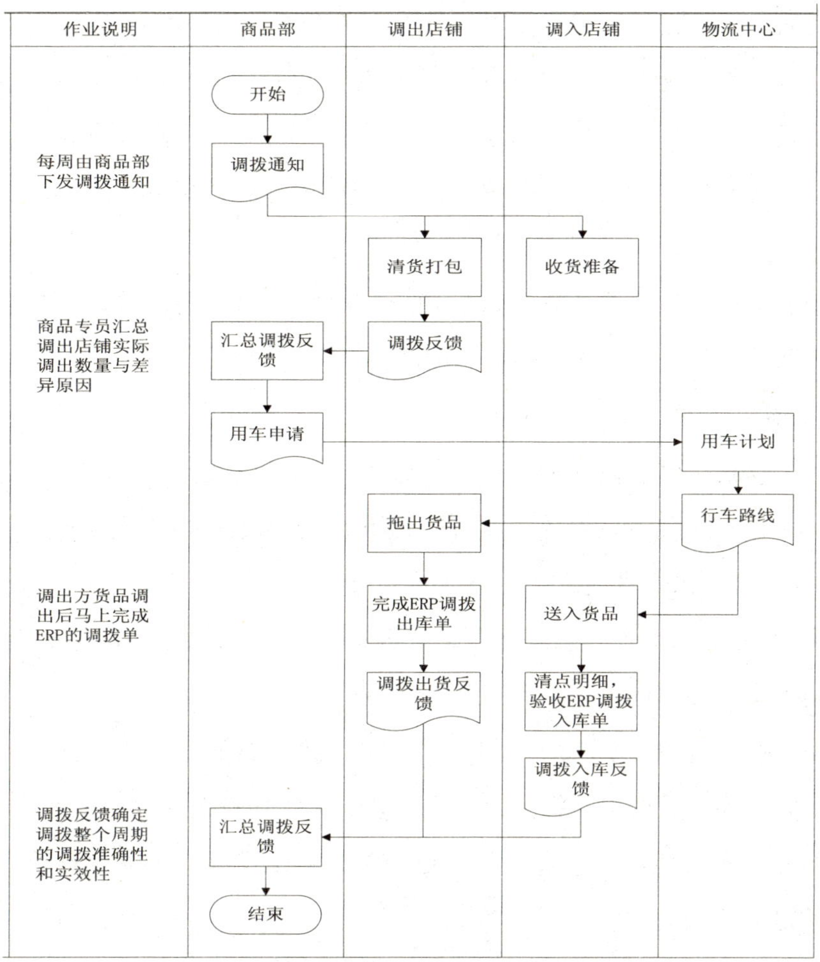

图 7-4　SH 国际商贸终端店铺货品调拨流程图

企业商品部在汇总各店的调拨反馈后，制定出用车申请，并发给物流中心，由物流中心安排车辆走向。物流中心在安排好后，会在第一时间在群里发出行车路线；

在仓车到店后，门店员工应与物流中心随车人员确定出货箱数和对应店铺，并在交接本上签字确认；

调出货品出店后，门店应马上完成 ERP 的调拨出库单的制单工作，保证 ERP 单据和手工调拨单的一致性，包括调入店铺和款号及尺码明细；

门店要继续完成调拨反馈单，并将出货时间上报给商品部；

收货方收到仓车送来的货品后，应清点包数，在交接本上签字确认；

收货后，门店员工应对照手工单，核对各调出方的货品明细，若有差异应立即与调出方联系，若无差异，马上对照 ERP 的调拨调入单，审核并提交；

最后，门店应将调拨入库的反馈提交给商品部，报告收货与规定调出货品的明细差异，并汇报调拨收货时间。

2）补货流程

为了规范店铺补货流程，帮助店铺准确及时地进行补货，首先要查询本仓库库存；其次要向商品部提供补货需求表，最后对补货结果进行跟进。

3）补货结果跟进流程

① 商品部同事在收到邮件后，应于每周二上午开始进行调拨，于当天下发调拨表给各店铺邮箱；

② 调入店铺在收到商品部下发的调拨表后，应跟进调出店铺的清货进度及出货时间。若调出店铺无故不愿出货，调入店铺就应及时联系商品部。商品部经核实清楚后，会进行相应处罚，按照未发商品数量计算罚款，每件商品罚款 10 元；

③ 从每周三开始，仓库文员会在“GXG 团队”群里面下发当天的行车路线及师傅的联系方式，请各店铺在清货的同时掌握好出库时间，及时跟师傅取得联系，以免造成不必要的麻烦；

④ 调出方在货品出库后，应及时做调拨单给调入方，并通知调入方在到货后验收单据。每周的调拨单据处理时间结点为：自单据出库之日起，调入方三天内必须验收完单据；若商品部检查出货品到店后，调入店铺未

及时验收，则每单罚款 20 元，若连续两周出现类似情况，每单罚款 40 元，以此类推；

⑤ 补货结束，上货售卖。

（2）商品销售的陈列管理和服务管理

1）陈列管理

门店在进行橱窗陈列时，一般应以当季畅销款、主推款为主，商品颜色应鲜艳亮丽。橱窗陈列亦可根据季节、主题等元素添加一系列道具，但必须与所陈列的货品、产品的风格相呼应。如在春夏季节，门店应采用颜色中性或冷色系的道具，给人清新明快的感觉，比如绿色；在秋冬季，则应采用一些暖色系的道具（比如红色、橙色等），给人温暖、温馨的感觉。同时，门店也可布置一些与企业文化相关的道具。

在条件允许的情况下，门店店员应该适当为橱窗模特配些饰品，如包、鞋、假发等，使之更加拟人化，增加展示效果。橱窗模特身上的穿着展示应完整生动。为此，门店应将最好的服装款式穿在模特身上，使其产生最好的效果，如图 7–5 所示。

图 7–5　某企业门店橱窗陈列

为了使商品视觉系列化，门店应在商品摆设区以色系区分位置，并以设计主题来做系列化的陈列。这样做不仅可以向顾客呈现视觉效果，而且可达到促进销售的目的。

图 7–6　门店区域划分

良好的服务不仅能给顾客留下好的印象，为企业和店铺带来良好的收益和稳固的顾客群体，也是企业提高品牌知名度和货品附加值的有效方法。在门店中，店长应起到表率作用，带头做好在店铺的服务工作，帮助店铺其他成员提升服务水平，为顾客提供更加完美的门店服务。

2）货品服务

门店应为顾客提供尽可能多的商品，给顾客带来更多的选择空间，还充分展示自身的品牌特点，用优质的商品吸引顾客。比如，在服装行业，企业会在每季不断为顾客推出丰富多样的款式，各种新颖的面料，为顾客提供更多的穿衣选择，同时也会通过特定的服装款式来彰显自身的特色。

3）销售过程服务

在销售环节当中，为顾客提供优质、快速的服务，让顾客感觉到快乐，并且最终选购到自己满意的货品，是每一个门店的主要工作，也是其服务的核心内容。

4）售后服务

顾客在选购产品的时候，除了看重产品的品质、款式、实用性以外，往往还要关注产品的售后服务。在服饰行业，售后服务虽然体现得不是很明显，但是对于稳固现有的顾客群，提升顾客的忠诚度与门店的知名度，却起着重要作用。

在服务中，店长的作用有以下几点：店长要采取必要的措施来确保店铺员工的服务达到标准要求；通过培训指导，使店铺员工的服务水平不断提升，更好地为顾客服务；店长要通过以身作则，来带动和激励员工，使整个店铺的服务水平得到保持和提升；店长要通过自身与其他店铺员工的优质服务，使顾客满意，并最终实现店铺利润的提升；店长必须通过做好顾客售后服务，来稳固和提升本品牌在顾客中的形象。

在门店商品管理过程中，门店员工要关注商品投放、补货、陈列、销售服务等各个环节，抓住每一个环节的重点，促进门店实现良好健康的运营。

7.3 “以商品为主轴的营销计划”概念

商品营销计划是在商品进入市场销售之前，企业为了达到预期的销售目标，提升商品的销量，促进业绩增长而制定的各种销售策略等。

商品营销计划是企业针对商品营销而制作的计划，从战略和战术层面为企业的商品销售工作指明了方向，是企业开展商品营销的蓝图。它必须具备鲜明的目的性、明显的综合性、强烈的针对性等特点，并体现“围绕主题、目的明确、深入细致、周到具体、简单明了”的特征。

在进行商品营销计划前，企业要做一些准备工作，要对市场、顾客的心理等进行调查分析，做到知己知彼百战不殆。

首先，企业要做好市场环境分析。企业进行市场环境分析的主要目的是预测商品的潜在市场销量，以及了解竞争对手的商品信息。只有掌握了市场需求，企业才能做到有的放矢，减少失误，从而将风险降到最低。

例如，企业在做凉茶的营销计划前，就要深入研究凉茶这种商品的地域性。由于气候和饮食结构等因素，凉茶一直以来都深受南方人的欢迎，因此，企业就应该将营销力量集中在南方城市。如果企业做了错误的市场定位，将把营销主力都集中在北方，那么无异于缘木求鱼，花费再大的力气，也无法取得很好的效果。

其次，企业要做好顾客心理分析。只有准确掌握了顾客购买商品的理由和目的，以顾客为导向，对顾客的消费能力和市场消费环境进行分析，企业才能制定出有针对性的营销计划，在商品营销活动中获得成功。

例如，脑白金之所以能够畅销数十年，我们从它脍炙人口的广告语中就能看出端倪："今年过节不收礼，收礼只收脑白金。"企业正是利用了顾客在逢年过节时要向长辈送礼物的特点，选择了这句广告语，给了顾客最直观、最直白的送礼建议。如果企业没有找准顾客的购买心理，换成了没有贴近顾客的广告语，那么，必然不会达到理想的营销效果。

再次，企业要做好商品优势分析。这里的商品优势分析包括本品分析和竞品分析。在营销活动中，本品就是企业自身的产品，而竞品则是在市场上与企业产品竞争的同类商品。顾客在购买商品时往往会"货比三家"。如果企业能想到这一点，事先做好准备工作，击中竞品的劣势，突出本品的优势，有针对性地进行营销，那么，自然就能打动顾客，获得成功。

最后，企业还要做好营销方式和平台的选择。在做营销方式和平台的选择时，企业既要根据自身情况和战略目标，还要兼顾目标群体的喜好来进行。例如，对于儿童玩具，企业就可以根据儿童喜欢动漫的特点，选择一些面向儿童的媒体，来宣传自己的商品，将其以动画短片的形式展现出来，就会有效吸引孩子们的关注，取得不错的营销效果。

在制定商品营销计划时，企业要遵循以下 4 个原则，如图 7–7 所示。

图 7–7　商品营销计划制定原则

（1）逻辑思维

制定商品营销计划的目的在于解决企业在营销中的问题，按照逻辑性思维来制定计划。首先设定背景，企业要了解商品市场背景，分析商品市场情况，再把计划的中心目的全盘托出；其次对具体计划内容进行详细阐述；最后明确提出解决问题的策略。

（2）简洁朴实

企业在制定商品营销计划时，要注意突出重点，抓住企业在商品营销中所要解决的核心问题，深入分析，提出可行性对策。保证营销计划针对性强，简明扼要，具有实际操作指导意义。有些企业将计划书写得非常烦琐啰唆，虽然长篇大论，却没有解释清楚计划的中心目的，显然，这样的计划书是不可行的。

（3）可操作

制定的商品营销计划是要用于指导营销活动的，其指导性涉及营销活动中的每个员工的工作及各环节关系的处理，因此可操作性非常重要。不能用于实际操作的计划创意再好也无任何价值，不易于操作也必然要耗费大量人、财、物，管理复杂，效率也低。

（4）创意新颖

企业在制定商品营销计划时，要保证有创意、内容新、表现手法新，要将企业的优势特色融入其中，使人耳目一新。新颖的创意是计划的核心内容。设想一下，如果你们企业的商品营销计划跟别的企业类似，千篇一律，那么，在产品真正进入市场营销阶段时，就不能成功吸引顾客眼球，也就无法在激烈的市场竞争中脱颖而出，获得顾客的关注和青睐。

7.4　连锁经营——商品中央集权管理的重要意义

连锁经营——商品中央集权管理指的是企业用统一的店名、统一的标志、统一的经营方式、统一的管理手段，共同进货，分散销售，共享规模效益等方法，来实现对门店的经营管理。这种管理模式可以帮助企业转变陈旧落后的经营观念和经营管理模式，提高物流运输效率，完善经营机制，进而提升企业整体工作效率和经济效益，增强竞争力。

连锁经营——商品中央集权管理的意义如下图 7–8 所示。

图 7–8 连锁经营——商品中央集权管理的意义

（1）优化企业资源配置

连锁经营——商品中央集权管理模式的重点在于商品的中央集权上，企业总部通过对商品的统一调拨、统一配送，来确保对门店的有效管控，实现企业资源的合理配置，防止各门店各自为政的现象出现。

（2）提高企业市场占有率

连锁经营可以产生规模效益。企业可以通过在各区域开设位置合理、数量适中的分店，来尽可能地扩大品牌知名度，提升品牌销量，提高商品的市场占有率。

（3）维护企业形象

企业采用中央集权管理时，可以通过对各项规章制度的制定、统一的店面布局装修，对门店实行管控，彰显企业的形象，给顾客留下深刻印象。

对各区域分店进行统一的管理，会使旗下所有门店都整齐划一，显示出鲜明的企业特色，也给不同地域的顾客留下深刻的印象，这样做有利于企业树立与强化自身形象，提升知名度。

（4）提升企业竞争力

企业统一的管理可以保证各区域分店在运营各方面的一致性，使企业可以根据各分店的实际情况，投入适当的人力、物力、财力来实施自身战略，通过对销售措施、广告策划、硬件设施等进行不断地改革与创新，使自身的经营管理能力始终保持在一个很高的水准上；同时，统一的经营管理又使企业优秀的管理制度、方法、经验等能迅速有效地在各连锁分店内得到贯彻实施。这些都大大提升了企业的竞争力。

（5）有效满足顾客需求

企业可以利用集权管理，充分了解各门店顾客的行为，并分析他们的心理和他们对企业的信任度，进而对门店员工进行培训，改进服务质量，为顾客营造一个良好的购物环境，有效满足顾客需求。具体来说，集权管理在服务上的作用体现在以下几个方面：首先，集权管理能使门店更趋向专业化、标准化、现代化、科学化，并使购物环境更加舒适；其次，集权管理能使门店员工的销售能力和服务质量日益提高；再次，集权管理可以统一各区域门店的商品价格，降低顾客购物的心理成本、时间成本、体力成本，方便顾客购物；最后，集权管理使商品质量得到保证，使品牌获得顾客的信任。

（6）企业物流系统化、合理化、标准化

企业的集权化管理能使物流系统化、合理化、标准化。统一的物流系统是由采购、仓储、流通、装卸、配送和信息处理构成，集权管理就能使这些环节相互作用、相互联系、相互制约，有机地结合起来，实现协调运行，减少不必要的资源浪费、时间浪费，以最快、最好、最合理的方式实现商品的运输。

具体来说，集权化管理可以降低物流成本，减少商品销售成本；可以压缩门店库存，减少流动资金的占用；可以通过物流管理提高企业的整体管理水平。

总之，连锁经营——商品中央集权管理可以强化企业总部在管理上的主导地位，保证企业的各项指令能够得到有效的贯彻执行，保证各门店的运营策略与企业战略高度统一，促进企业整体发展。

7.5　商品管理计划内容

在本节，我以一家我培训过的企业为例，让大家看看该企业在商品管理中的一些规定，以便抛砖引玉，为大家提供一些借鉴。

商品调拨管理规定

一、目的

为了规范各门店间调拨流程，明确分清各部门职责，使门店的商品销售账目与实际相符，并保障公司财产的安全，特制定此制度。

二、适用范围

××旗下品牌所有直营店铺、各品牌商品部和物流中心

三、调拨流程

见下页图。

四、调拨规定

（1）清货要求

a. 店铺从收到品牌商品部调拨邮件起，根据调拨款式，做好调拨准备，并在商品部要求的调拨出货日期内出货；

b. 店铺调拨单中的所有明细必须与实物相符，以店铺实际库存数量和完成调拨所需数量为准，如没有完成调拨，店铺必须在调拨反馈上填写原因；

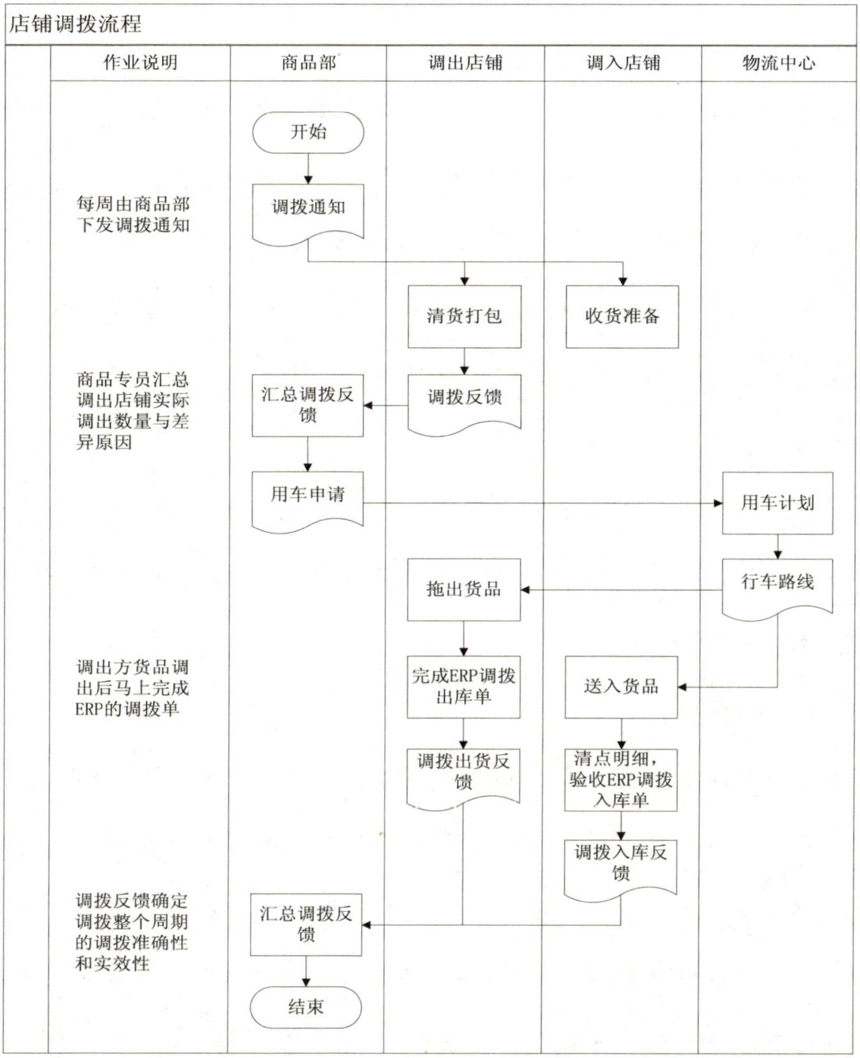

c. 如在清理过程中发现次品，店铺不可发货，要将次品在每月规定时间退回至次品仓；

d. 在一个调拨出货期内，仓车只会去每个店铺收货一次，请各店留意调拨期内仓车行车线路，提前做好各项准备工作，逾期将由店铺自行安排调拨。

（2）打包要求

a. 每件调拨货品在装袋时必须包裹透明包装袋；

b. 要将同款商品放在一起打包；

c. 在填写调拨单时，必须使用专用调拨单，要填写调拨日期、调出店铺、调入店铺、款号、颜色、标准价、尺码、数量和总量汇总，要书写工整，确保一箱一份明细单，不得用其他纸张替代。

d. 对于调拨货品的外包装，各店铺一律不准使用各品牌购物袋，要全部使用仓库采购的购物袋，若发现收货店铺在清点货品时发现一个品牌购物袋，出货店长罚款20元；

e.店铺一律要做到货品包装严实，在外包装上要用大头笔清晰注明品牌名称、日期及此箱货品的出货店名和入货店名。 例如：6月1日武广调江汉路。若要送往同一家店铺多包货品，还需在调入的店名后加入包装箱的序列号。

（3）商场店要求

在仓车到店收货前，各店铺需提前做好商场出门单签办工作，以及做好本店需出货品的登记工作。本店负责人在和仓车人员做货品交接时，应让对方确认本次调出货品与交接单上所列货品一致，并签字确认。双方各留一份单据，以便日后查阅。（准备工作包括：商场铺货品出门单的预签、需调货品两联交接调拨单的登记、需调货品的完整包装及货品外包装箱头纸的正确书写工作）如仓车人员到店收货时，店铺仍未做好货品调拨的各项前期准备，仓车人员将不予受理此次调拨货品运输工作，此次调拨将由店铺自行完成，完成调拨所产生的费用由店铺自行承担，公司不予报销。

（4）临近店铺少量货品处理要求

本着提高调拨速度和节约公司资源成本的原则，在调货数量较少或同区域店与店之间的距离较近的情况下，各店要自行调拨货品。仓车在当天行车线路不顺路的情况下不予受理此次调拨，店铺必须在调拨截止日期前自行完成调拨。

（5）货品验收要求

调入方在收货时必须确认收货箱数，在仓库的调拨交接单上签字，在拆箱前必须仔细检查箱子的外包装是否完好，有没有明显的破损痕迹，在确认完好后开箱并按照单店的明细单清点每箱货品，仔细检查是否有残次品等。

（6）单据处理要求

调出方应在货品出门后两小时内制作系统调拨出库单，发送至调入店铺，而调入方在验货后应马上找到相应的单据进行审核，仔细核对调拨单款号和 ERP 款号是否对应，并进行入库验收。

（7）差异处理要求

a. 疑问货品的查询，自调拨货品在系统下账后的两个工作日内，调入方如确认未见货品到店应立即向调货方索要货品，如果调货方通过调拨交接单查询后确认货品已由仓车调出，应马上致电物流部问询此货是否在途。一个调货周期的查询日期为系统里店铺调货下账后五日，过期后，物流部将对其查询要求不予受理。

b. 调入方在确定外包装完好并拆箱后，如发现货品明细与调拨单有差异，应马上与调出方联系，确认差异，在双方确认后方可验收货品。

（8）处罚规定要求

a. 如有店铺出现调拨货品实物的颜色尺码与所要求的不符，一款罚款10元；

b. 如有店铺出现调错款或调错店，调出方应自己到对方店铺去拿回调错货品，并将其送到相应调入店；如出现调漏，调出方负责将货品送到调入店，此两项所产生费用由店铺全额承担；

c. 若调出店铺未及时调出货品或未及时做电脑单，而调入店未提醒，双方都有责任，各处罚20元。

××企业 商品计划部

××××年××月××日

从该企业的商品调拨规定书中，我们能看到，其在商品调拨的各个方面都描述得非常详细，考虑得也比较全面。在这个规定下，企业能够实现对各店铺商品的统一管理。当然，商品管理并不只是在商品调拨上，企业还要重视客户调换管理、残次品管理、商品物料管理等各方面的规定。总之，企业将商品管理的各项规定制定得越细致，就越能保证各门店顺畅运营，少出漏洞，稳健发展。

7.6 商品营销计划内容

上一节，我通过案例，详细介绍了商品管理计划的内容，本节我们来讲讲一个商品营销计划应包含的内容。一个完整的商品营销计划至少要包括三个方面：基本问题、商品市场优劣势和解决问题方案。如图7-9所示。

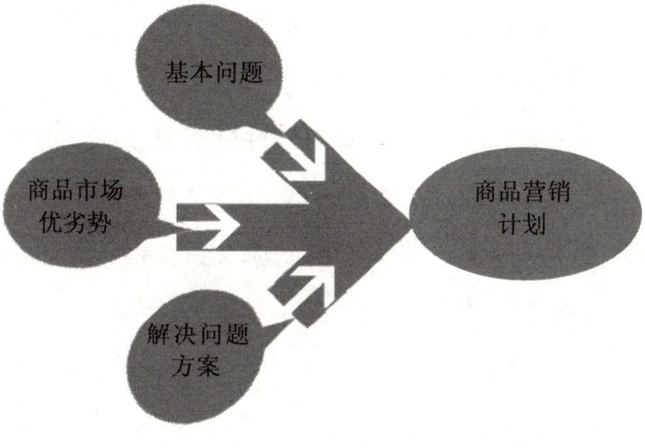

图 7–9　完整的商品营销计划构成

（1）基本问题

企业在制定商品营销计划前，首先要总结归纳出自己在营销过程中可能会面临的问题和所要解决的问题，这些问题的生成原因是什么，并对这些问题进行系统梳理，理清解决问题的思路和方法。

（2）商品市场优劣势

企业应围绕某个自己即将开展的特定市场营销活动，比如促销活动、广告宣传等，进行有针对性的市场分析，找出商品在市场上的优势和劣势，以及企业取得营销成功应具备的市场条件。

a. 商品优势分析：企业应努力挖掘，找出自身商品具有的优势，并结合外部市场环境，进行优势分析，有效利用外部的一些有利因素，来制定营销计划，做到扬长避短。在分析优势时，企业应冷静客观，既不能“过”，也不能“不及”，要实事求是。

b. 商品劣势分析：与优势分析相反，在做劣势分析时，企业要找出自身商品的一些缺点和局限性，并分析与市场营销活动相关联的不利的外部因素，要通过一些营销策略的制定，避免和化解这些不利因素，弥补不足。

一些常见的商品劣势有：企业知名度不高，形象不佳；商品质量不过关，功能不全；商品包装太差；商品价格定位不当；销售渠道不畅，或渠道选择有误；促销方式不妥；服务质量太差；售后保证缺乏等。

c. 营销条件分析：企业在做营销条件分析时，就要分析出将要开展的市场营销活动所需要的条件。这些条件包括已具备的条件和尚需创造的条件，企业要将其逐一列出，逐一分析，加入到营销计划中，以便充分利用市场资源，最大限度地增强营销效果。

（3）解决问题方案

在进行了以上诸多角度的分析之后，企业就要综合内外部各种因素，制定出一个最完善、最能解决问题的营销方案。在设定方案时，企业要理清的基本思路，找到问题根源和自己的着手点，要对各目标市场或消费群特点进行细分，尽量满足不同类型顾客的消费需求，抓住主要消费群作为营销重点，找出自身与竞争对手的差距，确定相应的营销策略，充分发掘市场潜力。

一份优秀的商品营销计划应条理清楚，并具备实际操作性。其计划分析应该有理有据，注重用数字说话，计划的核心应是数据指标与费用分析预测。其具体内容还包括以下几个方面：

· 整体分析：市场特征、行业分析、竞争对手分析、消费趋势分析、销售状况分析；

· 本商品（企业）SWOT 分析：优势、劣势、机会、威胁；

· 整个环境 PEST 分析：政策、经济、社会、技术；

· 营销战略规划：市场引爆点、市场布局、主导操作思路、运作模式、市场进入与运作思路及设计；

· 营销战术规划：商品策略、商品定位与细分、价格策略、渠道策略、渠道选择、渠道拓展顺序、渠道规划、渠道占比、渠道销量预测分析、上市时间计划；

· 促销思路概要及促销与推广细案：上市渠道促销计划、上市终端顾客促销计划、上市终端推广计划、媒介促销安排、后期促销跟进计划；

·商品营销计划是企业销售工作的指导纲领，引领着企业的发展方向，在如今以市场为导向的企业发展趋势下，必将发挥出越来越重要的作用。

7.7　多店商品管控全局规划思路

各门店各自为政，犹如一盘散沙难以管控。这是很多连锁企业都面临的管理难题。造成这一难题的原因主要有：企业缺乏统一的管理模式；职能部门分工不明确；在绩效考核上没有做到量化和具体化；各店铺定位不清晰，执行标准也不统一，信息传达不够顺畅；门店缺乏团队意识，出现恶性竞争。企业对多店商品进行管控和全局规划，就可以从根本上解决这个难题。那么，企业该如何做呢？我以服装连锁企业为例，来做说明。

（1）树立店铺标杆，确立核心地位

每个连锁企业都有自己的总店。企业要想把区域分店管理好，首先就要把总店管理好，这样，才能为各分店树立一个学习效仿的标杆。

为了使总店起到引领带头作用，企业就要下大力气对其进行打造，使之尽可能地彰显企业特色，提升企业形象。为此，企业要充分注重细节，要从橱窗、休息区、试衣间、收银台、二层的规划、楼梯间以及导购形象上入手，全方位地展现自己，成为企业服务的样板。

·橱窗：橱窗是总店进行新品展示和主题展示的场所。总店每个月都应更换橱窗陈列，根据时下流行趋势进行相应的主题展示。

·试衣间：总店要保证试衣间内整洁无异味，镜子、凳子、拖鞋等一应用品配备完整，不能有损坏。

·收银台：总店要保证台面大气，物件摆放整齐。

·休息区：总店要在休息区准备各种大牌的时尚杂志，如时尚芭莎、瑞丽等供顾客在休息时翻阅；要为顾客提供饮料或糖果；要保证休息区的座椅舒适，能充分使顾客放松身心。总店如果还有二楼，那么，就要保证二楼空间通透，采光良好，可以将其规划出一个豪华休息区，并保证商品陈列丰富，侧重主题性。

· 楼梯：总店设计楼梯时，要避免楼梯窄陡难行，要在拐角处设立告示牌以引导顾客上楼。

· 门店员工：总店要保证门店员工亲切、专业、有素养，应对他们的穿着打扮、行为举止进行统一规范，此外，还要从售前、售中、售后上下功夫，优化服务。

· 售前：要使员工在品牌宣传活动中，重点对即将上市的新品进行宣传，让顾客了解商品，提前期待。

· 售中：要使员工能为进店的顾客提供全面体验式服务，带给顾客一个舒心的购物经历。

· 售后：要使员工做好回访工作，能对各类投诉问题及时解决，并且能向顾客提供修改尺寸、退换货等售后服务。

总店是连锁企业的门面，是企业所有店铺的核心。为了能使其起到对各区域门店的规范引领作用，企业必须着力打造总店。

（2）多店相互配合，团结协作

门店之间应该形成一个系统，有主有次，相互配合。根据我多年的经验，我总结出了几个门店相互配合的方式。

· 商品间的调配：企业要保证相同区域门店能实现库存货品共享，减少跑单；还要确保店铺货品及时归并，防止断码、压货。

· 店铺间的人员调配：企业要定期进行员工培训，向他们灌输企业的管理模式和文化理念，强化归属感；要根据每个员工的情况，进行合理的人员组合，实现单店的最佳销售组合；要在多店间实行人才调配、跨店晋升机制。

· 店铺间顾客共享：企业合理规划各门店位置，做到门店之间不抢客源，并通过会员共享模式，以整体形象共享市场。

· 服务保障：企业要利用就近原则，实现异地下单，当地送货，打通各店的联系，使各门店形成一个整体，提升服务质量，使顾客充分享受到品牌提供的便捷服务。

· 店铺间的促销配合：企业可以利用节假日，在各门店统一开展促销活动，通过共同宣传造势，促使各门店协同配合，增进合作。

· 主力店：企业要将地处黄金路段、销量好、业绩高的门店设置为主力店，以主力店作为区域内其他门店的引领，对他们起到规范引导作用。

· 折扣店：企业还可以设立专门的折扣店，使其低价销售滞销款、过季款式，为自身盘活资金。

· 社区店：企业根据某区域顾客的消费水平，有针对性设立社区店，比如在一些高档社区周边设店。这些社区店虽客流量不大，但顾客消费能力强，老顾客多，店铺房租不高，同样也可以获得很高的利润。

· 培训店：企业可以在新兴商圈开设培训店。这些门店虽然暂时人气还不是很旺，但未来却是商圈的重点，有很大的发展潜力。企业可以将这种类型的店铺作为员工培训的平台，锻炼员工服务能力，为自身源源不断地提供优秀人才。

总而言之，通过总店的引领，各门店的协同串联，各种特色门店的设置，企业就能实现对所有门店的全局掌控，保证门店整齐划一，都能按照企业的战略部署发展。

通过本章的阐述，我们可以知道，商品管理布局是一个动态的过程，它不是一成不变的，而是需要企业根据市场环境，不断规划，不断调整，保证各门店相互配合，各部门人员相互合作，实现企业顺畅的管理和快速的发展。

第八章　掌握这些技巧，业绩提升看得见

漂亮的销售业绩是盈利的关键，也是衡量一家公司是否成功的主要标准。对一家成功的企业来说，其首要做到的就是通过不断努力，来提高销售业绩。我在为企业做培训时，很多企业的业绩不突出，或者根本就没有业绩，企业面临破产的局面，根据这些企业自身的情况，我为这些企业制定了合理的业绩提升方案，改善了企业的现状，使他们的业绩获得了提升。要想提升业绩，企业需要掌握一定的技巧。本章，我将着重介绍一些提升业绩的技巧，供大家参考。

8.1　业绩提升核心原理

大到企业，小到店铺、个人，要想提升业绩，就需要掌握业绩提升的三个核心原理，如图 8-1 所示。

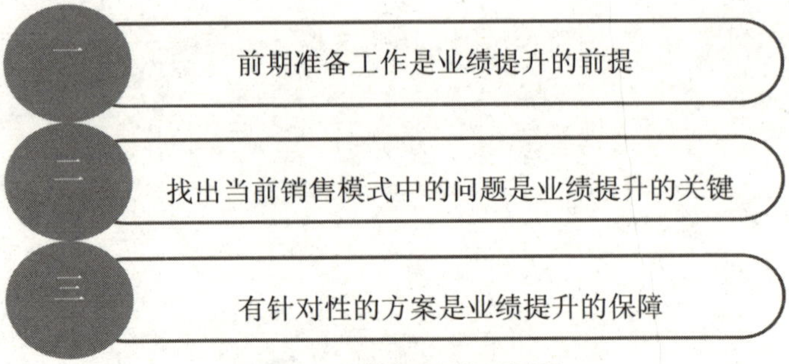

图 8-1　业绩提升核心原理

（1）前期准备工作是业绩提升的前提

a. 努力提升商品的质量

质量高的商品一定比质量差的商品更具优势，也更受顾客的信赖。这一点是毋庸置疑的，也许一部分顾客会出于对成本的考虑而选择价格低廉的产品，但更多的顾客关注的还是商品本身的质量，所以努力提升商品的质量，对提升业绩是有很大作用的。

b. 努力提升服务质量

这里所说的服务，包括企业的售前服务和售后服务。良好的售前服务可以为商品增值，促进商品销量的提升。而良好的售后服务则可以给企业带来良好的口碑，提升企业形象，带来第二次销售。

（2）找出当前销售模式中的问题是业绩提升的关键

业绩得不到提升，企业销售模式必然存在问题。所以要提升业绩，企业就得找出这些问题并有效解决。一般来说，企业销售模式中普遍存在的问题如下。

a. 坐等顾客上门的错误心态

如一些企业向电商模式改进，在有了自己的网站，把产品信息和必要的联系信息发布在网上之后，就放任不管了，没有想到如何对企业商品进行有针对性的推广，而是认为只要有了这样一个网站，就能开展线上销售模式，剩下的事就是等待顾客上门了。殊不知，在当前这个互联网信息泛滥的背景下，企业如果没有进行有效的推广，等待被顾客主动发现的概率可谓微乎其微。此外，一些企业在实体门店销售时，也会犯同样的错误，不积极主动地对门店商品进行宣传，这种心态显然是不对的。

b. 缺乏必要的销售引导

如果企业对商品进行了必要的优化和推广，不管是从线上搜索引擎、推广平台或者其他渠道入手，获得目标顾客流量，并把这些流量成功转化成为“购买力”，还是线下广告推广、促销，都是企业提升业绩的关键一步，而实现这一步靠的正是销售引导。如果企业缺少能够让顾客顺利完成订单，引导顾客、服务顾客的员工，那么将很容易就造成客户的流失，极大地影响企业线上线下的业绩。

（3）有针对性的方案是业绩提升的保障

a. 根据企业特点选择合适的销售平台

对于企业而言，不同的企业商品种类和特点不同，其所面对的目标顾客也都有所不同。这时，企业要根据目标顾客的喜好和习惯，来选择合适的销售平台。鉴于销售平台众多，企业就要通过多种途径，在多个平台上进行推广宣传，才能取得显著的效果，此外，也可以选择一款比较成熟的营销软件来实现高效的推广。

b. 内外兼修提升平台构建和平台推广

在选定了营销所使用的平台之后，企业首先要做的就是做好内功修炼。一方面是做好网站的内容填充和组织工作，把商品信息清晰直观地传递给访问平台的潜在顾客；另一方面，做好前文所说的引导模块构建，让有兴趣下订单的顾客可以方便地联系到企业、在线下下单等。其次，企业在练好内功的同时还要练好外功，做好平台的推广工作，选择潜在顾客聚集较多的平台，进行有针对性的软文营销等推广，获得高质量的流量。

在线上营销做好之后，企业还要着重改善实体店的销售模式，对店铺员工进行统一培训，提升店铺员工素质，提升服务质量，改善店铺环境，为顾客营造舒适的购物环境。

总之，企业提升业绩的关键在于营销，如果能把营销工作的方方面面都做好，使销路畅通，使服务质量和商品质量都有保证，那么，业绩提升必将指日可待。

8.2 掌控业绩罗盘

销售是一种高度依赖个人行为的职业。正因为此，一直以来，企业对销售行为的管理都比较困难，也很难对销售结果进行分析和预测。不过，随着技术的进步，特别是大数据、人工智能技术的出现，其规律正在被逐渐揭示出来。我发现很多时候这些经验和规律都可以转化为销售技巧，并通过培训，被传授给员工，帮助企业提升业绩。这些销售规律正是企业提升业绩的罗盘，为企业适应市场环境，制定各种营销策略指引着方向。那么，在业绩罗盘中都有哪些重要参数呢？如图 8-2 所示。

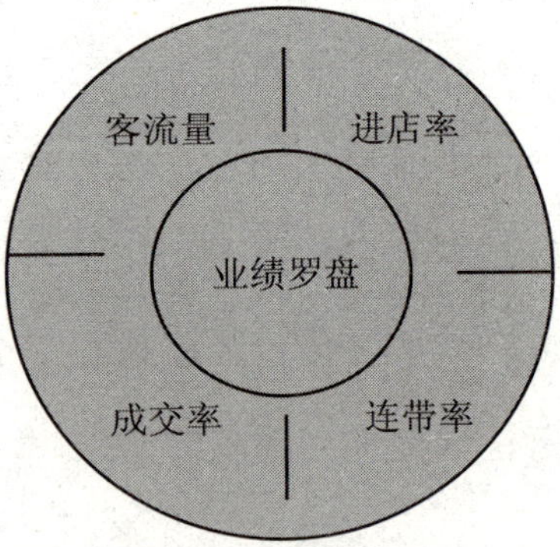

图 8-2　业绩罗盘

企业的业绩罗盘主要包含四个重要指标：客流量、进店率、成交率、连带率。

（1） 客流量

客流量一般都是由门店所处当地商圈所决定的，与商圈或商场的知名度、营销活动及推广有关。企业要想提升客流量，就要把门店设在人流量比较大的商场里，如果店铺位置较偏，显然客流量不会太多，那么，企业就只有靠其他指标来提升业绩了。

（2）进店率

进店率是指过往客流进店的概率，门店可通过以下几种方式提升。

a. 广告吸引：企业通过店铺布置及折扣吸引在门口经过的人群。在这里，我们要注意的是：店铺广告是否被张挂整洁，缺失破损的商品是否被及时补齐。

b. 广播推广：企业可以在临近街道的店铺，向过往人群做广播推广，或者放一些轻松动感的音乐来吸引人群。

c. 商品陈列：整齐美观的陈列有利于提高进店率。因为顾客在店外经过时，会很容易看到橱窗的布置，所以好的橱窗陈列会调动起顾客的好奇心，提升进店率。

d. 店铺氛围：良好的店铺氛围不单单对进店率产生帮助，还可以提高成交率，所以，店铺工作人员一定要注意为顾客营造一个舒适的购物环境。

以下有几种方式可以帮助门店营造良好的店铺氛围：

① 游戏推动：在淡场时，门店可组织店铺员工开展娱乐性游戏，如水果蹲等，调节店铺氛围，调动员工积极性和热情，使他们能以一个好的状态和心情来面对顾客。

② 人员调动：淡场时，门店要避免员工聚众聊天，尤其是在顾客一眼就能看得到的地方，店长要认真布置每位员工的工作，员工也应该自觉遵

守各项规定，以积极认真的态度完成工作。

③ 会议宣导：门店要通过会议等形式，公布业绩进展、同事指标、游戏进展，为员工营造良好的竞争环境。

④ 内部暗语：一套独有的内部暗语会增加店铺工作的趣味性及员工的归属感。

⑤ 声来声去：对于任何员工的声音，都要给予回应，而且是集体回应、大声回应。要使员工通过跑动加油打气，对员工的工作情况予以指导，对员工的工作成绩予以表扬。

⑥ 人气带动：每个人都有从众心理，如果店内顾客较多，往往能吸引更多的顾客进店，所以我们要增加顾客在店里的逗留时间，增加店铺的人气，甚至在没顾客的情况下，我们可以进行情景演练，假扮顾客以吸引人气；

⑦ 店铺形象：不管是员工还是店铺，我们都要维持一个良好的形象，假设你看到一位导购叉着腿，面无表情地站在门口，你还会有兴趣进去吗？假设你看到一家门店外都是垃圾纸皮，你还愿意踏入吗？

（3）成交率

成交率是指进店顾客购买产品的概率，门店可通过以下几种方式提升：

a. 服务态度：伸手不打笑脸人。店员一个微笑就可以影响到顾客的心情。试想一下，如果你去买东西，导购一脸冷漠地看着你，你是否有立马走人的冲动呢？答案是肯定的，而我们的顾客也是如此。所以良好的服务态度是门店提升业绩的重要因素。

b. 销售技巧：掌握专业的销售技能有助于成交概率的提升。为此，门店要在日常工作中加强对员工工作技能的训练，使他们掌握专业的营销知识。

c. 最佳拍档：在顾客不多的情况下，我们要组织员工进行分组销售，人多力量大，多一个人出谋划策、协助营销将大大增加交易达成的概率。

d. 赞美顾客：任何一个人都希望得到别人的赞美。比如，当顾客试衣时，我们要适当地赞美顾客，肯定顾客的眼光，同时肯定店铺的商品。

e. 附加服务：附加服务会给顾客带来惊喜，使顾客心情愉悦。门店设置附加服务时，不在投入多少，在于是否贴心，有时候，一杯水、一个气球、一个袋子都可以为我们带来大量的潜在顾客。

（4）连带率

连带率是反映顾客连带购买商品的概率，门店可通过以下几种方式提升：

a. 善于搭配：专业的搭配技巧是每个店铺员工必须掌握的技能，它可以使顾客通过购买一件商品，发现与其搭配的其他商品，实现连带购买。

b. 特价推销：门店利用店内的一些促销款做超值推销。店员可以在顾客购买完一件商品后，向其推荐促销款商品，促使顾客连带购买。

c. 从旁突破：店员可以向跟随顾客前来的朋友推荐商品。因为顾客购买了商品，必定对这件商品很满意，他也会向朋友建议，积极促使他购买商品，从心理来讲，每个人都有“拉朋友下水”的习惯。

综上所述，门店可以通过以上诸多方法来提升客流量、进店率、成交率、连带率这四个指标，牢牢把控业绩的罗盘，促使业绩得到快速提升。

8.3　大单攻略：核能三单“大单+连单+高单”技巧

一个大单是每个销售人员都会追求的，它不仅能帮助销售员和门店快速提升业绩，还能在一定程度上提升品牌知名度和影响力，带动其他顾客购买商品。那么，我们该如何开出大单呢？接下来我还是以服装店铺为例，来做说明，如图 8–3 所示。

1	察言观色，顾客试穿，一丢二推
2	团队合作，“攻·防·守”策略
3	拉近与顾客的距离，与顾客建立亲密关系
4	深度挖掘顾客的消费潜力

图 8-3　大单攻略

（1）察言观色，顾客试穿，一丢二推

在开展连带销售前，我们要通过观察和提问，挖掘顾客的潜在需求，通过攀谈拉近和顾客间的距离，不断发现顾客的需求。在销售的过程中，观察是很重要的，我们要通过对目标客户的观察，判断出他们的需求，并将自身所具备的商品知识与顾客需求相结合，站在顾客的角度，向其推荐商品，为其提供顾问式服务。当顾客购买了一件商品后，我们要立刻找到与其搭配的商品，向其推荐，满足顾客的需求，通过主动热情的服务，使他们获得优质的购物体验。

（2）团队合作，“攻·防·守”策略

门店员工在销售时要采取二八搭档，由主攻手贴心服务，由副攻手悉心聆听，一个主要负责推荐商品，一个主要负责了解顾客的情况，倾听顾客的需求。不要一上来就两个人一起“围攻”顾客，我们要相信自己的搭档，实现团队合作，促成大单。

（3）拉近与顾客之间的距离，与顾客建立亲密关系

当目标顾客与朋友一起购物时，我们只向目标顾客推荐商品，而无视顾客朋友的行为是不明智的。聪明的销售人员不但懂得讨好同伴，同时还会在合适的时机建议顾客的朋友也试一试。这样做可以充分挖掘潜在顾客，推动连带销售。而当顾客对几件商品非常感兴趣时，我们也可以告诉顾客：

现在是特价优惠，机会很难得，给家人朋友也带两件。

（4）深度挖掘顾客的消费潜力

我们应根据顾客的职业和消费潜力进行深入挖掘，勤展示多备选，不要向顾客只展示一件商品，“展示三件，卖出两件”是被长期实践验证过的真理。当我们能够做到平均向一位顾客展示三件产品，并成功卖出两件，我们的业绩就将翻番。尤其在店铺开展促销活动时，诸如满 200 减 50、买 2 送 1 等，我们更应该加大力度向顾客展示商品，促进连带销售。

由此，我们可以看出，做大单并不是一件难以达成的任务，只要我们用对了方法技巧，我们就会大大提升做大单的概率，实现业绩的快速提升。

8.4　提升业绩的四个途径

无论门店，还是销售人员，业绩都是衡量他们工作的最直观、最重要指标，业绩也是企业获得生存发展的动力源泉，那么，提升业绩的途径有哪些呢？

图 8–4　业绩提升途径

（1）疏通渠道

对于企业而言，在业绩受到一定程度阻碍的时候，企业就要疏通渠道。在总部、区域店铺、员工等各个环节中，哪个环节出现了问题，使销路堵塞，企业就要首先疏通哪里。当然，疏通的前提是，企业要对市场各个环节进行实地考察、分析、研究，找准病灶，进而采取相应的措施。

举个例子，某区域服装企业刘经理在负责区域市场销售的时候，就遇到过这样的问题。在刚进入公司时，上司告诉他该区域已经连续半个月没有货了。他很疑惑，便向其询问缺货的原因，上司却并没有给出明确的回答，只是让他自己去寻找答案。在对该市场的各个配货渠道进行了认真的筛查后，刘经理最终找到了答案，原来是物流滞后导致的问题，他很快采取了相应的措施，使供货渠道恢复了正常。

（2）目标分解

企业对目标进行分解，以目标来引导员工，无疑也是帮助员工提升业绩的手段。企业要将每月的销售目标由公司总部分解给区域主管，再由区域主管分解给每个门店，最后，再由店长将目标分解到基层的销售人员手中。一线销售人员是目标的具体实施者和践行者，他们的销量完成情况决定了整个门店、区域和整个公司的目标完成情况。

因此，销售人员必须具有综合分析能力，在接到公司或者上司的销量目标后，其首先需要做的就是冷静的思考，分析如何将目标分解，使之便于执行和跟踪。比如，销售人员要将原来的月销售额 10 万元提升至 15 万元，要增加的 5 万元便是他要努力达成的目标，看似业绩要增长 50%，然而，如果销售员将此销售额分摊到 100 个 VIP 顾客身上，他只需要使每个 VIP 顾客多花费 500 元即可。如果销售员将目标分解到 1 000 个顾客身上，他只要使他们多花费 50 元即可。

（3）目标放大

通常来说，人们在完成目标的过程中，总会有懈怠，其实际完成数量总是或多或少地比目标少一些，这是由人的惰性决定的。因此，企业管理者在设定目标时，要适当地将目标放大，以给员工施压，刺激他们努力完成目标，提升业绩。

（4）过程跟踪

企业的各级管理人员和销售人员要对目标的实施过程进行跟踪，以确保目标能被保质保量地完成。过程跟踪取决于企业的监督机制，它能规范销售员的销售行为，帮助销售员及时纠正其在完成目标中出现的错误，促进交易的最终达成。

以上 4 个途径从不同角度，不同层面为销售员提升业绩创造了条件。企业和销售员应共同努力，不断改善销售环境，树立明确可行的目标，认真完成销售工作，促进业绩的不断提升。

8.5　大客户开发与维护技巧

大客户是企业和门店业绩的重要来源，关系着企业和门店的生存发展。因此大客户开发与维护工作必定是企业销售工作中的重中之重。那么，我们该如何开发和维护大客户呢？如图 8–5 所示，主要有 3 个方面。

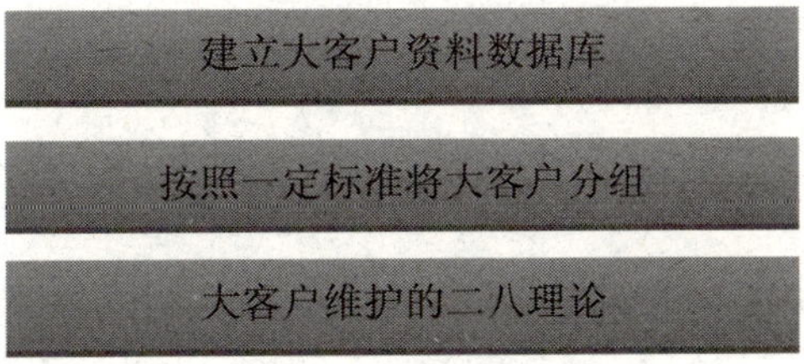

图 8–5　大客户开发与维护技巧

（1）建立大客户资料数据库

建立大客户数据库可以规范大客户资料的管理工作，使大客户信息能够一目了然，不被遗漏，它可以成为企业和门店的重要战略资源，帮助企业制定有针对性的客户开发策略和维护措施。在建立大客户数据资料库时，我们要详细记录客户的购买记录、购物喜好、个人家庭情况等，这样，我们才能及时了解客户的需求情况，也便于向客户做商品推荐。

（2）按照一定标准将大客户分组

对于客户价值的高低，我们又该如何衡量呢？如何来分配客户的维护时间呢？我们可以按照客户需求进行各种各样的分组。比如，我们可以将资料库分为重要客户、忠实客户等。在数据资料库中将忠诚的、能带来利润的客户按照一定的标准来进行分组，然后用不同的策略予以特别对待，根据利润大小来分配维护客户时间，以便创造更多的业绩。

对于不同的行业，衡量客户的标准也不一样。比如，在金融行业，我们就要看客户是否购买了很多不同的理财产品，是否有很多贷款，以此来评判客户价值的高低，对客户进行分组。

（3）大客户维护的二八理论

通常来说，20%的有价值的客户能给企业带来80%的利润。一些小客户对企业的价值非常低，却要企业花更多的心思，付出不小的代价来维护，这显然是不值得的。所以，我们要把更多的精力放在20%有价值的客户身上，下大力气对他们进行分析，了解他们青睐企业产品的原因，维护好关系。

我们要以“把所有潜在的大客户变成忠诚的老客户”为目标，对于那些有潜力的、高价值的客户，我们要提高他们的忠诚度，使他们成为20%具有高价值客户的一分子。

8.6 大客户“十二字真经”之改变认知

企业在以前的市场竞争中，往往会形成一种以企业本身利益最大化为唯一目的的企业文化，这种企业文化能够有效地使企业各项资源围绕着“企业如何获取更多利润”而展开，在很长一段时间内促进了企业的发展。于是以赢利为唯一目标成为企业的金科玉律，在这一思想指导下，许多企业为获利自觉或不自觉地损害客户利益，而导致客户的满意度和忠诚度降低。

然而，在开发大客户的过程中，我们若还是一味秉承这种唯利是图的理念，必定会引起客户的反感，不利于交易的达成。因此，我们要改变认知，明确定位，从客户的角度来考虑问题，想客户之所想，急客户之所急。

首先我们要识别现有客户中哪些是具有开发潜力的大客户。识别大客户的关键有两点：第一，客户有很强的消费能力；第二，客户适合购买我们的商品。其中，第二点更为重要。如果我们销售的商品或我们提供的服务并不适合他，那么，即便他有很强的消费能力，也注定不是我们的大客户。

在分清谁是我们的大客户后，我们就要考虑自身能够给客户带来的价值。我们可以从几个方面来考虑：第一，我们的商品规模是否与潜在大客户购物理念相匹配；第二，我们是否了解客户所在的行业，客户所处的行业背景，客户目前在这个行业的地位，遇到的竞争和挑战；第三，我们有没有从客户的角度出发，帮他量身定做，或者依据客户的需求为他提供合适的解决方案。这种解决方案可能是技术的，也可能是管理的，或是流程的；第四，我们是否提升了信誉度，吸引客户关注。

大客户销售工作由于其销售额巨大，往往会面临很多竞争。而且做大单通常都是企业和一群人做生意，它涉及客户组织中众多利益相关方和决策人，这就使大单销售变得非常的复杂，其中有很多不可测因素。这就需要大客户销售人员对营销有很强的掌控能力和应变能力。

大客户是企业重要的资产。因而企业应当更加重视客户满意度、客户忠诚度，尽量维护好大客户。企业在拥有了许多忠诚的大客户后，还要不断地对相关服务进行升级，以使客户满意，同时自身也能获得更为可观的利润。

8.7 大客户“十二字真经”之改变态度

大客户的满意度决定着订单是否能被成功完成，那么提升客户满意度的关键就是改善对大客户的服务态度。“顾客就是上帝”是零售企业永远追求的真理，我们不仅要把商品推荐给大客户，更重要的是维护企业的形象，给大客户留下美好的印象。

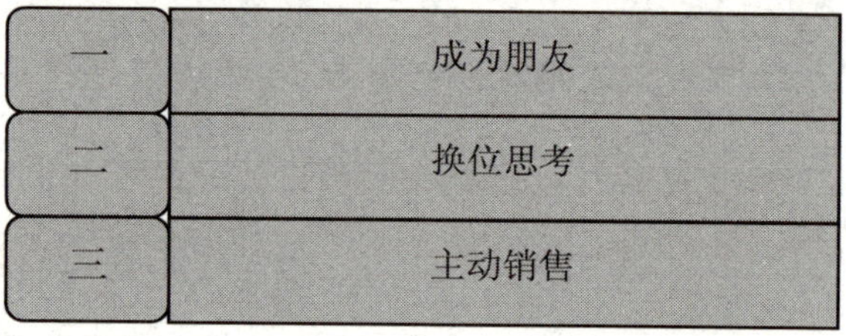

图 8-6 大客户“十二字真经”之改变态度

（1）成为朋友

作为销售员，我们要把大客户当成自己的朋友，只有这样，我们才能真正为客户着想，开展以客户为中心的销售，与客户实现双赢。而在与大客户的关系进入稳定期以后，我们的工作重点就发生了转移，我们应把工作重点放在防止意外情况发生和积极进行危机管理上。因为我们在与大客户建立关系的过程中已经付出了很多努力，如果在这一阶段发生意外，不能及时响应处理，那就可能使我们之前的工作前功尽弃。

（2）换位思考

作为销售员，我们要学会换位思考，从客户的角度考虑问题，真正了解客户的需求，了解客户的现状和背景，从而掌握客户最头疼的问题，并在此基础上为客户提供切实可行的解决方案，例如，为客户提供投入和产出比的相关数据等。我们还要尽量利用自身已有的资源，减少客户的不必要的投入，获得客户的好评。

戴尔公司的创始人戴尔先生小时候曾经卖过《休斯敦邮报》，当时，报刊公司给了戴尔一个电话号码本，要求他按照电话号码本上的电话逐一拨打，为公司寻找客户。戴尔在经过一个星期的打电话、找客户后发现，很多客户在购买《休斯敦邮报》的时候根本不需要过多游说，直接就购买了；还有一些客户则完全不买账，即便自己游说了两个小时也不起作用，于是，戴尔就对购买《休斯敦邮报》的人进行了调研。

调研后发现，购买报纸的客户都有一个共同的特点，那就是他们都刚搬新家。因为新家的邮箱里面通常空空如也，不会有任何杂志和报纸，他们就希望用一份报纸来增添家的温馨氛围。发现这个特点以后，戴尔非常兴奋，在卖报纸时，将报纸和新家联系在了一起，果然使自己报纸的销量得到了大幅度提升。

戴尔就是通过换位思考，从客户的角度来考虑问题，有针对性地进行营销，才取得了业绩上的突破。

（3）主动销售

作为销售员，我们要做到主动销售。有些门店的员工在销售商品时都是被动销售，有的没有积极向客户推荐商品，有的没有推销连带商品，有的在客户购买商品后，没有积极与客户联系，建立长期的关系，适时为其推荐商品。这显然是不对的，是不利于客户维护的，尤其对于大客户。我们应该找到与大客户的共同语言，不断获得大客户的信息，积极主动把销售工作推进下去，促进客户下单。

综上，销售员要端正自己的态度，积极地与客户接洽、交往，从客户的角度出发，主动销售，才能维护好大客户，促进交易的达成。

8.8　大客户“十二字真经”之改变信仰

信仰是人所尊崇的理念，为人们的工作生活指引方向。对销售员来说，正确的信仰可以帮助其处理好销售工作的方方面面，成功维护好大客户，取得工作上的成功。销售员的信仰主要包括以下 3 个方面，如图 8-7 所示。

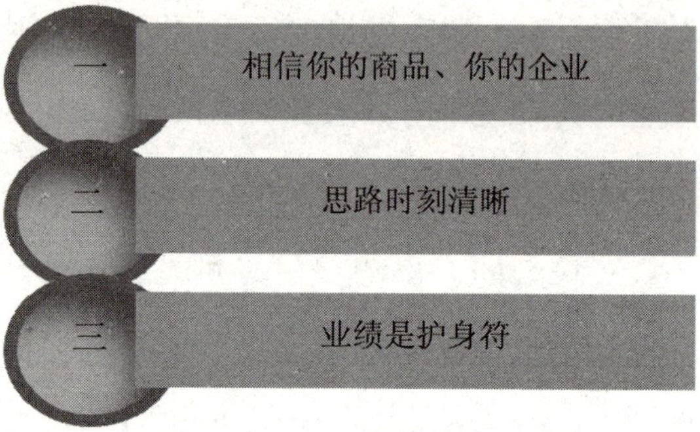

图 8-7　大客户“十二字真经”之改变信仰

（1）相信你的商品、你的企业

销售员要相信企业和商品，切忌抱怨商品价格太高，太缺乏创意与卖点，为自己业绩不佳找一些看似合理的借口。试想，如果连销售员都对自己的商品缺乏信心，那么，他又怎么能成功感染客户，使他购买商品呢？所以，作为销售员，我们要从始至终对我们所销售的商品充满自信，这种自信不应只表露在我们的话语中，还要渗透到我们的行动当中，要对商品展现出绝对的自信。

其实，世界上没有无缺陷的商品，但存在就是合理。如果商品真的缺乏创意与卖点，我们就要自己思考，改进营销方法。营销的前提就是我们相信企业，相信我们的商品。

（2）思维时刻清晰

清晰的思维使我们的工作能够有条不紊地开展。我举个例子：一位零售店的负责人遇到了一位前来投诉的顾客，顾客怒气冲冲地说了半个小时，在这半小时内，那位负责人一句话也没有说，只是不断地点点头和报以微笑。在顾客说完后，负责人才回复顾客道："××先生，我刚才仔细地听了您所说的问题，我简单地总结了一下，您的问题一共有三个，针对您这三个问题，我可以逐一为您解决。"接着，他详细说明了客户的问题和自己的解决方案，客户不仅怒气顿消，还对他表示了感谢。

在这场原本很棘手的投诉中，这位门店负责人并没有因为客户激动，而被搅乱思路，保持了清晰的思维，最终化解了难题。

（3）业绩是护身符

如今，绝大多数企业都遵循"结果导向"的管理法则。那么，作为销售员，我们也必须以结果为导向，要知道获得业绩才是我们一切行动的宗旨，是我们的护身符。有些销售员在营销时总是喜欢跟客户侃大山，谈天说地，可说了半天，却并没有提多少商品的话题，这就是销售员过于重视与顾客交朋友的过程，而忽略销售商品这个目的。显然，我们要用业绩作为我们的行动指针，我们在营销时才会更有目的性，才能最大限度地销售商品，提升服务。

总之，销售员要开发维护好大客户，就要改变信仰，时刻保持清晰的思维，相信商品和企业，以提升业绩作为销售工作的宗旨，不偏离方向。这是我们做好营销工作的根本保证。

本章，我主要阐述了一些企业、门店以及销售员提升业绩的技巧，这些技巧都是最基本的，也是每个企业在营销工作中都要必须掌握的，希望能给读者们带来一些启发。

第九章　终端门店促销，只需这几招

连锁企业为了提升品牌知名度，巩固商品市场占有率，通常会在终端门店开展促销活动。这种促销活动不仅仅是一场价格战，更是一场商品销量与利润的阵地战，也是企业展现品牌实力和优势的舞台。

因此，促销活动也是需要一定技巧和方法的，企业不能以牺牲利润来博关注、博眼球，而是要实现量利平衡。要把促销当成一项投资，要使其为自己带来丰厚的回报。在本章节，我将为大家具体说一下终端门店促销的技巧。

9.1　为什么许多促销沦为了赔本赚吆喝

促销是什么?是单纯的降价打折处理?不是!促销是企业的终端门店通过信息传播、提醒等方式，引导顾客消费。

但是，有不少的终端门店为了与同行竞争，大打价格战，甚至贴钱争取顾客，最终就成了赔本赚吆喝。这些门店并非不愿意赚钱，而是认为只要促销，顾客就一定会埋单，自己就可以在留住老顾客的同时，通过促销的方式争取新顾客。然而，结果往往事与愿违，门店促销太勤，顾客变得麻木，一旦不促销就没人光顾。门店没有了业绩，只能再促销。这样一来，恶性循环就开始了，这就是门店促销的误区。

那么，门店该如何避免陷入促销误区呢？其中关键在于要正确认识促销，要掌握促销的手段。

在做促销前，门店销售员一定要弄明白顾客的消费喜好和消费观，弄明白顾客来门店的原因，并以此为依据，转换观念，从设法从顾客荷包里掏钱，转换成站在顾客角度帮她省钱。

在面对不同的顾客时，门店的销售员也要采取不同的方法。对于追求品质的顾客，销售员要突出产品的档次，要营造尊贵奢华的氛围，以使顾客感觉产品层次适合他的身份；而对于追求实惠的顾客，销售员就要站在顾客的角度，设法帮他省钱，利用与其他同行产品对比，来突出商品的优惠程度，以使他感觉自己买到的就是最物超所值的商品。

所以，促销活动本身并不是要门店一味下血本，不计成本地甩卖，而是要通过服务和适当地降价，给顾客带来获得实惠的感受，并以此来聚拢人气，提升门店的口碑和知名度。所以，企业不能让促销“忽悠”了自己，要明确自己做促销活动的真正目的，避免赔本赚吆喝的现象发生。

9.2 限制促销：限款限时限量促销

限制促销是企业门店对商品采取在特定条件下提供优惠的商品销售措施。比如，限款限时限量促销。这种限制促销活动可以突出促销活动的稀有性，提升顾客购买欲，刺激消费。门店在进行限制促销时，要将活动以宣传单、广播等形式向顾客广泛宣传。限制促销的商品折扣率要足够低，要在 3 折左右，才能对顾客形成足够的吸引力。

北京某商场就通过采取灵活多变的限时性营销，连续多年取得了不俗的业绩。在某年夏天，由于天气异常炎热，很多市民都喜欢在晚上出门消暑纳凉。该商场就根据这一情况，适时推出了“夜场购物”，将商场的闭店时间从原来的晚 9 点半延长至 12 点，并在这一时段，对一些食品、水果、蔬菜等生鲜品类打折销售，既为附近居民提供了纳凉的好去处，又低价促销了大量日用商品，赢得了广大顾客的欢迎，收获了很好的效果。

9.3　额度促销：最低、最高、差额

额度促销是门店在保证利润的前提下，对商品采取以最低价格向顾客出售的促销方式。一般而言，额度促销实际上就是降价促销，以降低价格来吸引顾客的注意力。但有些时候，低价促销未必能吸引多少眼球，反而高价促销起到了意想不到的效果。

比如，有的门店在“全市最低价”“ 大减价”“ 跳楼价”等铺天盖地的广告中，贴出了一张与众不同的最高价广告，声称“门店商品为全市最高价：99 元/件”。这则广告说得实在、不虚假，同时也含蓄地表明门店的商品品质是全市首屈一指的。顾客们在片刻诧异之后，很快就竞相购买这个“全市最高价”商品，甚至形成了热潮。

这种高价促销虽然是一个另类，但它也正是抓住顾客对降低促销活动产生疲劳感的状态，通过满足顾客喜欢攀比，喜欢彰显富有的心理需求，取得了不错的效果。

9.4　增值促销：服务增值、保障增值

增值促销是直接为顾客创造价值，或以售后服务形式招徕老顾客的促销方法。一些销售诸如电器、钟表、眼镜等门店会专门登记顾客的姓名和地址，

然后通过专门访问或发调查表形式，了解老顾客过去在该店所购的商品在使用过程中的问题，是否需要修理等，并附带介绍新商品。这样做的目的在于增加顾客对本店的好感，并使之购买相关的新商品。它通过商店完善的顾客管理系统，能与顾客保持经常性的深入沟通，往往能收获奇效。

例如，某门店创造性地推出了积分促销、品牌促销两大促销方式，创造了让顾客实现消费增值，让商家实现促销增值，让生产厂家实现营销增值的全新商业模式。

积分促销：积分促销是增值促销中一种较为常见的促销方式，让顾客通过购物换积分的方式来获得优惠。比如，消费送积分、会员赚积分、积分领礼品、积分抵现金等多种方式。连锁企业在各终端门店推出积分促销，为顾客建立一个全新的增值促销业务平台。

品牌促销：品牌促销是门店与众多紧随互联网趋势的品牌企业达成共识，共同开展促销活动。通过促销实现深挖市场需求，带动商业市场，激活顾客热情，共享平台资源，务实创新共赢，让品牌经营走向多元化发展，构建地面有专柜、网上有专卖、全国有增值促销服务推广体系，使自身真正成为网络一体化的战略品牌推广平台。

9.5 套餐式促销：捆绑、第二件

套餐式促销是门店将几种商品组合在一起，捆绑成套餐来销售的促销方式。通过这种促销，门店可以让买家一次性以优惠价格购买更多的产品。它能提升门店销售业绩，提高店铺购买转化率，提升销售笔数，增加商品曝光力度，节省人力成本，清除仓库积压难以销售的产品。

在选择捆绑产品时，门店要保证所捆绑的两种商品的目标市场有较大交叉的部分。只有这样做才能保证这两种或几种同时捆绑销售的商品是你的目标顾客所需要的。如果捆绑商品的消费群体是不同的，则只有这不同的顾客同时购物并且达成利益均摊的协议，才有可能购买，显然不利于交易达成。

此外，门店还应选择那些互补性较强的产品捆绑，在某些情况下，也可以选择彼此独立的产品捆绑，但不能是彼此竞争的替代性产品。如 2000 年夏季，某商场将可口可乐和北京大家宝薯片进行了捆绑，推出“绝妙搭配好滋味”系列，使可口可乐和薯片成了互补品。

在进行捆绑促销时，门店要选择恰当的捆绑时机。一般来说，在处于快速成长和产品畅销的市场环境中，产品不存在销售困难，因而捆绑的意义不大。只有在那些市场信息多变，结构变革和竞争激烈的产业领域中，捆绑促销才有利于达到增强竞争力，实现捆绑各方的“共赢”。

9.6　节日促销：各种节假日、周年庆、店庆

利用元旦、春节、元宵、三八、五一、六一、端午、八一、十一、中秋等的节日来开展营销，以吸引大量客流前来购物。开展节日促销的商家主要集中在快消品行业，如超市、商场、速食餐厅等，一些终端门店依靠企业所提供人力、物力及财力的支持，也能将节庆促销活动办得有声有色。

节假日是终端门店促销、提升人气的大好时节，门店为此可以在每周周末开展特定商品的促销活动，通过特价吸引人流，吸引一批顾客每周都来光顾，最终成为自己的忠实顾客。

9.7　节气促销：季节性、反季

一般而言，一些季节性商品往往有销售淡旺季之分。因为大众消费心理是“有钱不买半年闲”，即按时令需求，缺什么买什么。商家一般也会如此，基本按时令需求供货。因此，商品在消费旺季时往往十分畅销，在消

费淡季时往往滞销。但有些门店反其道而行，在盛夏，对原本滞销的冬令货物，如毛皮大衣、取暖电器、毛皮靴、羽绒服等进行“反时令促销”，通过反季低价来促进销售。

例如，小肥羊推出“夏季清凉锅”，打出“现在夏天照样吃火锅!”的广告语。每年进入 5 月中下旬，内蒙古小肥羊餐饮连锁有限公司，便开始在地铁以及公交汽车的移动传媒上展开广告攻势，主推公司新产品“夏日清凉锅”，力图转变广大顾客夏天不爱吃火锅的观念。

“小肥羊”总部品牌中心经理朱志勇曾在接受某记者采访时说道：“这次推出的‘夏日清凉锅’是经过我们公司精心策划的，其实我们公司从去年就开始推出这个产品了，与之相应的还有其他一些营销活动，只不过营销力度没有那么大。自进入 5 月份以来，不仅在北京，凡是我们公司连锁店所在的区域都展开了相同力度的广告攻势。”通过反季节促销，小肥羊火锅在夏季的销量也非常好。

9.8　定价促销：批发价、反差式促销

门店以换季甩卖、换款式甩卖、大折价等吸引顾客，同时把最新最流行的商品摆在显眼的样品架上，使其价格为促销商品的两三倍。门店通过两种商品的价格反差，吸引顾客的注意。顾客在发现新流行的商品时，一般都好奇地把它与非流行的做比较。好时髦者往往会看中高价的商品，讲究实际者则往往选择廉价的非流行商品。这样做对两种商品都可以起到促销作用。

门店通过价格反差以吸引顾客购买商品，与主要依靠降价促销手段来扩大销售有很大不同，前者的低价有其相应的原因，有说服力，是一种相对稳定的低价策略。这种稳定的低价能增加顾客对门店的信任，节省人力成本和广告费用，使商店在竞争中处于有利地位。值得注意的是，门店在

设定低价商品价格时，要使其价格至少低于正常价格的 10% ~20%。否则对顾客不构成吸引力，达不到促销的目的。

9.9　回馈促销：抽奖、优惠券

回馈促销是门店以回馈顾客的方式，来进行的促销活动。它包含以下几种方式。

• 折价优惠券统称优惠券，是一种门店普遍采用的促销方式。优惠券上一般印有产品的原价、折价比例、购买数量及有效时间等。顾客可以凭券购买商品并获得实惠。

• 折价优惠卡是一种长期有效的优惠凭证。它一般由会员卡和消费卡两种形式存在，能使发卡企业与目标顾客保持比较长久的消费关系。

• 现价折扣是门店在现行价格基础上所进行的打折促销活动。这是一种最常见且行之有效的促销手段，它可以让顾客现场获得看得见的利益并心满意足，同时销售者也会获得满意的目标利润。

• 抽奖与摸奖是通过给予抽奖机会，吸引顾客购买商品或消费的促销方式。门店利用顾客期待获奖的心理来销售商品。这种抽奖活动的形式有很多。例如，刮卡兑奖、摇号兑奖、拉环兑奖、包装内藏奖等。

• 门店也可以通过举办娱乐活动或游戏，以趣味性和娱乐性吸引顾客，并达到促销的目的。娱乐游戏促销需要组织者精心设计，不能使活动脱离促销主题。特别是当产品不便直接推广的情况下，这种促销方式更能以迂为直，曲径通幽。如举办大型演唱会、赞助体育竞技比赛、举办寻宝探幽活动等。

9.10　故事促销：制作工艺、创立历史

制造事件即通过制造有传播价值的事件，使事件社会化、新闻化、热

点化，并以新闻炒作来达到促销目的。“事件促销”可以引起公众的注意，并由此调动目标顾客对事件中关系到的企业产品或服务的兴趣，最终达到刺激顾客购买或消费的目的。如果所制造出的事件能够引起社会的广泛热议，那么，“事件促销”就能取得较好的效果。

高端手表品牌百达翡丽曾推出一则广告影片，生动讲述了一块手表成为父子之间情感纽带的故事。不论何种文化背景，这种真挚情感可以令每一对父子感同身受。其中，经典的广告语“没有人能真正拥有百达翡丽，只不过为下一代保管而已”，将品牌的持久质感表达得朴素而又高贵。

这部宣传片将百达翡丽顾客信奉的人生价值与这一家族制表企业第四代掌门人信守的理念表达得淋漓尽致，亦与著名的广告宣传词“开创属于自己的传统”完美契合，彰显了企业的魅力，使企业获得了广泛好评，收获了众多顾客。

9.11 赠送促销：赠产品、赠积分

赠送促销指的是门店通过送赠品，来刺激目标顾客购买产品的促销手段。

- 买赠，即购买获赠。顾客只要购买某一产品，即可获得一定数量的赠品。它是最常用的方式，如买一赠一；买五赠二；买一赠三等。

- 换赠，即购买补偿获赠。顾客只要购买某一产品，并再略做一些补偿，即可再换取到其他产品。如花一点钱以旧换新；再加 1 元送××产品；再花 10 块钱买另一个等。

- 退赠，即购买达标退利获赠。顾客只要购买门店规定数量商品，即可获得返利或赠品。如当顾客购买到 10 个商品时，即可免费获得 1 个商品；当消费三次以上时退还一次的价款等。

第十章　区域连锁人才管理逻辑很简单

区域连锁经营模式自1983年被引入我国，仅用了十余年时间，就完成了西方国家50年才能完成的业态演进过程。如今区域连锁经营模式已渗入到餐饮、零售、服装、医药、酒店、教育培训、房产中介、家庭装饰、休闲健身、汽车维修与保养、美容与化妆品等各个行业，越来越多的顾客享受着连锁企业提供的方便与快捷。有人会问，区域连锁在人才管理上该遵循什么样的逻辑呢？在这一章节我具体跟大家讲述。

10.1　总有些扩张很盲目，倒闭却不盲目

当下，很多连锁企业盲目扩张，在进入目标市场前，没有掌握准确的数据，没有开展科学的调研、分析，仅凭经验、感觉进行取舍，其结果常常是舍本逐末，最终浪费大量资金和时间，门店却亏损，倒闭。

所以，连锁企业在扩张前，要进行深入的市场分析，并结合自身的发

展状况，兼顾自身战略目标和市场开拓成本、企业人才管理等各个环节，稳扎稳打，做出合理的决策，切忌“贪多嚼不烂”，盲目扩张。

德国阿迪达斯公司是一家经营体育用品的大型跨国品牌，自杰西·欧文脚穿阿迪达斯跑鞋夺取第十一届奥运会百米金牌以来，其一再拓展扩张市场，在世界各地大批建立分公司，并涉足许多新的领域，全球市场覆盖率很快达 80%以上。

美国的鲍尔曼公司利用阿迪达斯一再扩张市场的机遇，潜心研究其生产经营特色，并抓住全球跑步健身热兴起的时机，全盘效仿阿迪达斯的生产和经营方式，依靠产品的质量和特色，很快打响了名气。

而阿迪达斯公司由于摊子大、战线长、产品不能适应各层次顾客的需求，弱点越来越明显，再加上其管理、经验跟不上，且员工的素质也跟不上迅速膨胀的需要，从而使企业陷入了债务缠身、举步艰难的困境，被挤下了盟主的宝座。

从这个案例，我们可以看出，阿迪达斯的扩张显然有点盲目了，在没有真正了解市场需求情况下，把摊子铺得过大，造成了“外强中干”的局面，这种扩张方式是不可取的。

10.2 有理论支撑，才有实践证明

化解连锁企业扩张失败问题的良药究竟是什么？那就是做好区域连锁人才管理。连锁企业的发展离不开优秀的人才支撑，人才是企业获得持续发展的动力。

在现实中，我们会看到一种现象：一些连锁大企业其实并不缺乏优秀人才，其优秀人才数量完全符合企业发展的需要，但是企业却难以形成核心竞争力，难以获得可持续发展的动力。究其原因，就在于企业在人才结

构上不合理。不同人才在各自岗位难以发挥自己的优势，就必然造成大量的人力资源的浪费，就更谈不上形成合力以促进企业发展。

此外，为了防范人才流失，不少连锁企业开始采用“筛选式”培养方式，但其结果却大大削减了管理的人才总量，进一步导致了企业连锁扩张失败。

这些问题其实都是连锁企业人才管理上的问题。

从很多连锁企业的实践经验上看，人才管理系统的问题直接体现在其一系列管理制度上。比如企业缺乏留住人才的措施，没有为人才提供相应的职业发展空间；企业在人才评价与考核方面没有严格的考核标准，致使企业难以引进实际岗位需要的人才；企业在人才培训制度方面缺乏相应的保障机制，出现员工知识不能适应工作需求，工作效率低下的情况。

凡此种种，都是完善企业人才管理机制方面需要通盘考虑的要素。一旦某一方面出现问题，都将不利于调动员工的积极性和主动性，不利于企业的发展。

为此，企业要建立有效的人才管理系统、有效的人才使用机制和有效的人才评价机制，只有依靠制度和理论的支撑，才能获得实践的证明。

10.3 先做一套标准系统建设，比什么都重要

人才管理系统标准化是连锁经营的最本质特征。标准化的人才管理系统不仅可以使区域连锁获得外部性利益、规范区域连锁经营秩序，还可以使连锁企业对终端零售门店进行快速复制，有助于建立企业区域连锁核心竞争力。因此，企业就要树立标准化的人才管理理念，建立完善的人才管理标准体系和标准的动态机制，建立标准化人才管理系统。

人才管理标准化是区域连锁经营的最本质特征，也是区域连锁经营的

基础。人才管理标准化保证了区域连锁的“可复制性”，能使企业总部合理配置资源，统一管理，各分店专门负责销售，各司其职，各尽其责。没有人才管理标准化，企业就不可能进行专业化分工和集中化管理。例如，对入职新员工的培训工作，由于要求员工掌握相同的服务标准，由总部相关部门统一开展。否则就会提高经营成本，降低管理效率。人才管理标准化有效避免了各分店对相同工作的重复思考和设计，保证了区域连锁经营人才管理的“简单化”，为连锁企业的高速扩张奠定了前提条件。

连锁企业人才管理标准化的核心是业务流程标准化和管理方式的标准化。业务流程标准化的前提是店铺的标准化。如果店铺经营都是个性化的，店铺的管理就不可能统一，就会更多地依赖于“人治”而不是“法制”，从而导致管理随意性增强，最终造成业务流程的混乱局面。

当前，很多中小零售企业内部管理普遍没有健全的标准体系，往往领导一个电话、一个口头指令就改变了业务流程，导致经营秩序混乱，工作经常出错或反复，浪费了时间，增加了运营成本。因此，不少企业都意识到，必须总结优化现有的基本业务流程和人才管理方法，并将其固化在整个人才管理工作过程中，使之形成标准，通过培训学习，统一员工行为标准。

例如，企业员工按规定的程序采购商品、按照标准检验商品、建立标准化的仓库、规范员工的服务行为等，都是必要的标准化措施。

世界上最大的连锁快餐集团麦当劳通过品牌、质量、服务、日常管理、人才培养、异常情况和特许经营等环节全面实施标准化管理，形成良好的经营秩序，确立了持久的竞争优势，成为餐饮行业的知名品牌。

10.4 导入带教系统，新人来了不用愁

企业竞争说穿了是人才的竞争，对新员工进行培训能提高员工综合素

质，提高员工的专业能力和服务水平，树立良好的企业形象，增强企业盈利能力，使其适应市场变化、增强竞争优势，培养企业的后备力量，保持企业永继经营的生命力。它是企业发展不可忽视的“人本投资”，是提高企业“造血功能”的根本途径。而系统规范的带教系统则是员工培训的根本。在培训中导入带教系统，就能优化培训，使企业真正做到新人来了不用愁。

下面是我为某企业做带教培训时所制订的方案，我将它列出来，以期为大家的带教工作提供一些参考。

第一天：熟悉环境、了解品牌文化、员工形象礼仪。

A. 新员工对门店环境以及人员的简述

1.晨会老员工自我介绍（姓名、年龄、在职时间、自己的性格、以后工作需要新员工的哪些配合，向新员工表示欢迎，并进行拥抱）。

2.新员工自我介绍（以前的工作经历、选择这份工作的原因、性格、以后工作中的需要）。

3.店长说明岗位职责，使新员工明白其工作内容，为新员工安排专业指导人，由专业指导人向其安排学习目标、学习流程及进度，由店长审核及实施。

4.专业指导人带新员工熟悉环境及周边基本情况（交通、用餐、商场）。

5.店长私下与员工沟通（家庭情况、上班路况、以前工作环境、有无男朋友及婚否、有无孩子、老公工作状况等内容做到记录）。

B. 企业文化

企业愿景：创大众时尚流行服饰品牌 建SH恒久事业。

企业目标：成为中国零售行业最具影响力的全球品牌运营管理集团。

企业使命：创意满足顾客需求并超越顾客期望；为员工提供物质、职业、心灵成长的机会及发展平台；成就股东及合伙人渴望的梦想。

企业精神：梦想、目标、使命、信念、拼搏、竞合、创新、专业、成就、感恩。

企业价值观：成就自己、成就员工、成就公司。

企业理念：服务第一、管理第一、业绩第一、系统第一、模式第一。

企业服务：对顾客光临心怀感激；对顾客需求细心体察；对顾客服务专心致志。

企业行动心态：用感恩的心去做。

企业职业规划：店铺老板化、部门企业化。

企业终端法则：及时、快速、高效、智慧、安全。

企业终端文化：构建分享与教练文化。

C. 品牌文化（概况、发展历史、经营理念、经营规划、行业前景、公司组织职能等）

品牌发展史：

1996 年 12 月 18 日	森马品牌于浙江温州诞生
1997 年 3 月	第一家森马专卖店在江苏徐州开业，森马品牌系列休闲服正式进入市场
2000 年 7 月	森马上海服饰有限公司正式成立
2011 年 3 月 11 日	浙江森马服饰股份有限公司于深圳证券交易所上市

品牌释义：

“森马”寓意“森立天地，马致千里”，“森”表示众多，取“众木成林立于天地”之意，其延伸意义：我是十年树木，百年树人，给员工提供良好的成长环境和发展空间，使之长成栋梁之材。“马”则代表着“热情奔放，勇于进取”的具有马的精神的员工团队。其标准色为草绿色，表示崇尚自然，和谐环境，追求快乐和希望。

品牌定位:

第一，公司是以虚拟经营为特色，以系列成人休闲服饰和儿童服饰为主导产品的品牌。

第二，“我就是‘潮’一代”，聘请某明星等作为森马品牌形象代言人，提出了“穿什么、就是什么”“穿什么、潮我看”的品牌口号，追求为目标消费群提供时尚、舒适、高性价比的休闲服饰产品。并通过网络、电视、店铺、产品推广结合产品植入等多种营销手段不断提升森马的知名度。

目标消费群体:

16~35 岁活力时尚的年轻人群，倡导青春活力、个性时尚的品牌形象。

经营理念:

小河有水大河满。

企业愿景:

把森马打造成为中国领先和世界前 20 强的多品牌服饰集团。

D. 员工形象礼仪妆容标准

1.着装

① 整洁、干净的服装和鞋;

② 着装时尚休闲，符合品牌定位和礼仪要求;

③ 工服常洗，常熨烫;

④ 任何时候不得穿背心、拖鞋进入工作区域。

2.妆容

① 女生：淡雅的妆容（眼影、腮红、睫毛膏、眼线、粉底）；

② 男生：干净、整洁、无胡渣，面部可适量用护肤霜，冬季可使用润唇膏以防止嘴唇干裂。

3.发式

整体要求：整齐干净，不可有头屑，可适度染发或是卷烫，发型要新潮时尚。

4.配饰

首饰以小巧，精致，符合品牌形象，少量佩戴点缀，不可佩戴夸张的首饰。

5.标准姿势

手势：与顾客交谈时，手势不宜过多，动作不宜过大，必须时作适当展示，指向方向或是引路时，手指自然并拢，掌心 45° 角向上，指示目标。

站姿：抬头，挺胸，收腹，双目向前平视，面带微笑，为首下腭，双脚直立，微张与肩同宽，双手自然放在两侧。

以上只是新员工带教第一天的培训内容。由此我们可以看出，企业培训师在对新员工进行带教时，要注重细节，教得越详细，才能使新人在以后的工作中少出错，成为企业合格的员工。

10.5 懒是人的天性，督导系统让人停不下来

如果说带教系统为企业带来发展的活力，那么督导系统就是企业保证各门店顺利运营的手段。督导系统可以督促员工努力工作，为员工指明努力方向，提高员工工作积极性，是企业对终端门店实现维护、指导、服务的一个重要环节，是为终端网络提供知识、技能、服务的工作，保证品牌管理的统一化、标准化、形象化。同时，督导系统的完善与否，督导人员

的素质高低，直接影响着终端门店的销售业绩，影响着企业整体的形象。

企业督导人员在督导前要对目标门店有一个大体了解，而后制订一个完善的督导计划，拟定好工作目标。在开始督导前，要提前告知目标店铺，让门店员工有一个心理准备。

在到达门店的当天，督导人员要召集员工，开一个总结会，与他们相互认识，了解现在门店的情况、观察员工的素质和技能，并对此次督导的相关内容进行讲解。

在督导期间，督导人员要安排员工进行门店布置，安排好当天任务和目标，并做好各种准备工作，做到形象统一化，使门店体现出活动浓厚的气氛和主题；在工作同时，还要观察每位员工的工作表现，进行记录；在结束后，要对当天的工作情况进行分析总结，要首先要求员工们个人总结，了解他们对自己当天工作的认识，然后在给大家分析工作情况，并进行第二天的工作安排，提前安排好工作事项，让员工做好准备。

督导人员需要确保该部门或工作领域按质、按时地实现目标；培训、激励员工按质、按时地完成工作任务；与员工和其他各个层面的人员定期进行有效的沟通；创造一个积极的工作环境以鼓舞士气，保证工作质量和生产率；执行公司的人力资源政策和有关的安全规定；在工作的领域或部门内部以及同其他部门之间建立团队合作机制；确保员工拥有完成工作所需的设备和工具；详尽、按时完成所有必需的日常文案工作和书面报告；保持良好的工作氛围，使员工能更好地分享彼此的见解以促进持续发展。

10.6　既然喜欢争第一，那就做个 PK 系统保障吧

当下，很多企业为了能够有效提升终端门店业绩，纷纷引入竞争机制，以充分激励员工的工作热情，鼓舞士气。PK 系统便成了很多终端门店追捧

的方式之一。

所谓 PK 系统，简单来说就是企业为员工制作一个诱人的“蛋糕”，并将这个“蛋糕”放在员工能通过努力够得到的地方，激励员工积极工作，超额完成业绩，来获得这块“蛋糕”。它具有激发员工工作状态，统一员工思想，促进交流学习的作用，能使他们自觉向优秀的人学习方法和经验，不断提升业绩。

PK 系统时间节点一般分为年 PK、季度 PK、月 PK，适合所有团队和部门。在门店中，周 PK、日 PK 这 2 个最常用。PK 对象一般分为：部门 PK 就是做同样项目的部门、团队进行 PK。个人 PK 是多个单一销售员进行 PK。

公平是 PK 的前提，所有参与者必须基于相同的规则，门店不因为个体差异、能力差异而改变 PK 规则，在 PK 开始前，门店要约定 PK 比赛的各项重要指标：

比赛周期：一般为月结。

PK 指标：一定要用单一指标(如业绩、产品品质、利润、才艺等)。

PK 对象：员工与员工、团队与团队。

奖励与处罚：奖励与处罚必须事先说明，如为胜出员工增加一定的比例的提成额等。

奖励金：一般为一定数额的现金。

PK 的操作步骤具体安排有以下环节。

（1）PK 信息发布

企业以通知的形式发部到内部网站，或打印成文件，发放至门店。发布者一般为财务部/行政部。

（2）PK 氛围营造

企业要营造员工间你追我赶、奋勇争先的 PK 氛围，为 PK 造势。在营造 PK 氛围时，门店要从以下 4 个方面进行。制作横幅、标语，并将其挂在显著的位置；将 PK 冠军、榜样的照片、事迹等制作成 PPT、视频等在门店进行宣导；每天通过给参加 PK 的员工发送短信或微信，来公布业绩，以激励 PK 员工积极性，使其创造更好的业绩。

（3）进行 PK 培训

在 PK 结束后，企业要将 PK 的过程转化为成果。我们要进行 PK 培训，找到 PK 的榜样标杆，进行榜样复制、动作分解和标准化管理，将 PK 成果在企业各门店推广。

（4）PK 挑战书格式

××××年××月×××公司团队/个人 PK 挑战书

PK 对象：______________________

PK 指标：______________________

PK 金额：______________________

本人签名：______________________

见证人签名：______________________

需要注意的是，企业在确定 PK 的规则时，一定要保证简单明了；对 PK 奖励，企业必须要事先说明，如第一名可以获得增加一定比例的提成额；所有的 PK 必须基于相同的规则，企业不因为个体差异、能力差异而改变 PK 条件；PK 必须有一定的时间周期，PK 所得奖励，企业要及时兑现，并把控好 PK 氛围。

第十一章　选对人，比选能人更重要

如今的零售行业复杂、多变、模糊且充满不确定性，以以往的思维方式评估和选择人才显然已经不够。选人才的评价标准已由体力、智力、经验转变为能力和潜力。有潜力的员工具有成长为复合型人才的潜力，是企业的储备人才资源；有能力的员工则能为企业带来立竿见影的发展，所以，企业一定要选对人。正如亚马逊 CEO 贝索斯所说："制定人才聘用高标准，现在是、将来也是企业成功最关键的要素。"选对人，比选能人更重要。那么，怎么选人才是选对人呢，在这一章，我将会向大家具体阐述。

11.1　连锁运营选人缘由

什么样的人才是企业需要的人才，由于一些企业没有选才标准，仅凭主观印象决策，会导致所选的人才整体素质不高，最终企业的整体竞争力下降，不管是员工还是企业，都不愿意这样的事情发生。

那么，我们该如何建立选人标准呢？建立人才选择标准与企业文化、企业内部流程与制度、人员素质、培训体系等因素息息相关，如果我们不从实际出发，只会盲目照搬照抄，最后只会导致所选择的员工不适合企业的需求。

简单来说，企业的选人标准是：适合企业的就是最好的，是企业所需的就是最好的，能为企业创造价值的就是最好的。有的企业盲目追求高学历，非名校毕业的人才不要；有的企业过于要求经验，要求应聘者有世界500强企业的工作经验；有的企业则要求应聘者必须有同岗位工作经验。

我曾为一家企业做过人才管理培训,这家企业的老板在招聘主管时规定,有主管工作经验的应聘者才被考虑,结果该职位在一年时间内也少有人问津,最后我建议他尝试面试一些有副主管工作经验，想有所发展，学习创新能力强的应聘者。企业老板接受了我的建议，最终找到了合适的主管。

我另外一个客户在招聘导购时，要求应聘者必须有同行业销售经验，可是经过长期筛选，企业总是招不上人，满足不了用人部门的要求。我建议该企业放宽要求，只要有销售工作经验的应聘者就可以考虑，最后企业成功招来了可用的员工，有些不是同行业的员工还创造了不错的销售业绩。

确定选才标准要“源于实际，高于实际”，而不是过于追求理想化。如果我们总是从社会的角度看人才，那么，有些人才可能到了我们的企业就不是人才，因为他们不适合我们的企业。

所以，我们就要从岗位角度来选择人才，要进行岗位分析，通过岗位分析确定选人标准，并把它写进岗位说明书中，以此来作为人力部门招聘的依据。在进行应聘条件分析时，我们要从客观条件和主观条件入手，进行分析。

客观条件主要包括求职者的年龄、性别、学历、地域、健康状况、所取得的证书等；主观条件主要包括求职者的价值观、人品、性格、工作能力、工作经验、综合素质等。企业要根据岗位实际情况，使客观条件与主观条件达到统一，建立企业的选才标准。

每个公司都有自己的企业文化。那么，我们还要考察应聘者是否能够接受这种文化，与企业价值观是否一致，是否能够留下来，留得住。事实证明，与企业价值观一致的员工，其在工作时会更加积极主动，肯为企业的发展出谋划策，更容易获得企业的认可和赏识。相反，如果价值观不一致，员工就会产生抵触情绪，消极怠工。

综上所述，企业在选人时，应该进行岗位分析、应聘者主客观条件分析、企业文化契合度分析等，为自己找到合适的人才。

11.2 零售人才特点

零售行业的人才有些共有的特点，我把这些特点分为品质、技能和知识三类，如图 11-1 所示。

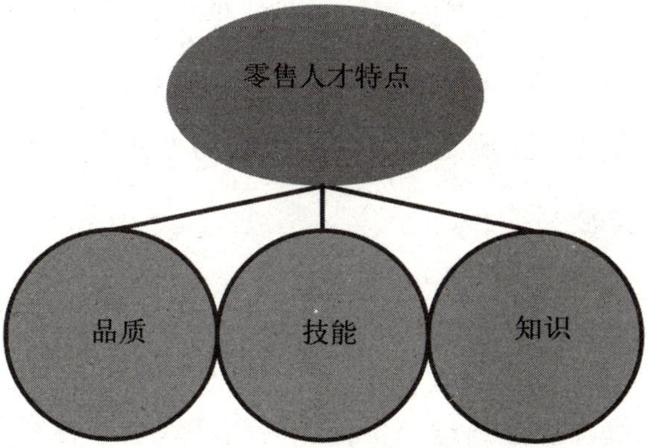

图 11-1 零售人才特点

（1）品质

优秀的零售人才有很多品质：

① 换位思考的能力：这种能力有助于帮助员工创造出和谐的工作氛围；有助于零售人才预测顾客的行为、与顾客建立良好的关系；如果顾客感觉到员工不了解他们的问题，这种关系就难以建立。

② 自我激励：优秀的销售人才收入相对较高，但这只是自我激励的结果，而不是激励的动力。许多人相信销售员只是为钱而工作，但优秀的销售人才却能在销售活动中享受快乐。

③ 自制力：这是销售员从工作失败中恢复的能力。对销售员来说，遭到顾客的拒绝是常事，如果没有较好的自制力，就很难做好销售工作。

④ 诚实：在优秀销售员的品质中，诚实排在第一。这种品质也许是当今市场的关键因素，因为这是建立信任的基础。

除了以上四点外，还有一些品质也是非常重要的，如自律、智力、创造力、灵活性、适应力、毅力、个性等。尽管各个企业对零售人才品质的要求有所不同，但是自我激励、诚实是员工职业生涯成功的基础。

（2）技能

销售人员仅有某些品质是不够的，优秀的人才有着比一般销售员更有效的技能。这些技能主要包括：

① 沟通技能：一般来说，若销售人员有良好的口才，就说明他有很强的沟通技能。但是，沟通是一个听和说双向的过程，倾听也是销售人才需要掌握的技能。我曾经遇到过一位企业的销售人员，他在总结经验时，对我说："这些年来，我通过倾听卖的东西比通过夸夸其谈卖得多得多。"

② 分析技能：销售人员拥有把问题分解并解决的能力，在当今零售行

业中特别重要。有这么一句话：“发现问题就是解决了一半的问题。”优秀的零售人才有通过表象看本质的能力，这种能力一部分源于倾听，同时也来源于提问题的能力。

③ 组织技能：组织技能与时间管理技能是相关的，因为后者其实就是对时间的组织能力，具体来说，组织能力就是销售员使各种因素都处于有序的状态的能力。销售员因为掌握着大量的顾客信息、产品信息、行业信息和经济信息，可以将每种信息都以可用的方式组织起来。

④ 时间管理技能：正确估计时间需求和安排日常行动是非常重要的。因为，一个销售员通常要安排大部分时间，与顾客进行面对面的交流，增加与顾客交流的时间就有助于增加销售额。优秀的销售人才通常要将大量的时间花费在20%的有价值顾客身上，使他们为自己带来80%的销售额。

员工的技能是可以培养的，它可以看作是销售员品质的行动化。许多人害怕销售带来的挑战，不愿选择销售职业。因为他们不相信他们能学会成功的销售技能。这种错误的观念在于销售员把销售看作一个整体，而不是技能和行为的组合。

（3）知识

优秀的销售人才应该具备的第三个特点就是知识。通常来说，销售员应该掌握的知识包括：产品知识、客户知识、产业知识、竞争的知识、自己公司的知识。

通常来说，头两项是最重要的。培训可以提供给销售员一些知识，但是这知识通常是片面的，不够具体的。因此，销售员要在日常工作中主动学习、汲取知识，要掌握寻找和收集信息的方法和手段。

总之，在招聘销售员时，企业负责人必须记住那些优秀的销售人才所具备的特点，但是，也必须认识到选择不是仅仅建立在一两个标准之上的。

11.3 选人通道构建

人才是企业发展的重要保障，企业间的竞争归根到底就是人才的竞争。谁拥有了优秀的人才，谁就在竞争中获得了主动权与制高点。而要做到这一点，前提就是要选对人，要构建合理的选人通道，制定科学、清晰的人才战略。

企业为适应日益变化的外部环境需要和自身发展的需要，应根据自身的发展战略并充分考虑员工的期望，构建人才选择与管理的全局性、长远性通道。选人通道构建是企业战略的重要组成部分。

企业战略的关键在于确定好自己的顾客，经营好自己的顾客，提高顾客满意度和忠诚度，从而确保企业的健康发展。而高质量的产品和服务，需要企业员工的努力。也就是说，企业战略的顺利实施，在很大程度上依赖于企业内部是否具有良好的组织与精干的人才。因为企业要获取战略上成功的各种要素，如研发能力、营销能力、生产能力、财务管理能力等，最终都要落实到“人才”上，而选择合适的人才就是为企业战略的实现提供连续不断的有效人才供给。选人通道构建成为企业战略不可或缺的有机组成部分。那么，企业要如何构建人才通道呢？

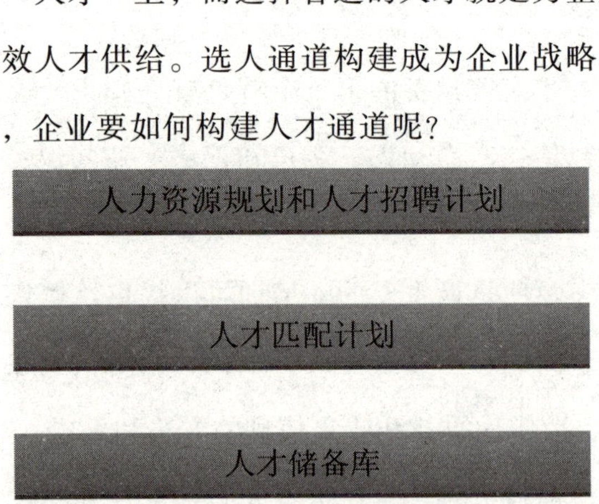

图 11-2　选人通道构建

（1）人力资源规划和人才招聘计划

有的企业在招聘人才时，缺乏整体规划和人才招聘计划。负责招聘的人员在面临繁重的招聘任务时，为完成任务，只要候选人基本符合要求，就会被录用，仓促地完成招聘。这样一来，企业所选人才的整体素质就会大大降低，不利于企业的发展，因此，在招聘之前，不管招聘任务多么繁重，招聘人员都要本着为企业负责的原则，制定相应的人才招聘计划，为企业选择合适的人才。

（2）人职匹配计划

对企业来说，最优秀的人才不一定是最合适的，而最适合的人才才是企业最需要的。企业在招聘过程中，要考虑有关人选的特长，量才使用。遵循人职匹配原则，才会有利于企业和员工个人的发展。尤其在零售行业，企业一定要选择适合自己的人才，如果只按照普遍的选人标准招聘，则有可能错过非常优秀的人才。

（3）人才储备库

企业在选择人才时，要建立人才储备库，以免在急需用人时造成人才短缺，影响企业的整体发展。对于人才市场上大量供应的一般劳动力，企业可以随时招聘，但是对于销售人员，尤其是优秀的销售人员，企业往往很难在短时间内就找到合适的人选，因此，企业一定要建立自己的人才储备库，稳定人才来源渠道。

11.4　外部招聘渠道及招聘技巧

企业开展招聘的渠道有很多，其中，外部招聘是企业通常都会采用的招聘方式。外部招聘可以不断为企业补充新鲜的血液，促进企业快速发展。外聘招聘有现场招聘、网络招聘、校园招聘、传统媒体广告、猎头等多种方式，如图 11–3 所示，企业应根据自身发展情况、招聘成本、结合用人部门的招聘需求，来选择合适的招聘渠道。

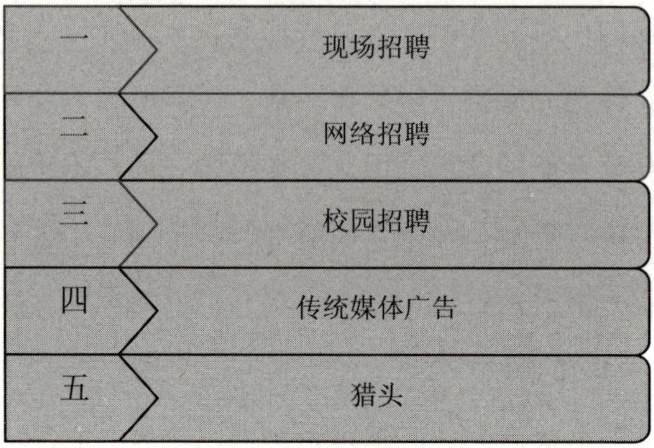

图 11–3　外部招聘渠道

（1）现场招聘

现场招聘是企业通过第三方提供的场地，与人才进行面对面对话，现场完成面试的招聘方式。现场招聘一般包括招聘会招聘及人才市场招聘两种方式。

企业在采取现场招聘的方式时，不仅可以节省初次筛选简历的时间成本，同时也能保证简历的有效性。而且相比其他方式，现场招聘所需的费用较少。但是现场招聘也存在一定的局限，首先是地域性，现场招聘一般只能吸引到所在城市及周边地区的应聘者。其次这种方式也会受到组织单位的宣传力度以及组织形式的影响。

作为企业，你可以通过现场招聘来选择人才，但是一定要结合企业的现实情况来开展。

（2）网络招聘

网络招聘是企业在网上发布招聘信息，通过简历筛选、笔试、面试等环节来招聘员工的招聘方式。企业通常可以通过两种方式进行网络招聘，一是在自身网站上发布招聘信息，搭建招聘系统；二是与专业招聘网站合作，如中华英才网、前程无忧、智联招聘等，在这些网站发布招聘信息，利用专业网站的流量，进行招聘活动。

网络招聘没有地域限制，受众人数大，覆盖面广，而且时效较长，企业可以在较短时间内获取大量应聘者信息。但是随之而来的是其中充斥着许多虚假信息和无用信息，因此网络招聘对简历筛选环节要求比较高。

（3）校园招聘

校园招聘也是许多企业采用的一种招聘方式。企业到学校张贴海报，组织宣讲会，吸引即将毕业的学生应聘，对于部分优秀的学生，学校可以进行推荐，对于一些较为特殊的职位也可通过学校委托培养后，由企业直接录用。

通过校园招聘的学生可塑性较强，干劲充足。但是这些学生没有实际工作经验，需要接受一定的培训才能真正开始工作，且不少学生由于刚步入社会对自己定位还不清楚，流动性也较大。

（4）传统媒体广告

在报纸杂志、电视和电台等载体上刊登、播放招聘信息受众面广，收效快，过程简单，一般会使企业收到较多的应聘资料，同时也对企业起了一定的宣传作用。通过这一渠道应聘的人员分布广泛，但高级人才很少采用这种求职方式，所以该渠道在招聘公司中基层和技术职位的员工方面比较适用。同时，该渠道的招聘效果同样会受到广告载体的影响力、覆盖面、时效性的影响。

（5）猎头

这种机构一方面为企业寻找人才，另一方面也能帮助人才找到合适的雇主。它一般包括针对中低端人才的职业介绍机构以及针对高端人才的猎头公司。企业通过这种方式招聘是最为便捷的，因为企业只需把招聘需求提交给人才介绍机构，人才介绍机构就会根据自身掌握的资源和信息寻找和考核人才，并将合适的人员推荐给企业。但是这种方式所需的费用也相对较高，猎头公司一般会收取人才年薪的20%~30%作为猎头费用。

外部招聘渠道有很多，企业不管采用什么样的招聘渠道，都要考虑公司自身的实际情况，进行合理的选择，我在培训时有很多企业问我，招聘有什么技巧呢？下面我具体说一下。

第一，简化改进招聘流程，提高招聘效率。

很多企业在招聘过程中会为应聘者安排两次到三次的面试，包括人力资源部门的面试和所属部门的上级的面试。如果用人部门的人才需求量增多，企业就需要改进招聘的流程，不能把时间一直用在面试上面，影响用人部门的工作进程。要尽量对现有的招聘面试流程进行改进，安排统一的时间进行集体的面试，面试通过的人员集体办理手续，从而用最短的时间来招聘人员，提高招聘效率。

第二，打造公司品牌，用公司的品牌吸引人。

打造良好的公司品牌有助于吸引更多的人才加入。打个比方，大家之所以踊跃报考公务员，就是因为公务员的背后有政府机关这个金字招牌在起作用，人们会通过这个招牌联想到工作稳定、发展前景佳、良好的待遇等。所以用心经营好企业的品牌，便于企业在缺人的时候能够更快地招聘到合适的人才。

11.5 内部培养及选拔晋升技巧

内部培养及选拔是企业对内部员工按其胜任力进行合理的岗位配置，它是企业选拔人才的主要途径之一。内部培养选拔在大型企业比较常见，这种方式的特点是费用极少，能极大提高员工工作积极性；所选拔的人才对公司相当了解，适应公司的文化和管理，能较快进入工作状态；企业可以通过这种提拔方法，在内部培养出一人多能的复合型人才。但是这种方式可能影响员工的工作积极性。

在企业中，内部培养选拔是经常发生的，当一个岗位需要招聘时，管理人员首先想到的是内部选拔是否能解决该问题。内部选拔有两种方式。

（1）内部提升

当企业中的一些较高级的岗位需要招聘人员时，企业管理者让内部符合条件的员工从一个较低级的岗位晋升到该岗位的过程就是内部提升。企业在进行内部提升时，应遵循公开、公平、公正的原则，要做到任人唯贤。这样做的好处是能调动大部分员工的积极性，提高生产率，增强企业凝聚力，留住人才，激励员工奋发向上，较易形成企业文化，降低用人风险，费用低，手续简便。

但是内部提升不易吸收优秀人才，不易吸收优秀文化，不利于创新，有可能使企业缺少活力。

（2）内部调用

当企业中需要招聘的岗位与员工原来的岗位层次相同或略有下降时，把员工调到同层次或下一层次岗位上去工作的过程称之为内部调用。内部调用一般是工作采用工作调换和工作轮换的方式。

① 工作调换：工作调换也称“平调”，在调换过程中，员工的职务级别不发生变化，工作的岗位发生变化。它是内部人员的另一种来源。工作调换可以为员工提供从事组织内多种相关工作的机会，为员工今后提升到更高一层职位打好基础。

② 工作轮换：工作调换一般适用于中层管理人员，且在时间上往往可能是较长的，甚至是永久的，而工作轮换则适用于一般员工，它既可以使有发展潜力的员工积累各方面经验，为晋升做准备，又可减少员工因长期从事某项工作而带来的枯燥、无聊感。

企业在进行内部调用时，要做到：在事前征得被调用者的同意；在调用后更有利于工作进展；用人之所长的原则。具体来说，内部培养的方法和技巧如图 11-4 所示。

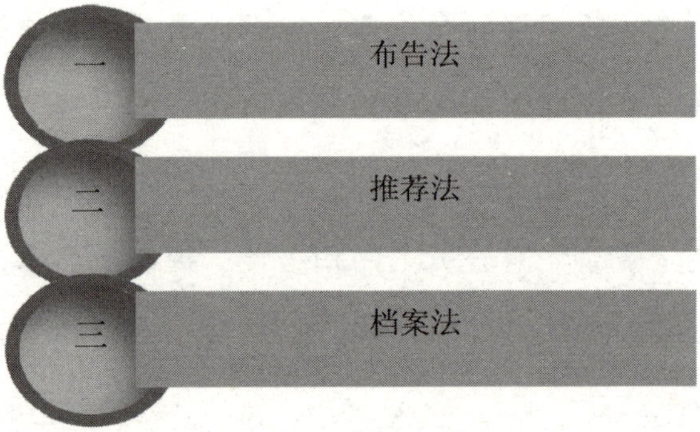

图 11-4　内部培养选拔方法技巧

（1）布告法

布告法是企业在确定了空缺职位的性质、职责及其所要求的条件等情况后，将这些信息以布告的形式，公布在企业的墙报、布告栏、内部报刊上，尽可能使全体员工都能获得信息，号召有才能、有进取心的员工毛遂自荐的人才选拔方法。

企业采用布告法，能使企业中的全体员工都了解到要招聘的职务和补充人员应具备的条件，以此来体现企业在选拔人才工作中的透明度与公平性，能提升员工的竞争欲望，鼓舞员工士气，培养他们的积极进取精神。

（2）推荐法

推荐法可用于内部招聘，也可用于外部招聘。它是企业员工根据招聘岗位的需要向企业推荐其熟悉的合适人员，供用人部门和人力资源部门进行选择和考核的招聘方法。由于推荐者对用人部门与被推荐者都比较了解，使得被推荐者更容易获得组织与职位的信息，便于决策，也使企业更容易了解被推荐者，因而这种方法较为有效，成功的概率较大。

（3）档案法

人力资源部门都有员工档案。企业可从中了解到员工在教育、培训、经验、技能、绩效等方面的信息，帮助用人部门与人力资源部门寻找合适的人员补充职位。员工档案对员工晋升、培训、发展有重要的作用。因此企业在制定员工档案时应力求准确、完备，对员工在职位、技能、教育、绩效等方面的信息变化应及时做好记录，为人员选择与配备做好准备。

本章，我介绍了一些连锁企业选择人才的方法，希望能给大家提供一些借鉴。

第十二章　不是人不好，只是不会用

在培训时，很多连锁企业的负责人总是跟我抱怨："龙老师，为什么每次我们公司招聘的员工整体素质都不高呢，你说是招聘环节出问题了吗？"我对他们公司的招聘机制和人才管理机制进行了了解，发现其问题并不出在招聘上面，而是出在了管理上。于是我告诉他："不是你们招聘的人不好，而是你们不会用。"之后他们按照我的建议重新调整了一下人才管理方案，结果这些企业的员工都很快胜任了岗位。

12.1　没有不能用的人，只有用不好的管理

没有不能用的人，只有用不好的管理。不是我们的员工不好，而是我们没有有效利用人才资源。作为企业管理人员，我们该怎么为企业培养优秀人才呢？

（1）创造员工价值

我们要在观念上改变对人才的看法，要尊重员工的个人价值，理解员工的具体需求，将员工看成企业最重要的资本，并将这种理念落实在日常的工作过程中，通过企业内部管理制度的制定，来创造员工的价值。

（2）为人才设立高目标

我们要不断提高对人才的要求，为新人提供更多成长的机会，让员工在工作过程中获得更多的支持，使他们能够不断地学到新的东西，同时为其工作目标的实现提供必要的资源支持。

（3）强化与员工之间的沟通

人才是企业最好的管理者，企业管理的大部分决策、思路来源于企业的人才，因此，作为管理者，我们要加强与人才的交流和沟通，要积极创造沟通的环境条件，比如员工座谈会等，征询这些人对企业发展的意见，倾听员工所提出的疑问，为他们做好解答。

（4）给予员工权利

给予员工权利意味着让员工自己做出正确的决定，意味着信任，意味着让员工主动开展工作，勇于承担责任，提升员工主动担当的意识。一个人在被信任的时候，就会迸发出更多的工作热情和创意。而管理者所担当的角色就是支持者和教练。

（5）让员工参与公司的管理

管理来自于一线，我们要让一线员工参与到企业的各项管理工作中，为企业的发展献计献策，比如让员工提出合理化建议等。

（6）定期开展专业技能知识培训

如今，科技发展可以用日新月异来形容，知识和技能的更新速度非常快，因此，我们要随时掌握本行业最新的专业知识，定期对员工进行专业知识培训，使他们始终站在本领域专业知识的最前沿，能更好地为企业服务。

（7）以身作则，树立榜样

在与员工的交流沟通过程中，或者在员工会议中，员工会记住你的每一个承诺。因此，我们对员工一定要讲究诚信，要以身作则，要说到做到，切忌出尔反尔，反复无常，要通过自身的言行为员工树立榜样，这样员工才会信服，才会更加积极，毫无怨言地为企业贡献力量。

（8）奖励员工

对于员工出色的工作业绩，我们要及时给予精神或物质奖励，激发员工的工作积极性，比如企业针对员工各项工作创新，给予其奖励，并利用宣传栏、门店晨会等对其进行表彰，并通过这种激励，为企业营造创新的工作氛围。

我举个联想的例子。联想的管理口号是："决不让高绩效者吃亏。"

联想通过直接对销售员采取更高风险、高回报的考评方式，强调业绩导向，强调"决不让高绩效者吃亏"，大大激发销售人员的工作热情，解放销售生产力。2004 年，联想集团开始进行业绩导向下的销售激励与绩效考核改革方案。其方案如下。

第一阶段：方案设计。由人力资源部、企划部以及各业务单元负责人等几方面人员组成专门的项目小组，由小组成员负责设计既符合业界通用做法，又能兼顾联想自身实际情况的考核方案，要求方案既简洁清晰，让销售人员易理解，易记忆，还能充分体现公司各项重点销售战略。

第二阶段：方案实施与完善。在方案形成后，应先在部分管理基础好的业务部门进行试点，后推广到全集团。对各个考核指标、销售目标等都要反复权衡，不断进行修正，使得最终的薪酬回报率既能激励销售员的热情，又能保证公司整体薪酬水平的内部公正性。

第三阶段：方案的稳定和维护运营。方案经过一年的运行和完善后，整个销售考核已经形成了相对完善和成熟的系统，要将内容框架、流程等固化下来，并把它转化为日常运营的必要流程。

在采用了该方案后，联想考核管理的整体效率得到大大提升，以往季度销售考核激励方案在当季度的首月15日发布，而改革后，由于有了固化的流程，有了固化的内容框架，方案发布时间也由原来的15日提早到5日完成。

经过一年的实施和运行，新方案取得了良好效果，员工认可率达到84%。

由联想的案例，我们可以看出，只要我们掌握好用人的方法和策略，每个员工都能成为企业的可用之才。企业努力做好人才管理工作，使他们都能展现努力奋进的精神面貌，为企业的发展添砖加瓦。

12.2 用好人的四大关键

人才是一个企业生存发展的保障，是企业最重要的战略资源，更是企业在市场竞争中立于不败之地的有力武器。一个快速成长的企业必定是以人才为中心，它应具有合理的人力资源结构和完善的人才梯队。那么，企业如何才能高效利用人才呢？如图12-1所示，企业用好人才有4个关键。

（1）人尽其才，物尽其用

企业在用人时要做到人尽其才，物尽其用。具体来说，就把人才放到最适合他的岗位上，扬长避短，积极发扬他的长处，避开他的短处，使他们都能把最擅长的技能展现出来。因此，管理者要善于观察，真正了解员工的优点与缺点。

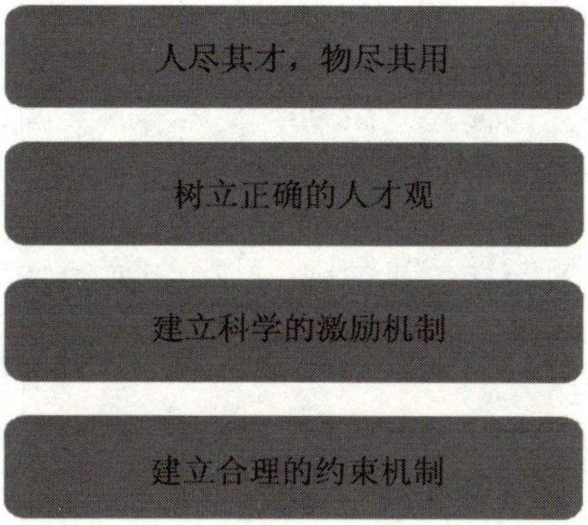

图 12–1　企业用好人的四大关键

管理者把握好人，用好人，企业就能得到长足的发展，否则，轻则使企业发展受阻，重则使企业分崩离析。用人不疑、疑人不用其实只是用人的一种理想罢了，事实上，疑人也得用，而且还要用好。要做到这一点，企业的岗位监督和制约机制就显得尤为重要。

（2）树立正确的人才观

如今人才越来越受到企业的重视，我们在经营企业时，不仅要认识人才的重要性，更要认识到人才在企业发展过程中的不可替代性。

我发现，不少企业还存在着错误的人才观，没有认识到人才的重要性，认为中国最不缺就是人，却不知一个适合的人在企业中的重要性，人确实很多，但是一入职就能发挥作用，胜任工作，真正能够接受企业文化、管理理念的人才又有多少呢？

所以企业的管理者们一定要树立正确的人才观。以人性化人才管理模式为主，刚性管理为辅，放低你的姿态，要尊重、理解、关心和爱护你的每一位员工，那么，他们也会用同样的方式来对待你。要真正做到“以人为本”“士为知己者死，人为知己者用”。

（3）建立科学的激励机制

说到激励机制，很多企业将其理解得过分狭窄，并把激励和奖励视为等同，从而造成了很大的偏差。激励确实离不开奖励，但奖励只是激励机制中的一部分。

奖励是员工通过努力后想要得到的，它主要包括奖金、升迁机会、分权以及授权等，它是一种向上的推力，是员工努力工作的基本前提。除了奖励之外的激励就是企业的牵引机制，它是一种向上的拉力，常见的牵引机制有价值牵引机制等。

（4）建立合理的约束机制

激励管理也需要压力，或者说需要约束机制。因为任何奖励终究会有失效的一天，而且现阶段员工的需求日益丰富多变，管理者很难持续找到适合大众的奖励方案。

企业要约束员工发展、进步的方向以及速度。要在一些重要岗位，有意识地做好人才储备，简单地说，企业就是要实现“一人多岗”和“一岗多人”，一旦有人离开某个岗位，就要立即让合适的人员自动补上，不给企业带来重大的影响。

企业要根据岗位变动的情况，提出岗位需求说明。同时，对于替代岗位人员的培养还有助于在员工内部形成竞争意识，因为企业有一定数量的后备人才储备，个别人就不会因为其岗位的重要性而产生自我膨胀的心理。

总之，企业要实现用人的科学性、灵活性、规范性，既给人才以激励，又给人才以制约，恩威并施，使之心无旁骛地为企业努力工作。

12.3 合理规划人员编制

合理规划人员编制是每个企业都面临的问题，人员编制的合理与否关系到企业的战略规划、盈利模式、经营目标等，而人员编制的多少则直接影响企业运转效率、人工成本、企业利润等。

很多企业在规划人员编制时凭感觉，或者没有进行任何规划，导致企业人员数量增长过快；有的企业一味压缩编制、合并职责或者控制力度不统一，放松对重要部门的监控、严格限制部门发展，造成岗位工作量差别很大等。

那么，企业要如何合理规划人员编制呢？企业应该采取科学的程序和方法，对相应的岗位进行人员数量及素质配备。

人员编制是一种科学的用人标准，合理规划人员编制要求企业根据定位方向和规模，在一定的时间内和一定的技术条件下，本着精简机构、节约用人、提高工作效率的原则，对人员数量进行合理配置和分工。

合理规划人员编制与岗位设计是密切相关的，岗位确定过程本身就包括工作量和工作职责的确定，也包括了对基本上岗人员数量和素质要求的确定。规划人员编制的目的是实现“人、岗、事”三者之间的合理匹配，以达到“人尽其才、才尽其用”的目标。

在规划人员编制之前，企业首先要弄清楚要做的“事”。企业的战略规划、经营目标，是对“事”的确定，企业只有以经营目标为中心，才能科学、合理地进行人员编制。

企业要实现人员编制科学合理，就要使之符合人力资源管理的一般规律，做到“精简有效”。要使其与同行业标准或条件相同的企业所确立的标准相比较，要能体现出企业内部机构精干、用人相对较少、劳动生产率相对较高的特点。

此外，企业还要从实际出发，结合企业的管理水平和员工素质，从提高劳动生产率和员工潜力的可能性来确定员工数量。同时，还要考虑企业各类人员的比例关系，要根据计划期内的企业目标业务量和各类人员的工作效率，科学合理地确定各类人员的数量以及它们之间的比例关系。确定直接销售与非直接销售员工的比例关系；确定管理人员与全部员工的比例关系等。

企业在合理规划人员编制时都会采用哪些方法呢？如图 12–2 所示，主要有 5 种方法。

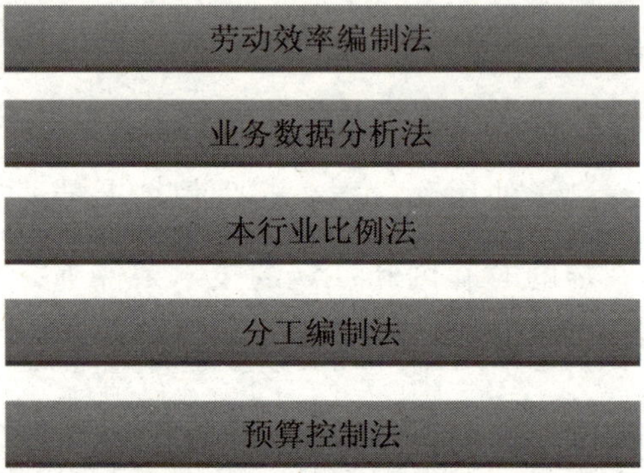

图 12–2　人员编制规划方法

（1）劳动效率编制法

劳动效率编制法是企业根据销售任务和员工的工作效率以及出勤等因素来计算岗位人数的方法。凡是对于实行劳动定额的岗位，特别是以销售为主的岗位，都适合用这种方法。

（2）业务数据分析法

业务数据包括销售收入、利润、市场占有率、人力成本等。企业应根据历史数据和战略目标，来确定企业短期、中期、长期的人员编制。

（3）本行业比例法

本行业比例法是企业按照人员总数或某一类人员总数的比例来确定岗位人数的方法。由于专业化分工和协作的要求，某一类员工与另一类员工之间总是存在一定的比例关系，并且随着后者的变化而变化。如在服务业，人力资源管理类人员与业务人员之间的比例一般为 1∶100。

（4）分工编制法

分工编制法是企业组织机构和各职能部门，在明确各项任务分工及职责范围以后，根据任务工作量的大小和复杂程度，结合管理人员和专业人员的工作能力和专业水平确定岗位人数的方法。

（5）预算控制法

预算控制法要求企业通过人工成本预算控制在岗人数，而不对岗位的具体数量做硬性的规定。部门负责人要对本部门的业务目标、岗位设置和人员数量负责，在获得批准的预算范围内，自行决定各岗位的具体人数。由于企业的资源总是有限的，预算控制对企业各部门人员数量的扩展有着严格的约束。

综上，企业要根据自身实际情况，灵活选择相应的人员编制方法，以适应企业自身的发展需要和市场需求。

12.4 认识岗位说明书

岗位说明书就是岗位职责的说明。它包括：在该岗位上，企业对该员工的要求和期望；相关岗位的操作技巧；在不同场合和情况下，该岗位员工应尽的职责等。

在制定岗位说明书时，企业应根据岗位具体情况制定，要注重文字简单明了，使用浅显易懂的文字填写，使内容要越具体越好，避免形式化、书面化。

岗位说明书在被制定之后，还要随着企业内部的变革、岗位职责的变化，进行一定程度的修正和补充，以便与企业的实际发展状况保持同步。此外，岗位工作说明书的基本格式也要因情况而异。

对于岗位说明书的模板，我在文章最后以附录的形式为大家呈现。

岗位说明书应该包括以下主要内容：

岗位基本资料：包括岗位名称、岗位工作编号、汇报关系、直属主管、所属部门、工资等级、工资标准、所辖人数、工作性质、工作地点、岗位分析日期、岗位分析人等。

岗位分析日期：标明岗位分析日期的目的是为了避免使用过期的岗位说明书。

岗位工作概述：简要说明岗位工作的内容，并对岗位工作活动的内容逐项加以说明，标明各活动内容所占时间百分比，活动内容的权限，执行的依据等。

岗位工作责任：岗位工作责任包括直接责任与领导责任，要逐项列出任职者工作职责。

岗位工作资格：即从事该项岗位工作所必须具备的基本资格条件，主要有学历、个性特点、体力要求以及其他方面的要求。包括必备资格和理想资格，其中必备资格是员工胜任岗位的最低资格，理想资格是企业期望该岗位员工具有的资格。

岗位发展方向：在部分企业的岗位说明书中还会有岗位发展方向的内容，希望通过岗位发展方向不仅明确企业内部不同岗位间的相互关系，而且还有利于员工明确发展目标，将自己的职业生涯规划与企业发展结合在一起。

岗位工作说明书一般由企业的人力资源部门统一归档治理。企业对于岗位工作说明书的编写也并不是一成不变的。企业组织系统内经常有职位增加、撤销情况的出现，更常见的情形便是岗位的某项工作职责和内容的变动，甚至于每一次工作信息的变动，都应该要求及时记录在案，并迅速反映到岗位工作说明书的调整之中。在碰到岗位工作说明书要加以调整的情况下，一般由岗位所在部门的负责人，向人力资源部提出申请，并填写标准的岗位说明书修改表，由人力资源部门进行信息收集，并对职位说明书做出相应的修改。

12.5　制定岗位工作标准

制定岗位工作标准，对于一个企业的发展来说是至关重要的。企业若是没有制定岗位工作标准，对部门岗位设置得不合理，那么企业的人力资源配置就会出现问题，岗位职责没有规范清晰，则员工的工作职责模糊。就算企业拥有再卓越的管理理念，可是员工工作职责不明确，也会出现执行不力、计划滞后等问题。

因此，为了明确各岗位人员工作过程的责、权、利等管理要求及岗位能力要求，提高执行力，明确个人上岗标准，企业就应制定岗位职责及能力标准书。

岗位工作标准用于指导企业所有岗位“岗位职责及能力标准”的编制、修改。企业部门领导及以上岗位的工作标准应由综合管理部组织编写及日常维护；各部门级以下岗位的工作标准由部门负责人组织编写及日常维护。工作岗位职责及能力标准书是对各级员工考核的标准之一。

企业在制定员工岗位工作标准时，要注意的以下 4 点。

① 明确职责：明确各级别人员职责，规范管理，职责公开便于交流与监督。

② 明确权限：明确各部门权限，以便更好地履行职责。明确岗位接口部门与相关事宜，以避免工作盲点。

③ 明确利益：根据已明确的职责，结合个人利益，确保职责的有效执行。

④ 明确上岗标准：要确保达成上岗标准的员工进入岗位。

岗位工作标准内容要详尽，条理要清晰，指标要明确，职责、权利和义务要对应。工作岗位职责及能力标准中的“指标”必须明确，必须合理，要考虑该项工作的长期性。为此，企业必须将每个岗位的工作指标同部门的关键业绩指标结合起来。

岗位职责标准中的“职责”是对每一个岗位工作内容的概括性描述，具体的工作方法和流程要按企业相关的管理要求制度执行，职责描述要覆盖岗位工作的全部。

岗位职责标准中的“权限”是对某一岗位人员权利、权限的概括性描述，对于某一岗位人员能够决定哪些事情，每件事的工作尺度，都要清楚地列出。

岗位职责标准中的“奖罚”是对某一岗位人员利益的概括性描述。对指标完成情况、职责履行情况、权限的使用情况进行考核，以确定奖励还是处罚，职责、权限和奖惩必须对应。

岗位职责标准中的“上岗标准或能力标准”是对胜任岗位工作的基本要求。员工要胜任某一岗位工作就必须达到基本要求，若暂时不能达到，但通过一个任期或年度考核期内应当达到。对于特殊岗位，员工必须取得相关资格证书才能上岗的，需明确上岗证件要求。工作环境包括工作地点、配备的设备、工具，环境噪声、工作时间、班制、工作的均衡性等。

岗位职责标准中要考虑到环境因素（岗位中可能发生的非重大环境因素和重大因素）和安全因素（岗位中可能发生的非重大安全因素和重大因素）。

岗位职责标准按企业人员编制制定，由各部门制定审核后，发给综合管理部指定人员，综合管理部应定期或不定期对各部门岗位职责标准制定及落实情况抽查。在公司内审时及绩效考核时，对各部门岗位职责标准的制定及落实情况进行审核、考核。岗位职责标准需调整时，由各部门进行书面调整与修改。

其实，每一员工都是有能力的，发挥他们能力的关键在于企业如何去用，只要企业用对了方法，就一定能激发员工的潜能，使他们成为企业发展的中坚力量，我在本章重点为大家介绍了企业的用人方法和策略，就是希望教会大家如何用人，如何用好人，希望能对大家有所裨益。

第十三章　人才是培养出来的，看看学习地图吧

员工在企业的工作过程就如同开车旅行一般，他需要一个详细的指引，并不断加油充电，维持不断前行的动力和能量，才能到达旅行的终点。而学习地图就是员工职业生涯的向导。

为了突破人才培养的各种局限，为了使企业员工有针对性地学习相应岗位的技能，从容应对轮岗或晋升，在工作期间寻求发展，企业就该为员工绘制出一张学习地图。

具体来说，学习地图是企业根据员工职业生涯发展情况，基于其岗位能力而设计的员工快速胜任本职工作的学习路径图，同时也是员工实现其职业生涯发展的学习路径图和全员学习规划蓝图。学习地图是员工在企业内学习发展路径的直接体现，能有效指导员工的学习发展，促进其能力提升，促进员工培训向员工学习转型的深化。

13.1 为什么会有学习地图

学习地图会为员工的职业生涯发展提供非常大的帮助，能够解决企业最关注的人才瓶颈问题，加速员工的成长、提高成才率，推动企业的发展。下面我具体说一下企业为员工绘制学习地图的原因。

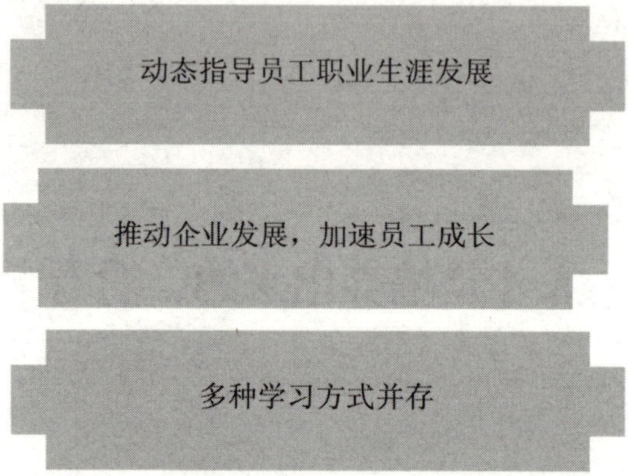

图 13–1　学习地图存在的原因

（1）动态指导员工职业生涯发展

传统的企业员工培训课程体系，可以让企业的每个员工都清楚地了解自身的学习规划与发展方向。但是，这是一种静态的框架体系，不是根据员工职业生涯发展状况制定的，不够具体，也没有针对性，在员工岗位转换、晋升的时候，没有为其设定相应的学习与发展节点。简单地说，静态的员工培训课程体系并没有融合、贯穿到员工的整个职业生涯中，自然不利于员工的发展。

学习地图则可以根据员工职业生涯发展的情况进行动态调整。新员工从入职到转正成为正式员工，其学习与发展是单一的。当他成为骨干员工之后，他所要面临是走专业化人才路线还是管理型人才路线的抉择，学习地图就可以在这里分叉，分别进入专业化人才路线和管理型人才路线，即“Y”形发展通道。

学习地图具有很强的适用性，会根据企业发展的不同需要，为员工的发展指明方向。

（2）推动企业发展，加速员工成长

从企业角度来讲，学习地图是企业进行员工管理培训的方向盘，为培训部门提供统一的培训管理视角。学习地图清晰地展现了员工在成长的各个阶段的学习内容，企业培训部门只需将这些培训内容与员工的阶段发展现状进行对比，建立起系统科学的培训规划，就可以极大地节省培训的时间。与此同时，学习地图有效地整合了大量学习资源，无论是传统的课程资源还是新颖的实际操作演练、线上学习，都为员工培训提供了方便。

从培训部门的角度看，培训部门可以根据年度培训资源的情况、培训经费的多少等具体条件，确定适合员工的学习方式，从而为其提供相应的学习路线。

从员工角度来看，学习地图是员工在企业中学习发展的方向标。学习地图能明确告诉员工在发展的每个阶段应该学习的内容、努力的方向和要达到的目标，晋升应该具备的能力。新员工在刚开始入职的一段时间内，往往不辨方向，不认路途，手足无措，存在盲目的状态。借助学习地图中的“员工学习发展手册”，员工就可以看到其努力的方向以及晋升的路线。在职业生涯发展中，员工应该掌握的学习内容被清楚有序地标识出来。同时，根据培训内容的特点，学习地图也为员工配备了最佳的学习方法，资源配置和评价标准，以及不同学习阶段的目标，加速员工的成长。

同时，企业在学习地图背后，还可以构建一个“评价中心”，员工通过评价中心可以测评出自我“能力曲线”，可借助培训部门或者直接上级的指导，拟定出个人职业发展规划，即“成长路线”。

（3）多种学习方式并存

员工能力的提升需要丰富的“营养套餐”，他在职业生涯的不同的层级要用到的不同技能知识点，只有将这些技能和知识点全面掌握，员工才能得到全面发展，胜任企业给予的每一个岗位，完成自己的工作职责。这就要求企业的培训内容要做到有针对性和多样化，并和员工的能力需求紧密匹配。

而学习地图所关注的核心内容大大超越了传统的培训课程体系，它能从一个更高的视野来支持员工的培训学习，以员工为中心，利用其“导航性能”，为参加培训的员工配备丰富的学习套餐。

在学习地图中，员工可以根据自己学习偏好和学习需求来选择适合自己的培训，也可以根据自己的想法选择多种学习方式，如去教室上课，在网上自学，或者参加一个行动学习，或者加盟一个针对性的实践社团等。

总之，学习地图对员工的职业生涯发展具有指导作用，无论是在发展战略的指引上，还是在具体学习方法的制定上，都为员工们构建出清晰明确的规划，使员工在职业的各个阶段都能心明眼亮，有针对性地调整自己的学习策略，并树立坚定的信念，扎根企业，积极为企业的发展贡献力量。

13.2　如何绘制学习地图

根据学习地图覆盖范围和其所面对的培训对象，学习地图可以分为三种类型：

整体型——针对企业全体员工的学习地图。

群体型——针对企业中的关键群体，如核心管理层、后备干部或新员工等的学习地图。

重点岗位型——针对企业中的重点岗位、重点序列的学习地图。这种学习地图能够使企业在培训资源、培训费用有限时，实现有的放矢的投入。

无论是何种类型的学习地图，其绘制方法的关键步骤都是一样的，它包括四个步骤：岗位梳理、能力分析、内容设计以及体系建立，如图 13-2 所示。

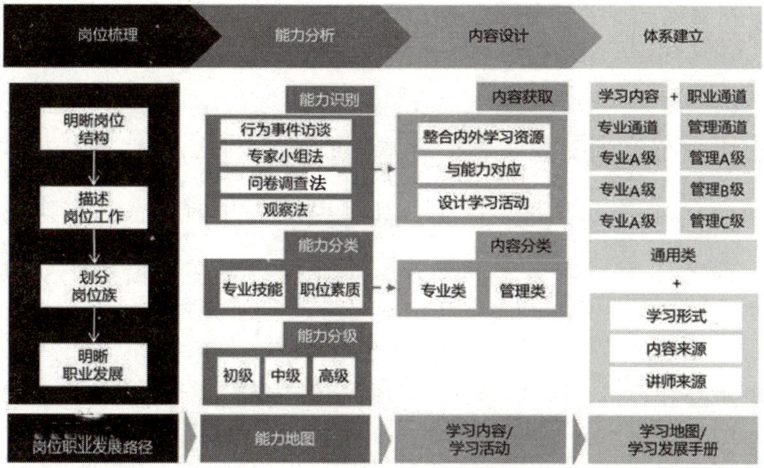

图 13-2　学习地图绘制

（1）岗位梳理

在绘制学习地图前，企业要通过岗位梳理，合并工作职责相近的岗位，划定岗位族，以此来降低课程库的烦琐重复以及学习地图规划的复杂度。同时，还要结合企业员工的职业发展路径，明确各岗位族的职业发展路径。

（2）能力分析

企业要针对不同的工作岗位进行能力分析。其通过事件访谈、能力分析研讨会等方法构建出的能力结构地图是绘制学习地图的关键支撑。基于能力结构的学习地图，紧紧围绕企业发展战略，对各岗位的能力要求进行层层分解，使企业员工的学习与发展有了明确的方向。优秀的企业学习地图需建立在良好的能力结构基础之上，而良好的能力结构应包括能力识别、能力分类以及能力分级三部分，且具备可衡量或可观察、全面、独立、可清晰地描述四个特点。

（3）内容设计

在进行内容设计时，企业首先要确定学习方式，它可以是传统面授学习，也可以是在线学习，或者是更广义概念的学习活动，如内部研讨会、读书会等。

其次要确定培训对象，要针对不同的培训对象，制定不同学习内容，如对于面向管理层的培训，企业为其可提供一些抽象、深层次的理论阅读材料。而对于面对新员工的培训，企业则应更多地借助于多媒体的培训形式。

再次要查找已有的培训资源，包括企业内部、合作伙伴以及市场供应等。若市场上已有成熟学习内容，企业则可直接购买；若没有，则可要考虑进行模块化的学习单元开发或者设计。

最后，在获取学习内容后，依据前阶段能力的分类与分级，相应地对学习内容进行分类与分级，制定出各岗位员工的专业技能类学习内容以及较通用的管理培训类学习内容。

（4）体系建立

企业要在最后一步汇总所有的学习内容，根据员工不同职业发展路径的要求，将学习内容分为新员工学习内容、普通员工学习内容、管理路径学习内容、专业路径学习内容，并按照职业发展路径制定出相应的晋升包，依据岗位核心工作要点制定出轮岗包。至此，企业就绘制出了清晰完整的学习地图。

学习地图在员工层面应用的方式就是学习发展手册。它能通过更为直观化、生动化的形式和更丰富的阅读内容，将员工在企业中的学习路径清晰展现，帮助员工不断明晰自己所处的位置和未来发展方向，不断激发员工的学习兴趣和前进动力。

13.3　案例分享：多店零售岗位学习地图

我在培训时，为某个连锁企业绘制了学习地图，帮助企业员工明确了职业生涯的发展方向。

因为企业的管理层次通常是金字塔型，越往上走，岗位的人数越少，能成功升到高层的员工凤毛麟角。所以我建议该企业向员工提供专业型人才和管理型人才两种成长路线，使员工有更多的机会和更广阔的空间去发展自己，实现自身理想。

假如员工想走管理型人才路线，想当区域经理，企业则要考察该员工是否有这个潜力。如果考察结果认为该员工有发展潜力，企业则应把该员工列入管理型人才储备库，为其制定区域经理培训计划，在适当时候使其接受 3 个月的经理人员培训。如果其课程合格，且区域经理职位出现空缺，企业可以让其立即上岗。

假如员工想走专业型人才路线，往专业方向发展，企业也应为员工提供广阔的发展空间，使他一级一级地向上发展。当他发展到一定级别，并且具备以下三个条件：① 销售业绩突出；② 带过新员工；③ 在企业新员工培训中教过一定的课程，就可以让他参加企业专门组织的考试。对于考试合格的员工，企业应给予专家级别的待遇。这个级别应和管理型的区域经理平级。该企业门店员工的晋升路线如表 13-1 所示。

表 13-1 门店员工晋升路线表

实习导购	正式导购	一星导购	二星导购	店助	店长	资深店长	区域经理
新员工入职培训 21 天店铺带教	店铺试衣服务 销售话术 店铺运营流程	店铺陈列规范 顾客类型分析与应对技巧 顾客异议处理 接受投诉技巧	客户维护 服装搭配技巧 店铺成交技巧 仓管标准流程 店铺数据分析	店铺员工指导方法 客户投诉处理 店助角色认知	店铺关键核心指标数据分析 带教方案实施 店铺促销管理 面试技巧 客户管理 员工激励	活动方案策划 管理者的七个习惯 沟通与谈判 团队建设 店铺经营分析	区域市场分析 商品配制计划 店铺赢利与成本分析 新店开业课件 客群管理

为更好地督促员工企业制定的职业规划路线发展，该企业同时也制定了员工晋升考核的标准。如表 13–2 所示的零售门店员工晋升考核表。

表 13-2 ××企业员工晋升考核表

<table>
<tr><th>层级</th><th>晋升前岗位</th><th>晋升岗位名称</th><th>晋升考核标准</th></tr>
<tr><td rowspan="3">导购</td><td>见习导购</td><td>正式导购</td><td>1. 任职一个月，无缺勤
2. 个人业绩达标在 70%以上
3. 参加公司入职培训，考试在 81 分以上
4. 区长审核通过
以上各项同时符合可转正</td></tr>
<tr><td>正式导购</td><td>中级导购</td><td>1. 任职 6 个月以上
2. 连续 3 个月平均销售业绩排名在店铺人数 30%以内
3. 连续三个月无过失记录
4. 参加公司培训考核成绩 81 分以上
5. 品牌经理审核通过
以上各项同时符合可晋升中级导购</td></tr>
<tr><td>中级导购</td><td>高级导购</td><td>1. 任职 12 个月以上
2. 连续 3 个月平均销售业绩排名在店铺人数 15%以内
3. 连续三个月无过失记录
4. 参加公司培训考核成绩 81 分以上
5. 品牌经理审核通过
以上各项同时符合可晋升高级导购</td></tr>
</table>

续上表

层级	晋升前岗位	晋升岗位名称	晋升考核标准
仓管	正式导购	仓管员	1. 月度绩效考核分数不低于 80 分 2. 区域经理审核通过
收银	中级导购	收银员	1. 月度绩效考核分数不低于 80 分 2. 实习期收银员收款准确率 100% 3. 假钞 4. 顾客投诉率≤10% 5. 区长审核通过。
店助	仓管员 收银员 高级导购	店助	1. 月度绩效考核分数不低于 80 分 2. 销售业绩达标率≥80% 3. 店铺月连带率≥1.8 4. 品牌经理审核通过
店长	店助	初级店长	1. 月度绩效考核分数不低于 80 分 2. 巡店检查合格率≥85% 3. 店铺盘点误差率低于 10% 4. 店铺月连带率≥1.9 5. 店铺报表及时上交率 100% 6. 店铺训练执行率 100% 7. 店铺的月人员流失率≤10% 8. 品牌经理审核通过
	初级店长	资深店长	1. 月度绩效考核分数不低于 85 分 2. 巡店检查合格率≥85% 3. 店铺盘点误差率低于 5% 4. 店铺月连带率≥2.1 5. 店铺报表及时上交率 100% 6. 店铺训练执行率 100% 7. 店铺的月人员流失率≤10% 8. 品牌经理审核通过
	资深店长	区域经理	1. 月度绩效考核分数不低于 90 分 2. 巡店检查合格率≥85% 3. 店铺盘点误差率低于 10% 4. 店铺月连带率≥2.2 5. 店铺报表及时上交率 100% 6. 店铺训练执行率 100% 7. 店铺的月人员流失率≤10% 8. 营销总监审核通过。 9. 店铺评分与连续荣获“年度优秀店长称号” 10. 培养 2 名以上资深店长

13.4 多维度系统培养人才

在前文中，我已经提到人才培养的重要性。那么，如何为企业培养优秀人才？这是所有企业负责人都会考虑的问题。我的建议是企业要通过多维度系统培养人才，具体来说，就是要做到师徒机制带教人才，教练基地孵化人才和督导体系优化人才。

（1）师徒机制带教人才

我曾为一家连锁企业做带教培训，在培训过程中，我发现这家企业的存在两个问题：第一，这家企业对员工能力要求非常高，但只是在入职时对新人进行了相关培训，等新人到门店入职后，就不再管了；第二，这家企业名义上制定了导师制，希望让门店的老员工带新员工，然而却认为师傅带徒弟是职责所在，没有给老员工相应的带教补贴。这就导致了老员工在带教上敷衍搪塞，使导师制培训模式形同虚设。总的来说，该企业只注重入职培训，而不注重视门店带教工作，这也是很多企业的通病。

由以上问题，我们可以总结出企业在进行师徒带教过程中需要考虑的 4 个因素：

师资力量：师傅技术和本领要过硬，素质要高，这样才能带出优秀的徒弟。而且为了保证带教质量，确保带教取得预期的成效，每位师傅要限定带教的徒弟数量，否则精力分散就做不好带教工作。

对于带教成果的评估：带教评估是对带教成果的评定和衡量。师傅对徒弟进行评价不是为了考核，而是指出徒弟在工作中出现的错误，敦促其改正，促使快速成长，朝着带教目标努力。因为，师傅应该得到一定授权，否则仅仅凭借人格魅力是难以管住指派的徒弟的。

契约化：企业要以师徒带教协议为核心，来组织开展带教工作，要将带教内容、权利、周期、评估等内容在协议中予以明确，进行契约化管控。

奖励：师傅带徒弟是要付出额外精力的，可能会影响到师傅的正常工作，所以带教并不是师傅的义务，师傅理应得到一定的津贴或奖励，其奖励的金额要与徒弟的带教效果挂钩，与评估结果挂钩。

（2）教练基地孵化人才

人才孵化基地是企业为了支持人才培养和人才建设而搭建的平台，也是企业培养人才的重要手段。通过人才孵化基地培养出的人才，其素质和能力都比较高。

目前，这种人才孵化基地还不是很常见，然而随着时代的发展，各种新兴科技的应用，各种新型运营理念的产生，企业运营模式的深度变革对员工能力素质要求将越来越高，人才孵化基地的作用也将体现得越来越明显。

企业成立教练人才孵化基地，不仅解决了企业发展中的人才问题，革新了传统人才培养理念，也能为整个行业的人才培训制定相应的标准，使任何想从事该行业的个人或企业都可以通过教练人才孵化基地，获得相应的技能认证，从而增强就业的竞争优势和经营能力。

（3）督导体系优化人才

一个完善的督导体系应该包括督导内容及其执行标准、督导方式的有效设置（如日常监督、神秘顾客等）、督导工具的设计（如科学的督导表单工具等）、督导改进循环体系设计等。企业将这些内容整合，设计成手册化、制度化的工具体系，并有效实施，可以促使人才的优化。

督导的工作性质决定了其在企业连锁运营中的重要地位。运营系统确立了终端门店的操作标准与流程；训练系统使运营系统的标准与流程得以复制；督导系统则是运营系统标准复制的保证；三大系统相辅相成、相互促进，任何一环的破坏都将影响到整个企业连锁体系的建设。

督导组织架构：督导体系是连锁专卖体系三大支柱之一，其依据专卖店营运模式、标准，利用专业方法进行监督、控制和评估，并在督导总部的统一指挥下由专业的督导人员贯彻执行。在培训阶段，督导工作通常是由培训师负责，在日常工作中，督导工作则是总部督导人员完成。此外，鉴于企业终端门店分散于全国各地，总部督导人员无法一一兼顾，无法及时掌握各级门店情况，企业还要设置地方各级督导人员，也可在特殊时期让各地门店负责人暂时履行地方督导员的工作职责。

督导任职标准：企业在制定督导任职标准时，主要是针对形象、素质和专业三个方面来进行。连锁企业可以建立相应的管理机制，并具体由人力部门具体执行。

督导人员的督导任职标准包括以下内容。

a. 有基层工作经验：督导人员只有从基层做起，才能深入了解门店的运作环节，做好督导工作。一般来说，督导人员要有 1 年半到 3 年的门店工作经验，从清洁、服务、理货、收银到财务管理、业绩分析、人员调配等，都必须全面了解。

b. 有丰富的专业知识：督导人员会面对各种各样的问题，小至简单的门店业务操作，大至整个门店的经营分析，因而其仅仅具备门店管理经验是不够的，还必须有丰富的专业知识，如计算机知识、商品知识、计算分析知识等。

c. 有良好的沟通能力：督导人员还要扮演“桥梁”的角色，因此运用良好的沟通技巧，与各单店建立良好的人际关系并获得信任是十分重要的。

好的督导员必须具有良好的亲和力，能够和员工打成一片，对于不同性格的员工，要采取灵活的沟通策略，教导他们按照规范的流程作业，而且还要具备敏锐的洞察力，能够感知员工的心里想法，进行有针对性的指导和教育。

d. 有强烈的责任感：督导人员工作效果的好坏不仅取决于其工作能力，还与其工作责任心紧密相关。缺乏责任心的督导人员即使每日忙忙碌碌也难以使工作卓有成效。

除了要对门店员工进行监督外，督导员还肩负着上传下达的责任。他要将门店所掌握的市场情报准确地传回企业总部，同时也要将企业总部的各项指令下达给各个门店。

综上所述，企业培养人才的过程是长期的，是动态的，是要融入员工的实际工作当中的。我们不能仅凭单一的培训手段培养人才，要通过方方面面的工作，系统地对每个员工的工作进行指导，使他们都能获得提升。

企业的发展从根本上来说就是其内部各个员工的发展和进步，员工个人能力的迅猛提升必然也会带动整个企业飞速发展。因此，企业一定要重视人才的培养，要通过学习地图的指引，从多个维度入手，不遗余力地给予他们学习进步的机会，为自己培养出最忠诚、最有能力的骨干人才。

第十四章　留人要留心，设计好机制

人才是企业发展的重要保障和动力源泉，是一个企业最重要的战略资本。一个优秀的人才是企业的核心和骨干，他可以给企业创造突出的业绩，使企业获得跨越式发展。因此，留住人才就是摆在很多企业面前的难题。

然而，我们经常会遇到一些留不住人的企业，很多员工在该企业干了一段时间后就跳槽了，为什么会出现这种情况呢？其最主要的原因就是企业机制存在问题。好的机制是企业留人的关键。

14.1　离职其实很正常，大量离职是机制失常

每个企业都会有员工离职，这很正常。在合理的离职率范围内的离职都是正常的，但是现在很多企业的离职率都超过正常的范围，那么此时员工的离职就是不正常的，我们就要从企业自身找原因，就该考虑哪些地方出现了问题，并找出相应的解决方法。通常来说，员工大量离职的原因不

外乎这 3 个，如图 14–1 所示。

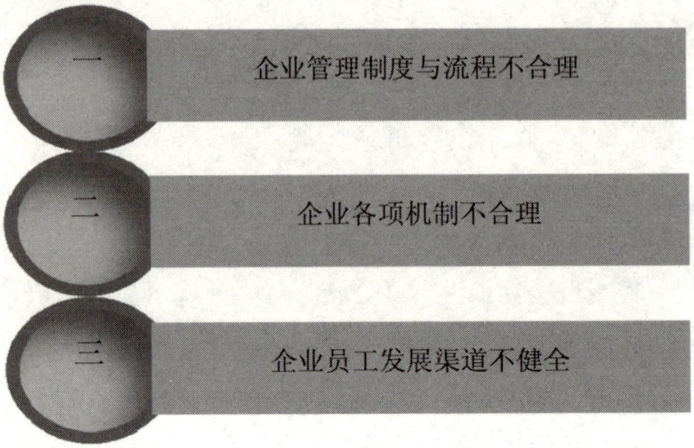

图 14–1　企业员工离职原因

（1）企业管理制度与流程不合理

很多企业在制度制定上只考虑自身的利益，很少考虑到员工的个人利益。比如，我在为浙江一家企业培训的时候，这家企业的老板曾向我询问："为什么我的员工总是要找各种借口请假呢？"我便仔细询问了一下该企业的请假制度。原来该企业老板规定：企业员工每个月只能休息两天，并且没有婚丧嫁娶等假期，若员工请病假，则扣一天工资，若员工请事假，则扣两天工资。显然，如此苛刻的请假制度必然会导致员工不断找理由请假了。

再比如，某企业规定，若商品售出后，顾客要求退换货，则企业对门店员工要进行处罚，处罚方式为在员工工资内扣除该件商品的售价。我们都知道，对于门店来说，顾客退换货是常事，而商品也往往价值不菲，如此严厉的处罚制度必定会使员工闹情绪，进而出现大量离职现象。

所以，制度与流程不合理会极大地影响员工的积极性，企业要成立制度审核委员会，对自身的各项制度进行审视，保证制度与流程能够被员工认可与接受。

（2）企业各项机制不合理

员工来企业工作的主要目的是为了赚钱养家，因此福利待遇是留住员工的一个关键因素。

如果一个企业给员工的待遇不能满足其基本生活需求，那么员工就会发觉自己的工资无法养活家庭，升职无望，加薪无望，感觉自己的付出和收获不成正比，他势必就会离职。

这时候，企业就该重新审视自己的晋升机制、薪酬激励机制等各项机制，找出其中的漏洞，并进行弥补和调整，使每一个员工能获得升职加薪的机会。

（3）企业员工发展渠道不健全

除了赚钱养家糊口之外，员工在企业工作，还希望能够提升自己的工作技能，锻炼自己各方面的能力，获得个人职业的发展。如果一个员工发现自己在企业工作没有前途，既拿不到可观的工资，也不能学到有用的技能，那么，这个员工也会选择离职。

总之，员工离职原因无非就是工作条件差、福利待遇差、没有发展前景这三个方面，企业想减少员工离职，就要围绕这三个方面，完善相关制度和机制，给员工一个相对宽松的工作环境，一个良好的发展平台，那么，员工自然就会愿意在企业当中努力工作下去。

14.2　留人渠道：员工晋升机制设计

从目前的情况看，晋升机制不合理、不公平、不透明，是企业员工离职的最主要原因。比如，企业中的一些员工工作很努力，也创造了突出的业绩，然而他却发现一些对工作毫无干劲，业绩也不高的员工先于自己获得了晋升，这时，他的不公平感就会油然而生，进而心怀怨愤，对企业失望，选择离开。

所以，在设计员工晋升机制时，我们一定要注重机制的合理性，标准的统一性，人才培养的系统性，并积极弥补企业现有的晋升机制存在的漏洞，那么，通常来说，企业晋升机制的漏洞都有哪些呢？如图 14–2 所示。

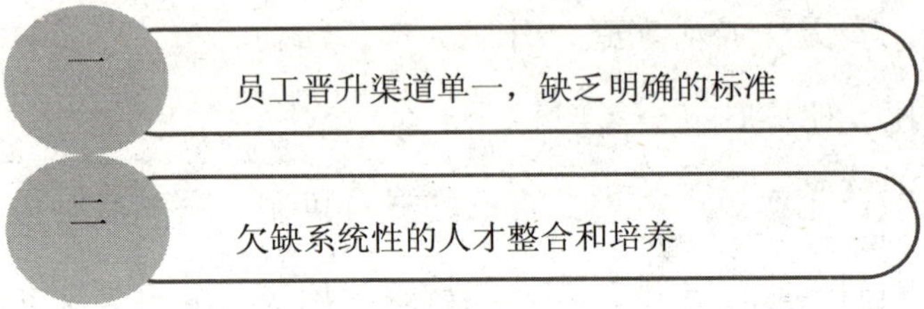

图 14–2　企业晋升机制存在问题

（1）员工晋升渠道单一，缺乏明确的标准

有的企业采用传统的“直上直下式”晋升模式，造成“独木桥”的现象，导致员工晋升速度缓慢，那么，一些在短时间内晋升无望的优秀员工就可能会选择离职，造成了人才流失。再加上企业没有明确的晋升标准，员工不清楚自己的发展方向，其工作积极性也难以提升。

（2）欠缺系统性的人才整合和培养

在直上直下的晋升机制下，企业也会出现“人才不均衡性”现象。有的部门急缺优秀人才，而有的部门却会出现因优秀人才得不到重用而流失的现象。此外，企业对核心人才的培养体系欠缺系统性和全局性，也会使人才由于涉足的工作仅仅是一个领域，受到局限，难以胜任企业的其他岗位。

针对晋升机制存在的问题，我建议这样改进：

企业要在不同的职位、不同区域的门店之间建立起员工转换和迁移的通道，为员工提供多元化的晋升渠道，打破单一模式的晋升渠道，促进员工的横向流动。这样做，一方面，拓宽了员工的职业晋升路线，缓解了“独木桥”的问题，使优秀员工在一个地方得不到晋升时，也可以获得跨门店、跨区域晋升的机会，极大地激励了员工的工作积极性；另一方面，也改善了企业内部员工的培养机制，削弱了企业内部人才的不均衡性，优化企业的人力资源配置，促进企业的进一步发展。

14.3　终端晋升机制设计特点

终端晋升机制，简单来说，就是门店员工的晋升机制。下面，我具体说一下终端晋升机制的设计特点供大家参考。终端晋升机制包括晋升原则、晋升模式、晋升计划三个部分。

（1）晋升原则

① 德才兼备，德和才二者不可偏废：企业不能打着“用能人”的旗号，重用和晋升一些才高德寡的员工，这样做势必会在员工中造成不良影响，给员工树立了不好的榜样，从而严重打击员工的积极性。

② 机会均等：负责人力资源的管理人员要使每一个员工都能得到相同的晋升机会，要实行公开招聘，公平竞争，唯才是举，不唯学历，不唯资历，只有这样才能真正激发员工的上进心。

③ “阶梯晋升”和“破格提拔”相结合：“阶梯晋升”是对大多数员工而言。这种晋升的方法可避免盲目性，准确度高，便于激励多数员工。但对非常之才、特殊之才，企业则应破格提拔，使杰出的人才不致流失。

（2）晋升模式

① 按工作表现晋升：在工作表现可以用若干标准衡量的企业中，企业可以依据员工工作表现是否合乎既定标准来决定是否升迁。在这种情况下，工作能力即是员工的工作业绩达到预期，获得晋升的最重要因素。

② 按投入程度晋升：当员工能约法守时，穿戴规范，遵守企业的一切

规章和制度，能配合上级将工作做得井井有条时，那么，他必定会受到上级的赏识，进而获得晋升。

③ 按年资晋升：按年资晋升从表面上是只看资历晋升，实际上是将资历与能力相结合的晋升方法。在员工获得可晋升的资历之后，其究竟能否晋升将完全依照企业对其工作的考核。这种制度既承认员工经验的价值，也给予了所有员公平等竞争的机会。

（3）晋升计划

① 挑选晋升对象：在挑选了极具潜能的特殊人才之后，企业就应注重对这些人才的工作职责和发展轨迹进行调整，提前为其做好晋升的准备工作。

② 制定个人发展规划：一旦人选确定后，企业要为其制定一个个人发展规划。必须清楚地了解哪一种规划能够与这些特殊人才的愿望相符合，哪些措施对其最为有效，这些特殊人才的不足之处在哪里，还有哪些潜力可以挖掘。

③ 具体规划工作细则以及可能遇到的挑战因素：规划必须是长期的、有针对性的，这样员工才能为未来的工作提前做好准备。这些规划越具体，员工心中就越有底，对下一步的工作就能准备得更充分。

④ 制定辅助计划：企业要制定辅助计划，帮助员工尽快进入角色，圆满完成晋升过程。

综上所述，企业在制定终端晋升机制时，要讲究科学性，要构建完善的晋升通道，要充分体现企业开放、包容、公平的人文理念，使每个员工都能明确目标，更加积极主动地投入到工作中。

14.4　案例分享：终端晋升机制

××企业终端晋升机制

公司可以根据工作需要，对员工的职位或职级做晋升调整，在公司职位空缺的情况下，首先考虑内部晋升，以调动员工工作的主动性和积极性，激发员工的工作热情。

1. 晋升类型

（1）职级晋升：即薪资调整，指薪资级别、薪酬的晋升，职位不变。

（2）职位晋升：指职位的晋升，薪资级别、薪酬根据晋升的级别确定。

2. 晋升时间

在每年年初进行员工考核，给予上一年工作表现优秀的员工一次调薪的机会。

职位晋升不受时间限制。

3. 权责

（1）人资行政中心负责制定和修正公司的员工晋升制度，负责员工晋升资格审核等管理工作。

（2）各部门负责人、事业部负责人、分子公司负责人负责对员工晋升的考核；

（3）员工晋升审批权限。

4. 基本原则

（1）品德和业绩并重原则：要全面考虑员工的个人综合素质、品德、能力以及在工作中取得的成绩。

（2）内部优先原则：当企业出现职位空缺时，应首先考虑内部员工。

（3）逐级晋升与越级晋升的原则：员工一般逐级晋升，为公司做出突出贡献或有特殊才能的员工，可以越级晋升。

（4）纵向晋升与横向晋升相结合的原则：员工可以沿一条通道晋升，也可以随着发展方向的变化调整晋升通道。

（5）能升能降的原则：根据绩效考核结果，员工职位、薪资可升可降。

5. 晋升条件及内容

（1）职级晋升

1）晋升资格：员工工作表现良好，有6个月或以上未进行职级的调整。

2）晋升考核内容：月度工作考评平均分在85分及以上。

3）晋升标准：每次职级晋升只能上调一级。

（2）职位晋升

（1）晋升资格

1）店铺员工晋升至办公室专员级：员工在店铺工作达12个月及以上，通过晋升面试；拟晋升人员岗位有人员接替；

2）专员级晋升为主管级：在专员级岗位上工作达12个月及以上，月度工作考评平均分在85分及以上；拟晋升人员岗位有人员接替；

3）主管级晋升为经理级：在主管级岗位上工作达24个月及以上，月度工作考评平均分在85分及以上；拟晋升人员岗位有人员接替；

4）经理级晋升为总监级：在经理级岗位上工作24个月及以上，月度工作考评平均分在85分及以上；拟晋升人员岗位有人员接替。

（2）晋升考核内容

1）月度工作考评平均分在85分及以上；

2）晋升考核评分在 85 分及以上；

3）经面试符合拟晋升岗位职位说明书所列明的各项要求。

（3）晋升标准：职位晋升每次最高只能上调二级。

6. 晋升流程

（1）职级晋升

1）部门填写《异动审批表》提交人资行政中心审核；

2）人资行政中心审核，符合条件者按晋升审批权限办理审批。

（2）职位晋升

1）部门填写异动审批表晋升考核表提交人资行政中心审核；

2）人资行政中心审核，根据拟晋升岗位的岗位说明书对员工进行客观、全面的面谈；

3）人资行政中心根据部门考核结果、人资面试结果，将符合条件者报公司领导审批；若出现条件相当时，依次按候选人学历、工作年限、培养潜力等进行排序，优先者获得晋升；

4）确定晋升人选后，人资行政中心将结果通知部门负责人及员工本人；

5）晋升调离原岗位时，需与相关人员进行工作交接，并填写工作交接清单。

14.5　留人动力：薪酬激励机制设计

薪酬是吸引员工进入企业并长期留在企业的又一关键因素，薪酬的高低对员工的工作具有激励作用，这也是薪酬激励机制存在的原因。在设计薪酬激励机制时，企业需要遵循以下原则。

（1）公平原则

公平并不意味着大锅饭，一概而论。这种公平是建立在员工的岗位、级别、能力一致的基础之上的，是横向的公平。另一种是纵向的公平，这种公平是基于发展过程考虑，因为一个员工在企业的发展具有过程性和延续性，所以他的薪酬也是随着时间的积淀而持续增长。

（2）竞争性原则

此原则要求本企业的薪酬制度与其他企业相比，具有竞争力，这样才能吸引人才、留住人才，进而使人才为企业的发展贡献力量。

（3）激励性原则

有效的激励需要高薪与科学性相结合，企业不应单单依靠较高的薪水去调动员工工作的积极性。科学的薪酬激励会通过多维度的奖励方案，如休假、旅游、各种人性化的福利政策等，对员工进行激励，刺激他通过努力工作，完成目标，获得奖励。

（4）经济性原则

此原则要求企业在进行薪酬激励时，要将其控制在企业承受能力的范围之内，而不是一味提倡高薪。因此，企业在把竞争性原则和激励性原则运用于薪酬激励制度上时，就要受到经济原则的限制。

在设计薪酬激励机制时，我们要运用以下技巧：

对不同的人员要用不同的激励措施。马斯洛需求五层次理论说明，人的需求是分层次的，只有满足了低层次的需求之后，人们才能考虑高层次的需求。薪酬作为满足低层次需求的保障条件，对绝大多数人来说，仍是个非常重要的砝码。对于薪酬低的企业来说，它即使将企业文化搞得再好，也难留人。如果给予高层次人才较高薪酬，但不给予其培训和发展机会，这种机制仍然缺乏吸引力。

在激励方案的搭配上，企业将现金性薪酬激励和非现金性薪酬激励结合起来运用，有时能取得意想不到的效果。前者包括工资、津贴、奖金、“红包”等，后者则包括企业为员工提供的所有保险福利项目、实物、公司举行的旅游、文体娱乐等。有些企业专门为员工的家属提供特别的福利，比如在节日之际邀请家属参加联欢活动、赠送企业特制的礼品、让员工和家属一起旅游、给孩子们提供礼物等，让员工感受到企业的温暖。

在激励的频率上，企业适当缩短常规奖励的时间间隔，保持激励的及时性，有助于取得最佳激励效果，频繁的小规模奖励会比大规模的奖励更为有效。减少常规定期的奖励，增加不定期的奖励，让员工有更多惊喜，也能增强激励效果。

企业留人要留心，留住员工的心，就保住了企业的发展的命脉，就树立了企业的口碑和影响力，使企业展现出包容、开放、公平的气度和魅力。

千金买马骨的故事告诉我们，国君花千金买的不是马骨，而是人心。因此，企业的激励机制所激励的也不只是那个被奖励的员工，而是企业内部的其他员工和那些关注企业的优秀人才。设立合理的激励机制是一门学问，值得连锁企业管理者们深入学习。

附　录

岗位说明书

终端店铺店长			
岗位名称	店长	**岗位编号**	
所在部门	零售部	**岗位定员**	按店铺需求量
直接上级	区域经理	**所在职系**	
直接下级	收银员、导购员	**岗位分析日期**	

本岗位关键职责概述：

带领所属店铺店员超越完成公司每月设定的销售目标，推广和传播终端店铺形象，以建立良好的市场口碑

职责与工作任务

职责一	**职责表述：销售目标管理**		
	工作任务	统筹规划并制定所管理店铺每月/每周/每日销售计划及店员任务分配，并督促指导完成	频次：日常
		按要求每日填写、提交店铺销售报告	频次：日常
		店铺销售出现异常及时分析，根据现有库存商品、人员、场区，带领店员及时调整销售策略	频次：日常
职责二	**职责表述：货品管理**		
	工作任务	根据货品部每周发布的货品通告分布，进行主推款调整，量化销售目标及策略	频次：1 次/周
		货品进出调拨流程操作准确无误，出货需对方签字确认，并于一个工作日之内进行下账	频次：日常
		保证店铺主推款货量，库存及可销周期周转正常，每周一主动与 PC 沟通货品需求	频次：1 次/周
		每周一进行店铺货品分析，了解畅滞销十大品种，主销类别、字季、主推款动销情况，对滞销款采取相应动销策略	频次：1 次/周

续上表

<table>
<tr><td rowspan="10">职责三</td><td colspan="3">职责表述：负责店铺日常营运工作</td></tr>
<tr><td rowspan="9">工作任务</td><td>负责组织店员进行促销活动的执行与推广，逐一分解至班组、个人并督促指导完成</td><td>频次：日常</td></tr>
<tr><td>负责店铺陈列，根据公司当季陈列手册及要求进行店铺商品陈列调整，并根据天气变化及时进行适当更换</td><td>频次：日常</td></tr>
<tr><td>负责店铺商品、物品及现金安全，每日收银现金的管理与审核，按公司要求及时入账</td><td>频次：日常</td></tr>
<tr><td>负责监督管理店员的考勤，纪律及每日工作日志的填写</td><td>频次：日常</td></tr>
<tr><td>负责店铺每日当班晨夕会的召开</td><td>频次：日常</td></tr>
<tr><td>负责店铺盘点准确工作及配合盘点组盘点工作，确保账实相符，有效控制货品流失率</td><td>频次：1 次/月</td></tr>
<tr><td>负责店铺形象、日常卫生、员工妆容的维护及管理</td><td rowspan="3">频次：日常</td></tr>
<tr><td>负责店铺固定资产的维护</td></tr>
<tr><td>负责店铺与公司、区域经理及商场间的沟通协调工作</td></tr>
<tr><td rowspan="6">职责四</td><td colspan="3">职责表述：负责团队建设及人员管理</td></tr>
<tr><td rowspan="5">工作任务</td><td>公平公正的进行员工班次安排及调休，并如实记录考勤</td><td>频次：日常</td></tr>
<tr><td>调动卖场氛围，激励员工士气，保持良好的工作激情</td><td>频次：日常</td></tr>
<tr><td>现场主动带教员工，培养员工在销售、服务、陈列等方面的专业技能</td><td>频次：日常</td></tr>
<tr><td>对店铺岗位调动（调进、调出），奖罚以及人员晋升报批</td><td>频次：日常</td></tr>
<tr><td>执行店铺每日营业工作做到事前计划，执行有条理
对店铺差编补编时人员招聘及面试工作</td><td>频次：日常</td></tr>
<tr><td colspan="4">职责权限及责任：</td></tr>
<tr><td colspan="4">所管理店铺客户异议处理权</td></tr>
<tr><td colspan="4">所管理店铺各种报表、文件、单据等审核权</td></tr>
<tr><td colspan="4">所管理店铺员工面试考察、录用建议权、岗位调配权、考核评价权</td></tr>
<tr><td colspan="4">工作协作关系：</td></tr>
<tr><td colspan="2">内部协调关系</td><td colspan="2">公司内部其他相关部门、人员</td></tr>
<tr><td colspan="2">外部协调关系</td><td colspan="2">客户</td></tr>
<tr><td colspan="4">任职资格：</td></tr>
<tr><td colspan="2">学历要求</td><td colspan="2">高中及以上学历</td></tr>
<tr><td colspan="2">专业要求</td><td colspan="2">市场营销类</td></tr>
<tr><td colspan="2">职称要求</td><td colspan="2">无</td></tr>
<tr><td colspan="2">执业资格要求</td><td colspan="2">无</td></tr>
</table>

续上表

技能要求	独立熟练操作办公软件； 有较强的领导、组织、控制、协调能力； 有较强的沟通能力、逻辑思维分析能力
知识要求	对服装销售类有基本的了解，有一定的店铺管理知识和财务收银管理知识，受过专卖店销售管理等方面的培训
工作经验	
其他特殊要求（如体能、特质保密级别等）	无
其他：	
使用工具/设备	一般办公设备
工作场所	室内工作
工作时间	正常工作时间、偶尔加班
备注	

识别顾客购买信号及促单宝典

这是我为北京的一家企业做咨询时，整理出来的资料，比较适合一线销售人员阅读，现在分享如下。

顾客类型	信号灯	语言信号	表情信号	处理策略	处理技巧
顾客示好	绿灯	你说的有道理：服务有什么特别？有没有优惠？现在做活动吗？这上衣怎么配好看？你的服务真是不错！最低多少钱？如果不合适可以换吗？……	频频点头紧锁的眉头分开上扬 突然放开交叉胸前的手 面带微笑认真听 ……	直接建议 选择建议 假设成交 最后机会 ……	“这个红色很适合你，给你装起来” “你是现金还是刷卡” “直接穿上吧，我把你的衣服包起来” ……

续上表

顾客犹豫	黄灯	我再考虑考虑。这件衣服适合我吗？改天让朋友来帮我看看……	沉思 抓头发 咬嘴唇 坐立不安 与同伴商量	欲擒故纵送小花	“先生，你看还有什么要我做的吗” “还有什么我没有介绍清楚的吗” “要么我想办法给你申请赠送一份小赠品”
顾客拒绝	红灯	你们这个牌子没听说过，还这么贵！	冷漠怀疑 眉头紧锁 对产品不屑一顾	继续介绍利益 继续处理异议	**挽回用语：** 1. 女士，请您先别急着走，好吗？请问是不是我们这几款你都不喜欢，您真正想要什么风格的？我帮你再找找？
		太夸张了吧，产品哪有那么好！			2. 小姐，请留步，我请我一个忙，我刚做这一行，麻烦你告诉我您不买的原因，这样也方便我改进工作，非常感谢你，是不是…… **跟踪：** 1. 要电话联系方式；2.把店铺的联系方式或名片给顾客； 2. 记录顾客特质、本次的购物经历以及需求 **门槛用语：** “先生，你不买我们的产品没有关系，我教你识别优质羽绒的方法，如果……”（针对自己独有的方法教给顾客）有创造回头的可能。适合货比三家的时候用。
使用方法：一个顾客看完离店后 3 分钟内，顾问开始对照这个表格。回忆顾客信号，并在对应栏打“√”；并且通过实验证明自己当初的判断是否正确。					

处理顾客异议技巧模板

步骤	身体语言/语调/行动	语言	避免
1. 迅速接待	礼貌邀请顾客到较少顾客经过的一角	“对不起，请到这边，我马上帮你处理。”	只叫顾客稍等，但扔下顾客超过三分钟
	邀请时手势指引位置	“对不起，你别急，请到这边，我马上帮你处理。”	嫌麻烦，故意怠慢客人
	目光接触，关注的眼神、神情友善	—	将事件个人化
	心境平和	—	皱眉
	身体微向前倾	—	—

续上表

步骤	身体语言/语调/行动	语言	避免
2. 仔细聆听	仔细聆听：关注、目光接触、真诚的表情、点头	“唔……哦……”	不恰当的笑容
	适当提出自己不清晰的问题，让顾客清晰你所取资料的准确性	“我能理解您的心情！”“我明白您的感受！”	皱眉
	—	“请问您当时是怎样洗的？”	没有让顾客陈述就急忙道歉
	—	“请问您当时的情况是怎样的呢？”	急于解释和更正顾客的误解或错误想法
	—	“您说这件衣服洗了一次就变形，是吗？”	指责顾客的错误或将责任推卸在顾客身上
	—	“您的期望是……”	急于查看货品
3. 共同沟通理解	亲切的笑容、目光接触、关注、真诚的笑容、点头	“对不起，给您添麻烦了！”	严肃的表情
	在自己职权范围内按公司政策提出解决方案	“我们可以这样处理……您觉得怎样？”	皱眉
	鼓励客人参与解决问题	“不如这样……好不好？”	强调公司的政策不支持顾客的解决意愿
	—	“我们可以这样为您解决……”	强调公司规定
	—	“假如没有这种尺码/款式，您喜欢其他什么样的款式呢？”	推卸责任、找借口或证明
	—	“因为这个情况比较特殊，我们需要向公司反映情况，请您先稍微等3天，3天内我们一定联系您回复解决办法。”	回复等待解决的时间过长
	—	—	过分抨击当事人或公司
	—	—	过分承诺
	—	—	主观武断
4. 解决问题行动及附加推销	礼貌请顾客稍等，马上行动为顾客解决问题	“对不起，请稍等，我马上跟进。”	不交代便离开，令顾客误会
	目光接触，关注的眼神	“请稍等片刻……我马上处理。”	让顾客等待的时间过长
	有意识地进行附加推销，令顾客再次消费	“我们现在来了新货/新的优惠……配您身上……挺好看的……我带您看看。”	马上送顾客离开

续上表

步骤	身体语言/语调/行动	语言	避免
4. 解决问题行动及附加推销	感谢顾客提供的意见或建议	“对您造成不便/令您不愉快，非常抱歉，谢谢您提供的宝贵意见。”	—
5. 跟踪服务	与承诺的期限内回复顾客之后的改善方案	“您好，我是……店的……对于您上次提出的宝贵意见，我们已向公司反映，并作出改善和跟进，再次感谢您的意见，我们下周有新货到，欢迎您再次光临我们的店铺。”	没有追踪跟进
	语调亲切，使用礼貌用语，邀请顾客再次光临店铺		过多电话骚扰顾客

各项异议处理沟通模板

异议类别	顾客异议	错误应对用语	正确应对沟通模板
品牌知名度异议	我怎么从来没见过这个牌子	1.是吗？我们公司已经有十几年历史了！ 2.可能你没注意吧！ 3.我们在服装界尤其是男装，还是比较有名气的！ 4.我们在很多杂志上都有广告的呀！ 5.不可能吧！很多顾客都知道！ 6.那您听过哪些牌子？	1.真不好意思，是我们的工作没有做好，这我们得检讨。我们×××是××× 2.那我来帮您介绍一下，我们×××是从×××年×××推出的×××品牌，主要走的是时尚、休闲、个性的路线，在全国各大时尚媒体上都有我们的相关报道！ 3.我们×××是从×××年推出的×××品牌,主要走的是时尚、休闲、个性的路线，是专门为追求时尚个性的都市新贵，量身定做的品牌。
	某某品牌同你家比，哪家更好	1.各有特色，这几个牌子不一样！ 2.我不太了解其他牌子！ 3.都不错！ 4.这不好说！ 5.各有特色吧！ 6.都行！都不错！	1.其实这几个品牌都不错，各有各的特色，主要还是要看您个人比较适合哪种风格和款式，不过在产品的设计和时尚感上，我们是做得最专业、最出色的！ 2.您说的这几个品牌都很有自己的特色。而我们×××最大的优势是我们的产品比较流行、时尚，而且款式比较多，您的选择范围也会比较广！ 3.其实每个品牌都有他的强项，不能说谁好，主要还是看顾客适应、喜欢才是最重要的，还有就是要看谁服务的比较好啰！这一点我们是非常有信心的！

续上表

异议类别	顾客异议	错误应对用语	正确应对沟通模板
品牌知名度异议	你们的款式没有某某品牌好看	1.我们的风格跟他差不多！ 2.您可以换换牌子用看看呀！ 3.很多“×××”的顾客选择都在我们这里买产品！ 4.我们的质量比他们好！ 5.我们的设计跟他们不一样！	1.“×××”是个好品牌，口碑也很好！只是我们跟“×××”的风格有点区别，虽然走的都是时尚路线，不过我们会更加年轻化一些（举例出差异点），所以以您的风格和品位来说，我们的设计会更适合您一些。 2.“×××”是个好品牌！您觉得“×××”什么地方吸引您呢？或是，您一般都是在“×××”买些什么样的产品呢？或是，您喜欢它什么地方呢？ 3.噢！原来如此！（向顾客所说的优点靠拢）是的！这几点确实很吸引顾客，其实这几点我们也做的很好，很多老顾客也称赞我们这部分，只是您以前可能没有关注到我们，真的很可惜！不过，今天刚好有这机会，我来帮您介绍一下吧，您也可以多了解一下我们品牌，您是想看上衣还是裤子呢？
	衣服太花哨，上班时不能穿	1.怎么会不能穿呢！挺好的呀！ 2.不会呀！挺好的！ 3.可能是您看不惯吧！其实挺好的！ 4.那您要不要看看其他款式？ 5.怎么会不合适，我觉得非常合适呀！	**顾客语气并不是特别坚决：** 1.其实这还是要看个人的风格，有些人适合，有些人不合适，像您的风格本来就比较时尚，所以这样穿并不会显得花哨，反而看起来非常时尚，有自己的味道！ 2.我们的设计确实在风格上是比其他品牌显得时尚一些，不过还是有很多顾客上班的时候穿，因为款式……面料……所以整体搭配起来不但不会显得花哨，反而特别能显示出您的品位！ **顾客语气坚决：（从顾客的喜好中去推荐，不用再问题点上去解决）** 1.这种款式确实比较时尚，不过没有关系的，我们还有几款比较优雅、思维，非常适合您上班时候穿，我来帮您介绍一下，这边请！ 2.呵呵！不好意思，我马上帮您介绍其他款，不仅休闲的时候可以穿，上班的时候也可以穿，这边请！

续上表

异议类别	顾客异议	错误应对用语	正确应对沟通模板
产品异议	你们的风格好像不太适合我	1.我们的风格很大众化的？ 2.不会呀！挺好的！ 3.可能是您看不习惯吧！其实挺好的！ 4.那您要不要看看其他款式！ 5.怎么会不合适，我觉得非常合适呀！	**非常肯定：** 1.用于开场：请问一下，您比较喜欢什么样的风格呢？我来帮你介绍一下！ 2.用于产品介绍中：是什么地方您觉得不合适呢？ 3.原来如此！我们这儿有几个款式很符合您的要求，您一定会满意，请稍等，我帮您拿过来！ 4.原来如此！我们这边有几个款式很符合您的要求，您一定会满意，我来帮你介绍一下！您这边请！ **有点疑惑：** 1.需找疑惑点：您觉得是什么地方不合适呢？是颜色、款式还是……？（继续推动） 2.原来是颜色呀！其实这个颜色跟您的肤色特别匹配，只是您以前可能没有穿过这一类的颜色，所以看不习惯而已，其实偶尔换个颜色，换个心情也不错呀！您说呢？ 3.原来您是担心太花哨上班不适合，其实这一点您可以放心，我们设计师在设计的时候已经帮顾客考虑到了这个问题，您这样穿起来会显得时尚，单不会显得花哨，所以您即使是上班时穿着都可以完全放心！
	你们品牌的风格老在变，款式不好	1.不会呀！款式怎么会不好呢！ 2.现在的款比以前时尚！ 3.变才好呀！才跟得上时代的潮流！ 4.是呀！我们也很麻烦的！ 5.这次秋冬的款式不错！	1.其实我们×××一直都是市场上引领潮流的品牌，所以在风格和款式上都比较创新，可能您不习惯，觉得我们的风格老在变，不过我觉得有好几款都挺适合您的呀！您这边请，我帮您介绍一下！请问一下……（用问句避开话题） 2.呵呵！其实是我们品牌在设计上一直都是追求创新，为顾客提供更多不同的选择，在衣服上多些变化心情上也可以多些变化，多好呀！你说是吗？ 3.其实，每一季的国际流行趋势都不同，我们×××为了能提供给客户最新、最时尚的产品，所以，您经常看到我们的变化与创新，这也正是我们品牌的设计精神。

续上表

异议类别	顾客异议	错误应对用语	正确应对沟通模板
产品异议	你们的产品会不会缩水	1.不会的，这个面料不会缩水！ 2.你洗的时候注意一下，不要机洗就不会了！ 3.会缩一点点，纯棉的都会有一点缩！ 4.应该不会！ 5.放心吧，会缩水一定会跟你讲的！	**不缩水：** 1.这一点您可以放心，一般容易产生缩水的纯棉面料，因为这是混纺面料，所以不会出现缩水的情况。因为混纺面料的优点就是舒适、柔软、不缩水，不过洗涤的方式就要稍微留意一下，不要拧绞，这样保型性会好一点！ 2.我们的面料都是经过高温水洗处理过的，所以缩水的问题您可以完全放心。
	你们品牌的风格老在变，款式不好	1.不会的，这个面料不会缩水！ 2.你洗的时候注意一下，不要机洗就不会了！ 3.会缩一点点，纯棉的都会有一点缩！ 4.应该不会！ 5.放心吧，会缩水一定会跟你讲的！	**缩水：** 1.因为这是纯棉的面料，所以第一次下水的时候会有一点点，不过您放心，我们的缩水率都是控制在千分之三以内，一点都不会影响您的穿着！ 2.这一点我正好跟您说明一下，因为纯棉都会有一点缩水，但都是控制在千分之三以内，但因为您穿这件有点紧身，所以我建议您可以选择大一码的！
	你们的款式好少呀	1.怎么会少呢？不少了！ 2.你想要什么款！ 3.我们这儿已经算多的了！ 4.您先看看有没有合适的！ 5.已经卖掉差不多了！ 6.新货过两天就到了！	是的！我们这的款式虽然不多，不过件件都有自己的特色！因为我们设计师已经精心帮顾客做过一次筛选了！所以您挑选起来会更轻松！
	这是旧款吧？（这是去年的款吧？）	1.好看是最重要的！ 2.怎么会是旧款呢，这是今年的新款耶！ 3.您看错了吧！这是我们刚到的货！ 4.您记错了吧！ 5.这款式每一年都会有的！ 6.这绝对是新款，我们的画册里有，我拿给您看！	1.您真了解我们的品牌，是我们的老顾客吧！一眼就看出来它跟去年某款有些相似，所以差别并不是很大，只是这确实是今年的新款，它的特点是…… 2.因为这款式是我们的经典款，所以每年都会有一些固定元素延续下来，不过我们在……稍微做了一些变化，所以看起来会比去年更加…… 3.这个款式卖得很好，大家很容易接受，所以每年公司都会推出几款来做延续！看起来会有点类似。

续上表

异议类别	顾客异议	错误应对用语	正确应对沟通模板
产品异议	款式差不多，某某品牌比你家的便宜	1.您说的是哪个品牌？ 2.那你要看面料，不一样啊！ 3.他们都是仿我们的！ 4.这我不太了解！ 5.类似的款式很多，不过面料也差很多！	1.款式雷同的产品确实有，这个部分我们也有了解过，不过在工艺技术、面料上也都有一定的区别，所以价格的部分您放心，如果是完全一样的产品，不同的价格，顾客也会接受不了的，对吧！ 2.之前也有顾客问到我们一样的问题，所以我们去了解了一下，其实款式是很类似，不过在工艺方面还是有区别的，比方说……所以在价格的部分您放心！ 3.是的，款式确实比较类似，不过这个款式是我们设计师自主研发设计出来的，像您这么时尚又有品位的人，要穿的话，肯定要穿正版的啰！
	在这里穿好看，回去穿又不一定了	1.不会呀！怎么会呢！ 2.不会的啦！你想多了！ 3.怎么会啦！ 4.不试一下怎么知道呢！ 5.都一样的！	1.怎么会呢？您本人的穿着就很时尚，而这衣服也时尚，所以在哪儿穿都好看的！ 2.这一点您放心，最重要的是您人长得帅，在哪儿穿都是一样帅！ 3.是的，确实有人因为灯光、环境的因素会担心，不过您放心，我们设计师设计的时候都是以顾客生活为基础设计的，在这儿穿好看，在自然光下穿的效果更好看！ 4.这一点您放心，我们×××设计的每一件产品都是经过实际穿着，考量设计出来的，生活里穿更帅气！
	款式设计得不好	1.不会呀！我们的设计都是很有特色的！ 2.您这么有品位，穿起来会很好看的！ 3.可能您不习惯这种风格吧！ 4.这一款我们卖得很好的！ 5.我们的设计是得过奖的！ 6.不会吧！我们是很多顾客就是喜欢我们的设计来的！	1.谢谢您的建议！我会把您的意见反馈给公司！请问一下您平常比较喜欢的款式是…… 2.我能理解，因为这款设计师比较有针对性的，我个人觉得您应该是比较合适……风格，（顺着顾客喜欢的款式靠拢）这里有几个款式适合您的风格，这边请，我帮您介绍！

续上表

异议类别	顾客异议	错误应对用语	正确应对沟通模板
质量异议	你们的品牌也算高档，为什么细节还不是很好呢	1.这是正常的！ 2.这种小问题是难免的！ 3.现在的产品都这样，处理一下就好了！ 4.这问题不大，我帮您处理一下！ 5.这是小问题，没事的，不影响穿！	1.用于开场：很谢谢你的建议，我会马上跟公司反映，真是谢谢您！请问一下，您今天是想看什么样的款式呢？ 2.用于产品介绍中：哎呀！真是太不好意思了，您稍等，我马上帮你换一件让您看看！ 3.请问一下，您就是要这个款式吗？（用问句转移顾客的焦点）
	会不会褪色	1.这种面料（牛仔裤）有点褪色是正常的！褪完色更自然！ 2.正常洗就不会褪色。 3.应该不会！ 4.不会的！ 5.这你放心！我们卖很多了！	**如果产品确实会有正常褪色的状态：** 1.其实每一种面料的质地和整理方式都不太一样，像这种面料有些褪色是正常的，这样会让颜色看起来更自然，所以您放心，这是正常状况，如果真是品质问题，我们一定会做好售后处理！ 2.我正要跟您说，这一款面料的优点是……不过在洗的时候就要稍微留意一下，这样就没有问题了！ 3.这一款面料是会稍微褪色的，不过您放心，这样反而在颜色上会更加自然、柔和，不会影响您的穿着！ 4.这一点您放心，我们的产品都经过……处理，就是为了要防止褪色所做的特殊处理！不过一些深色产品刚开始洗涤的时候会有一些浮色，是正常的现象！ **产品确实不褪色：** 这一点请您放心，我们×××的衣服采用的是预洗水处理，所以在褪色问题上您一点都不用担心，而且使用全天然的环保材料，让您穿起来更安心！
	你们的质量不好，面料老起球、缩水，价格还这么贵	1.是吗？起球？缩水？ 2.这种面料都是会有这种状况，什么牌子都一样！ 3.这种面料一定要干洗！ 4.可能是您平常没有保养好！ 5.我们这面料经过特殊处理，已经算是比较好的了！ 6.这种面料照顾不好就会这样！	1.这种面料和其他面料比起来是有一定特殊性，因此在打理上要注意……细节，这样才能维持面料的状态，否则就很容易出现您刚刚说的那些情况，其实只要稍微留意一下就不好出现这种情况了，而且这种面料特别保暖…… 2.是这样的！只要是好的纯棉的面料都会有一点缩水的迹象，所以产品在加工的时候都已经把这方面的因素考虑进去，所以没有关系的！至于起球，我建议您在保养的时候可以……（处理方式），这样就会好很多了！

续上表

异议类别	顾客异议	错误应对用语	正确应对沟通模板
质量异议	×××品牌品质比你们好	1.怎么会呢? 2.这我是第一次听说! 3.应该不会吧! 4.您有穿过我们家的衣服吗? 5.我们的质量应该比较好! 6.质量应该差不多的呀!	1.什么原因您会有这样的感觉呢? 2.原来是这样，您刚刚提到的部分，我来跟您说明一下……(针对顾客会的做合理解释) 3.您刚刚说的品牌企业我也工作过，所以您一说我就有比较深的了解，其实应该说是各有所长，而×××的强项是在……两个品牌的品质都是很好的！您今天想看什么款式呢？（避开问题，用前面两三句话模糊一下问题也是一个方法，不一定要正面与顾客交锋）
	促销的产品就是没有正价产品的质量好	1.质量是一样的! 2.这都是同一批产品，不会有问题! 3.这您不用担心! 4.你放心啦! 5.都是一样的产品，怎么会呢? 6.这些都是同一个品牌，您放心!	1.这一点您放心，虽然说是促销商品，但是都是我们品牌的产品，在同一的地方生产，所以质量的部分是有保障的! 2.是这样的，这些促销的产品之前也都是正价商品，只是这次为了配合商场做活动才成为促销品，质量上是一样的，所以这一点您放心! 3.这一点您放心，不管是正价产品还是促销产品，品牌的信誉是不会跟着促销活动而降低的，所以您放心，质量绝对是一样的!
赠品异议	其他品牌赠品很丰富，送的条件也很灵活，你们怎么这么不灵活	1.其实羊毛还是出在羊身上的! 2.赠品不重要，重要的是产品好不好 3.不好意思，这我们也没有办法! 4.我们没那么多花招，实实在在 5.其实你们又不是来买赠品的!	1.谢谢您的建议，我们会把您的建议想我们公司反映的，尽快在赠品上由更多的变化，只是我个人觉得除了赠品之外，最重要的还是这几件衣服的您非常喜欢，你说是不是? 2.这一点我们是忽视了，以为我们一直都是在产品设计上下功夫，顾客也非常喜欢！比如说您看中的这一款，它的设计就很独特，是烧花工艺，至于赠品，我们会跟总部反映做出调整，谢谢您的建议! 3.这一点我们已经跟总部反映了，很感谢您再一次提醒我们，以为公司一直重视产品的创新与设计，所以在赠品上不上很灵活，但是顾客对我们的赠品的满意度还是很高的，还是谢谢您的提醒!

续上表

异议类别	顾客异议	错误应对用语	正确应对沟通模板
赠品异议	我不要你们的赠品，也不要积分，直接给我打折	1.这没办法！ 2.我们的赠品是拿来赠送的，没办法转现金使用！ 3.不好意思，这我没有权限！ 4.这个价格已经很便宜了！ 5.其实这些赠品和积分都是额外的！	1.真的非常抱歉！我们的赠品和积分都是价格之外，给予顾客的额外回馈。所以赠品、积分与价格是不能相互抵用的！很抱歉不能给您打折！不过我们的赠品都是公司精心设计的，很有收藏价值，很多顾客都很喜欢！（解说用途，与顾客的好处相结合，强化赠品的销售。） 2.真的很抱歉！这些积分都是用来回馈客户的，而公司特地设计的这些限量版公仔，很有收藏价值，只有积分才能换取！我有一个老顾客为了收集我们不同的公仔，还特地约很多好友来买衣服凑积分呢！（列举过去的赠品为例，最好还可以结合顾客的需求。） 3.真不好意思！我们的赠品和积分都是在正价的基础上，额外的赠送给客户的，确实不能在价格上打折！其实最重要的是这几件衣服特别适合您，您穿起来的效果非常好！（加上产品的买点和好处。）
	这么贵啊，送我这条皮带，否则就不买了	1.不好意思，这条皮带不是赠品！ 2.这条皮带要 200 多元耶！ 3.送是没办法！不过如果您喜欢，可以打个贵宾的折扣给您！ 4.这个皮带送不了！	您眼光真好！这皮带确实很有特色，只是我们的皮带都属于正价销售的产品，确实没有办法送给您，这一点请您见谅！不过您今天可以一起买，因为加起来刚好可以帮您申请一张 VIP 卡，非常划算！
	打折后顾客还要赠品	1.我们打折之后就不能再送赠品了！ 2.我们打折和送赠品职能选择其一！不能两个都选！ 3.您要不就选打折，要不就选赠品！ 4.真的没办法这样做，我们已经给您打折了 5.其实赠品很便宜，你在外面随便买也花不了几个钱。	1.真的很抱歉，我也看出来您很喜欢我们的赠品，不过这个活动只能二选一，其实我个人呢觉得这赠品很有价值，外面得花好几百元，所以我建议您选择我们的赠品。 2.真是不好意思，我们的这次活动，只能选择赠品或折扣，但是我认为您选择折扣好一些，毕竟这款衣服特别适合您，况且您也不是为了赠品才买的衣服，您说是吗? 3.我们这次活动只能选择赠品或者折扣，这样吧！先生，您要再买个七八件我就个人掏钱送给您(开玩笑的口气)。

续上表

异议类别	顾客异议	错误应对用语	正确应对沟通模板
赠品异议	你把赠品换作折扣给我吧，例如赠品的298元，就扣减 298元吧	1.那不一样，不能这样算！ 2.这不可能！ 3.其实我们的产品已经很便宜了！ 4.那样我们就亏了！	1.这一点真的很抱歉！其实大家买东西都会希望便宜一点！只是赠品确实是要拿来赠送给客户的，就当作您来我们这儿买产品，公司额外送给您的礼物，当然我们也希望您能收下我们的这份心意！ 2.这一点真的很抱歉！相信你最关注的还是您的产品，像您购买的这几件衣服……（加上买点），其实赠品只是起到锦上添花的作用，您说是吧！
价格异议	质量差不多的衣服，怎么你们的就比别人的贵这么多呀	1.那你要看面料、做工和设计也不一样呀！ 2.那你要看是什么牌子！ 3.质量肯定也不一样！ 4.现在仿我们品牌的产品多的是，穿起来就不一样了！ 5 .你说的是什么牌子？	1.您说的情况我了解，只是一件衣服除了质量之外，款式、面料、制作工艺，设计水平，都会直接影响价格，当然穿起来的感受、体现也不一样，所以价格的部分您完全可以相信我们！ 2.是的！在市场上确实有这种情况，我们也清楚！不过您只要仔细区分一下，还是可以看出差别的，比分说……（颜色、花式、做工、舒适度），所以说，越是品牌产品，越会注意细节的处理。这样您穿起来也会更放心，你说是不是？ 3.其实细微的产品差异一般顾客是很难发觉的，如果产品不是物超所值，我们的老顾客怎么会长期都来购买我们的产品呢，所以价格和质量您完全可以放心！ 4.是的，您的想法我能理解，以前很多老顾客没有穿过我们家的衣服之前也会这样询问，但是穿过之后就能感受到，原来看起来质量差不多的产品，穿着的感觉是完全不同的，您一定能体会到！
	你们给我抹掉零头，我就买	1.真的是没办法！已经打折了！ 2.已经打了促销价，最低的了！ 3.这我很难交差。 4.这不行！	1.哎呀，这真是太为难我了!因为我们货品是全国统一价，如果可以给到您的优惠，只要可以，您想，我怎么会不做呢？请问您是刷卡还是现金？（一定要让顾客回答 YES 的问题，语气柔和低调）

续上表

异议类别	顾客异议	错误应对用语	正确应对沟通模板
	你们给我抹掉零头，我就买	1.真的是没办法！已经打折了！ 2.已经打了促销价，最低的了！ 3.这我很难交差。 4.这不行！	2.哎呀，您这样说我都不知道怎么做了！因为我确实去不了零头，这样吧，我们要是以后有赠送礼品的活动，我会第一时间通知到您，可以吗？
	过几天会不会打折啊？	1.不会的！ 2.我们除了贵宾卡，很少给折扣的！ 3.除非大假期间才有可能！ 4.最近都没有折扣！ 5.活动刚过！	1.不会的，我们除非是大型活动期间会有折扣外，平时是没有任何折扣的，这样您买起来会比较放心！ 2.这一点绝对不会，如果经常性打折，您买起来也不会放心，是吧！ 3.我们一直都是以原价销售为主，除非是贵宾卡折扣，平时都是没有折扣的，您可以放心！
价格异议	人家都打6折，你们为什么不可以？	1.这是公司规定！ 2.我们这是全国统一价！ 3.我们这是专卖店，不二价！ 4.不好意思，我们也没有办法！ 5.如果可以的话，我还希望5折卖呢！ 6.有些品牌是拉高价位再打折！	1.其实我们也希望以最优惠的价格把产品卖给您，只是您也知道，折扣跟品质、服务、工艺都有关系，最重要的是我们不是天天都在买衣服，有保障才是最重要的，像我朋友…… 2.是的，打6折的确便宜，其实如果我们在定价上稍做修正，我们也是可以打6折的，只是那样对顾客来说就不诚信了，如果在价格上都不诚信，那质量上就更难保证了，您说是吗？
	为什么你们的产品要比别人的贵？	1.品牌不一样呀！ 2.质量比较好！ 3.我们也有价格低的一些产品！	您指的别人是……（搞清楚别人是谁，很多顾客是没概念乱说的） **说得出名堂的：** 是这样的……（产品差异及品牌文化比较） **说不出名堂的：** 1.其实对于品牌来说价格是绝对不会随便定的，否则顾客也不会接受，因此价格一定是跟着品质、工艺、服务这些因素来考虑，因为我们希望您来，甚至推荐您的亲朋好友都来，你说是吧？

续上表

异议类别	顾客异议	错误应对用语	正确应对沟通模板
价格异议	为什么你们的产品要比别人的贵?	1.品牌不一样呀! 2.质量比较好! 3.我们也有价格低的一些产品!	2.其实不只是您问这个问题，之前有好几个客户一开始也问到这个问题，但是后来都帮我们介绍了很多新客户，比如说这位张先生（翻顾客资料，提出证明），因为他们认为我们的设计比较有特色，对我们的服务非常满意。
	不能算便宜一点吗	1.没有办法! 2.不好意思，我们这里不二价。 3.这是最便宜了。 4.我们这里的折扣是定死的。	1.如果可以的话，我也愿意给您更友好的价格，只是真的很抱歉，因为商品要做出好的质量，成本就会高一些，不过这样才能让您穿得舒适、满意，您说呢? 2.这一点确实很抱歉，不过您放心，我们会在质量上和服务上让您满意，让您觉得物超所值!
	买一件不打折，那买三件打不打折？要不打折我都不买了	1.不好意思，买多少都是一样的! 2.这样我也没有办法! 3.这些都是新货确实没有折扣! 4.我们的产品确实已经很便宜了! 5.不要这样嘛！你知道我们也很难做的! 6.那您考虑考虑啰!	1.是的！如果我是您的话，一次性买三件我也一定会希望有特别的折扣，您看这样吧（连带销售凑齐贵宾卡资格的处理方式)! 2.真的是很抱歉，确实是没有办法给到您优惠了，其实一件衣服要做到面料舒适，款式又好确实不容易，最重要的还是您穿起来特别出色，这比什么都重要，不是吗? 3.哎呀！您这样说我就不知道怎么做了，一是我确实没有办法给您优惠，二是这么合适的衣服如果没有穿在您身上，多可惜啊!
	普普通通的某某面料，见我怎么就这么高呢	1.这不是普通的某某面料。 2.品牌不一样呀! 3.这个档次的品牌，价格都差不多! 4.我们现在搞促销，有打折! 5.您可以先试穿看看!	1.其实同样是韩国金属丝面料，工艺、设计、质量、售后不同，也都会影响到价格，就像是同一道菜，不同的人煮出来味道也会不一样，您说是吧! 2.如果单纯是某某面料的话，价格确实不需要这么高，只是我们的面料跟一般的纯棉的面料还是有些不同，因为我们是涤棉混纺，更舒适，保型性也更好，穿起来特别舒服!

续上表

异议类别	顾客异议	错误应对用语	正确应对沟通模板
价格异议	普普通通的某某面料，见我怎么就这么高呢	1.这不是普通的某某面料。 2.品牌不一样呀！ 3.这个档次的品牌，价格都差不多！ 4.我们现在搞促销，有打折！ 5.您可以先试穿看看！	3.其实现在大多数的面料都是大同小异，所以主要的价格差异就在于设计上，款式设计的好不好，工艺流程好不好，顾客穿起来的质感也会差别很大！
	人家别的品牌都打折，你们为什么不打折	1.（沉默不语！） 2.没办法！公司规定就是这样的！ 3.现在好一点的品牌都是不打折的！ 4.像您这么有钱的人，不会在这么一点折扣上计较吧！ 5.不好意思，真的是没有折扣！ 6.我们只有在促销期间才有折扣！	1.其实品牌打折的原因很多，比方说库存、节庆、过季商品都可能会有折扣，不过我们更希望每个顾客不管什么时候到店里买东西，都不用担心因为价格不统一而觉得自己有上当受骗的感觉。 2.其实统一价格不打折对顾客来说也是有好处的，比较同样的产品有些人买的价格高，有些人买的价格低，如果两天后您发现同样的产品您买贵了，您心里也会不舒服的，是吧！ 3.在价格问题上，其实我们更希望顾客随时来买都是一样的价格，这样不仅对您来说是一种无形的保障，以后不管什么时候买，心里也会更舒服、更放心一些！您说是不是？ 4.是的，因为我们希望保障到我们顾客的权益，所以平常确实没有什么折扣，不过您只要成为我们×××的会员，就可以享受 VIP 的优惠了。
	都是纯棉的，你们家怎么这么贵	1.虽然是纯棉的，款式不一样，价格也不一样！ 2.很多国外大品牌的纯棉，比我们还贵！ 3.我们的棉比较好！ 4.纯棉也分很多种，你要看是什么棉！ 5.那你要看款式、花型也都不一样呀！	1.其实价格上会有差异，纯棉只是一个因素，其他像工艺、辅料等都会影响价格，譬如说我们这颗纽扣，它就是我们特别定制的，跟一般纽扣的价格相差好几倍，跟衣服搭配起来，效果也是不一样！ 2.大多数品牌都有纯棉的产品，只是很多顾客不知道，即使是纯棉的产品还是有工艺的处理的差别，比方说：我们的面料是经过……处理，所以特别……（优点叙述） 3.相比之下我们的价格是会稍微高一些，因为我们采用的是……棉，它跟一般的棉不一样，所以没有……的确定，穿起来更加……（优点叙述）

续上表

异议类别	顾客异议	错误应对用语	正确应对沟通模板
价格异议	都是纯棉的，你们家怎么这么贵	1.虽然是纯棉的，款式不一样，价格也不一样！ 2.很多国外大品牌的纯棉，比我们还贵！ 3.我们的棉比较好！ 4.纯棉也分很多种，你要看是什么棉！ 5.那你要看款式、花型也都不一样呀！	4.其实单看价格的话是会让人有这样的感觉，不过您也知道，同样是纯棉的产品，以为设计不同，穿起来的感觉自然也会不一样，当然价格上也就会有一点点的差别啰！
	正价品与促销品价格为什么差那么多	1.其实质量是一样的。 2.您想到什么的产品？（忽略不予回应） 3.不会呀！还好吧！ 4.款式不一样！以为这些都已经是去年的款式了！	1.其实我们的品牌是比较少做促销的，这次是对于老顾客的一种回馈，您也可以利用这个机会多买几件，不管是送人还是自己穿，都非常划算！ 2.因为我们希望有更多的顾客可以了解我们×××，所以公司透过某部分款式的促销让更多的顾客关注我们！这样的话就会有更多的人可以跟您一样，越穿越时尚，越穿越帅气了！
	特价活动结束了，还想按特价的价格买	1.这肯定不行了！ 2.这个价格只有在特价的时候有！ 3.真的不行，活动结束了！ 4.真的没有办法按特价的价格走！ 5.那是特价的时候才有的价格，现在不行了！ 6.现在没有那个价格了！	这个部分请您见谅，我们活动期间确实已经过了，没有办法给到您活动期间的价格！真不好意思让您错过了机会，您放心，下次如果没有类似的机会，一定第一时间通知您，我保证！呵呵！（轻松带过，以保证和笑声做结束。）这边请，我帮您把衣服包起来！
	我就是先看看，我经常逛，等你家打折了我再来买	1.到时候您要的款式也不一定有！ 2.现在买、现在穿，不是很好吗？ 3.我们的货走得非常快，等下次您来就不一定会有您要的款式了！ 4.您也不差那一代折扣是不是！ 5.现在我们也有折扣呀！	1.哎呀！有些顾客会跟您有一样的想法，后来不是因为没货就没了尺码，结果喜欢的产品却没有买着，多可惜呀！ 2.您看中的这款外套是我们销售非常好的一款，所以等到有活动的时候，也不一定有货给您，所以我还是建议，喜欢就千万别等，否则到时候想买又买不到的话，多可惜啊！ 3.没关系的！您可以先看看款式，其实我们现在也有折扣，虽然没有活动的时候低，但是款式、颜色、尺码很全，不会有断货的情况，而且您看上的款式都卖得特别好，所以我比较替您担心，您喜欢的款式到时候不一定有货，如果没有的话，那多可惜呀！

续上表

异议类别	顾客异议	错误应对用语	正确应对沟通模板
其他异议	顾客所看上的产品不在促销范围内	1.这款我们不做促销？ 2.这款不做促销的范围内！ 3.我们做促销的只有这几款！ 4.这款没有办法给您促销价！ 5.这个是正价产品！没有折扣！	1.哎呀！真是不好意思，这款不能给您打折，不过虽然没有折扣，您买也是非常的超值，因为……（加上产品买点） 2.哎呀！您的眼光真好，看上的都是我们的正价产品，虽然没有办法给您折扣，不过您只要穿过之后就会感觉到它物有所值了，因为……（转移到买点上去） 3.真是不好意思，我们这次只有三个款式做促销，您看上的这款从上市以来就卖得特别好，因为……（产品买点）
	这款产品真的好看，下次我带老公来看看，到时候再买吧	1.好看的话您今天就可以下一点定金啊！不然卖完了就没有了！ 2.我们这款卖得特别好！下次来都不一定还有货了！ 3.其实男人对服装没有女人敏感的！ 4.好吧！那您下次再过来！ 5.那好吧！谢谢光临！	1.那好吧！不过不知道您下次来的时候，我们是否还有这个款式，上次有个顾客也是先看了一下，当他第二次来的时候，却没货了，调也调不到货，他还因为这个后悔了好久呢！ 2.唉呀！只是我比较担心，您下次来的时候，不知道有没有符合您先生的尺码，因为我们产品周转比较快，上次有个顾客晚了两天，结果没有码了，调也调不到货！所以我建议您可以先下一点定金！ 3.我相信您先生肯定会欣赏您的眼光！所以如果您今天把它带回家，给您先生一个意外的惊喜，他一定会很开心。您说是吧？ 4.我给您出个主意好不好！既然您先生也要参考参考，要不这样，您今天先帮他带回去，如果您先生有意见的话，我再帮您换其他的款式，如果您先生喜欢的话，那就不用再多跑一趟了。

续上表

异议类别	顾客异议	错误应对用语	正确应对沟通模板
其他异议	不用理我，我只是随便看看	1.那您随便看看！ 2.没关系！要不要我帮您介绍！ 3.您先看看，有什么需要叫我！ 4.有几款款式卖得不错！ 5.喜欢的话可以试穿看看！ 6.现在做活动有优惠！	1.没有关系的，这样您也可以多了解一点我们品牌，以后有需要的话，我们也可以更准确帮您介绍最适合您的产品！您是想看上衣还是裤子呢？ 2.没有关系的，现在多了解，以后选择的时候会更专业，您放心，不管您喜不喜欢，满不满意，我们专业的服务都是一样的，您是想看上衣还是裤子呢？ 3.没关系的，反正我现在没事，陪您多聊聊，我叫×××，先生您贵姓？我可以帮您推荐一下，您是想看上衣还是裤子呢？ 4.没关系的，那我们就随便试试吧！ 5.您可以随便看，我可不能不理您，要被罚的，呵呵（开玩笑的）!
	现在不好决定，我们回家商量商量	1.这样子多适合你呀，还要商量什么呢？ 2.怎么样？不喜欢吗？ 3.多好看呀，就不用再考虑了吧！ 4.我们这款只剩下这件了！ 5.那好吧！喜欢的话再过来！	**语气坚决，转移方向：** 1.那也是！因为买衣服就是要买自己喜欢的、合适自己的，考虑看看是正常的，不过这是我们的限量款，数量有限，您可以留下您的联系方式，我们可以帮您保留三天！ 2.如果您还需要考虑一下的话，最好试试多看几个款式，多一些比较，这样考虑起来才会全面一些，这边还有几款非常有特色，我拿过来给您看看！ **语气不坚决，继续推动：** 我觉得您刚刚看的这几款都非常适合您，可能您一时之间决定不了，觉得这个也好那个也不错，其实我个人觉得以您的肤色、气质，这两套是最适合您的，您说呢？

续上表

异议类别	顾客异议	错误应对用语	正确应对沟通模板
其他异议	不需要这么好	1.其实这也不算好，我们还有更好的！ 2.这边有些促销的！ 3.现在买这产品很值的，打七五折！ 4.那您想买多少价位的呢？ 5.这职能算普通而已！ 6.您的预算是多少？	**语气不坚决，继续推动：** 1.是的！只是以这么好的产品来说，卖这样的价格，很划算的，而且（加上卖点）…… 2.其实买件衣服，最重要的还是穿在身上的效果，看是不是适合自己，而且喜欢的话也会经常穿，这样算起来，反而更划算，您说呢？ **语气坚决：** 1.没关系，其实除了这款之外还有几款类似的也一样适合您，来这边请，我来帮您介绍一下！（选择一下单价稍低的产品，逐渐往下做价格的探索。） 2.嗯！我看一下，我觉得还有几套也很适合您的风格，请稍等！我拿过来给您看一下！

普晴咨询/技术总顾问：龙晴老师简介

普晴咨询是一家新零售产业教育平台，依托国内丰富的线上线下零售管理资源，以及全球同步体验互联网教育资讯，致力打造成为新零售管理、新零售管理人才培养的领先教育产业平台。普晴咨询的学习对象以企业从职人员、高阶经理人、职业型创业者为主体，拥有面授培训、行业沙龙、代培托管、管理咨询等业务项目，励志提升企业经理人专业技术，推动企业管理健康发展。

15年服饰领域企业工作任职经验：历任知名品牌公司营销副总、零售总监、培训总监、人力资源部经理、企划部经理等职务。

10年咨询培训行业经验：历任首席顾问、资源企业管理顾问、零售讲师。

龙晴老师：服装设计专业及新闻传播专业双学历毕业，具有25年行业工作经验，曾任多家知名企业的副总经理、营运总监、销售总监、培训总监等职务，熟悉企业营运全程管理技术，个人知识面广，综合技能强，能在短时间内制订有效实用的业绩提升方案。

龙晴老师行业管理经验丰富，曾接受过企业管理、商品企划、视觉营销、终端管理、特许经营管理等专项系统训练，并长期服务于服饰企业，拥有丰富的零售终端运营管理、特许加盟营运管理、企业管理学院运作、商品VMD（视觉营销），以及团队激励、专业培训等的实战经验。

◆ 龙晴老师 长期专研咨询项目及培训课题：

- 零售终端管理体系建立及运作辅导
- 特许加盟管理体系建立及运作辅导
- 商品（直营商品/特许商品）管理体系建立及运作辅导
- 培训（零售支援/督导）管理体系建立及运行辅导
- 企划（陈列设计/空间设计/平面设计）管理体系建立及运作辅导
- 各类零售管理、商品运营管理等培训课程开发及执行

龙晴老师教育、工作经历简介

◆ 获得广州大学服装设计专业和新闻传播专业双学位；

◆ 现就读于美国德克萨斯大学威灵顿商学院；

◆ 2007 年以前，企业高层任职经历，历任国内知名服装品牌公司副总经理、销售总监、零售总监、培训总监等职务，任职职业经理人期间，多次获“优秀员工”及“突出贡献”奖项；

◆ 2008 年，投身咨询培训行业；

◆ 蓝色时空管理顾问公司 2 年服务经验任职资深零售讲师、企业管理顾问；

◆ 中研国际时尚管理咨询集团 4 年服务经验，任职资深企业管理顾问、专业零售讲师；

◆ 曾荣获中研国际时尚管理咨询集团“月度最高课时奖”，最高月度课时 33 天，创公司最高记录；

◆ 曾荣获中研国际时尚管理咨询集团“讲师最高贡献奖”，在所有讲师中创最高经营效益；

◆ 荣获中研国际时尚管理咨询集团“金牌讲师奖”“钻石级金牌讲师”称号 ，在所有讲师中年度总课时量最高。

龙晴老师咨询服务品牌

◆ 知名女装“三彩”2017 ~ 2018 年度 零售商学院咨询项目 主顾问

◆ 知名家纺“罗莱家纺”2018 ~ 2019 年度 零售能力提升咨询项目 主顾问

◆ 知名快时尚男装“索歌”2018 年度 管理基建 经营增效咨询项目 主顾问

◆ 知名饰品“茜子”2018 年度 顾客经营力提升咨询项目 主顾问

◆ 知名运动装品牌“乐卡克”2018 ~ 2019 年度 高销引爆 年关冲刺咨询项目 主顾问

◆ 知名快时尚女装“RT”2018 ~ 2019 年度 零售商学院咨询项目 主顾问

◆ 知名快时尚男装“KM”总部 2016 ~ 2017 年度零售人才加强咨询项目 主顾问

◆ 知名女装“速品”总部 2016 ~ 2017 年度零售学院咨询项目 主顾问

◆ 知名童装品牌桑语 2017 年度营运系统升级咨询项目 主顾问

◆ 知名运动装品牌 361 度 2016 年度营运系统升级咨询项目 主顾问

◆ 知名女装印象集团品牌总部 2015 ~ 2016 年度营运系统升级咨询项目主顾问

◆ 知名女装“雪歌”品牌总部 2014 ~ 2015 年度营运系统升级咨询项目 主顾问

◆ 知名女装“她图”品牌总部 2015 年度营运系统升级咨询项目 主顾问

◆ 知名女装“莱芙·艾迪儿”品牌总部2015年度营运系统升级咨询项目 主顾问

◆ 知名牛仔装“G5G6”品牌总部2015年度营运系统升级咨询项目 主顾问

◆ 知名女装“IAM27、佳人苑、西纳维斯”品牌总部2014年底营运系统升级咨询项目 主顾问

◆ 上市公司“七匹狼”品牌总部2013～2014年营运系统升级咨询项目 主顾问

◆ 上市公司“特步”品牌总部2014年度营运系统升级咨询项目 主顾问

◆ 知名家居服“红豆居家”品牌总部2013年度营运系统升级咨询项目 主顾问

◆ 知名童装“小猪班纳”品牌总部2013年度营运系统升级咨询项目 主顾问

◆ 知名女装“水云间、欧尚尼”品牌总部2008～2013年度营运系统升级咨询项目 主顾问

◆ 上市公司“步森”品牌总部2011年底营运系统升级咨询项目 主顾问

◆ 上市公司“波司登”品牌总部2011年度营运系统升级诊断项目 主顾问

◆ 天津著名商标、百年老字号“老美华”品牌总部2011年营运系统升级咨询项目 主顾问

◆ 中国十佳服装设计师品牌“达衣岩”品牌总部2009～2010年营运系统升级咨询项目 主顾问

◆ （亿元）超级总代理武汉舜鸿商贸有限公司2013～2015年营运系统升级咨询项目 主顾问

◆ （亿元）超级总代理北京刘尚商贸有限公司2010～2011年营运系统升级咨询项目 主顾问

◆ （亿元）超级总代理杭州坤都商贸有限公司2008～2010年营运系统升级咨询项目 主顾问

◆ 上市公司“特步”品牌2010～2012年度店长/经销商特训营全国巡回培训50场 主讲导师

◆ 上市公司“七匹狼”品牌2010～2012年度总部及多省超级总代理零售管理课程培训讲师

◆ 上市公司“利郎”品牌2010～2012年度总部及多省超级总代理零售管

理课程培训讲师

◆ 上市公司“361 度”品牌 2010～2016 年度总部及多省超级总代理零售管理课程 培训讲师

◆ 上市公司“凯撒”皮具 2010～2011 年度历届订货会 培训讲师

◆ 知名女装“阿依莲”品牌 2010～2011 年度经销商全国巡回主讲老师 40 场 主讲导师